Stephan Andreas Kordick
Die Geburt des Raumes

W0171459

Der Geist in uns lebendig wird,
Ruf nach freiem Menschenraum,
das Sehnen uns die Kräfte gibt,
für Schöpfermacht und Lebenstraum.

Wir sehen Formen gar Gestalten,
die uns begegnen gleich berühren,
Phantasie getragen und gehalten,
unsrer Hände Kraft die Feder führen.

In Tatendrang wir ganz versunken,
als Bauherr, Künstler und Genie,
von Glück berührt und liebestrunken,
Gott selbst uns diese Kraft verlieh.

Wir Menschen bilden und gestalten,
mit Mutter Erde diese Welt,
in uns allen atmen Urgewalten,
weil wir des Schöpfers Ebenbild.

Stephan Andreas Kordick

Die Geburt des Raumes

Lebensräume planen,
bauen, begleiten
und gestalten

1. Auflage 2010

Stephan Andreas Kordick
Die Geburt des Raumes

© für die deutsche Ausgabe Stephan Andreas Kordick/Neue Erde
GmbH 2010
Alle Rechte vorbehalten.

Titelseite:
Gestaltung: Dragon Design, GB
Foto: Stuart Bish, Innenraum des »Hauses der stehenden Stämme«
(in British Columbia) des Architekten Henry Yorke Mann

Satz und Gestaltung:
Dragon Design, GB
Gesetzt aus der ITC Legacy Serif und American Typewriter

Gesamtherstellung: Fuldaer Verlagsanstalt GmbH

Printed in Germany

ISBN 978-3-89060-558-6

Neue Erde GmbH
Cecilienstr. 29 · 66111 Saarbrücken · Deutschland · Planet Erde
www.neue-erde.de

Inhalt

Einführung

In vielen von uns wohnt der Traum vom eigenen Heim, den eigenen vier Wänden. Man will sich bewußt oder unbewußt seinen eigenen Raum erschaffen, um sein Leben und das der Familie frei und unabhängig zu gestalten.

Der Traum vom eigenen Haus stellt viele Anforderungen und Herausforderungen an uns. Von der Grundstücksauswahl über die Planung und Errichtung des Hauses, die Auswahl der Baustoffe und Materialien bis hin zur Fertigstellung, Gestaltung, Einrichtung und den Bezug der neuen Räume. Es sind viele Aufgaben, die einem begegnen und die nach einer Lösung rufen.

Aber auch das unbewußte Bedürfnis und das stille Verlangen nach »Brauchtum«, Bauritualen, gesunder Baukunst, lebendiger Gestaltung und baumeisterlichen Traditionen will mehr und mehr gelebt und mit einbezogen werden.

Da die meisten Menschen in ihrem Leben nur einmal bauen und dieses neue Wesen »Haus« für viele Jahrzehnte bewohnen, wäre es sinnvoll, sich nicht nur Gedanken zu machen, wie wir wohnen wollen, sondern vor allem die Frage zu beantworten: Wie wollen wir zukünftig leben, und wie soll das neue Familienmitglied »Lebensraum Haus« in seiner Wesenskraft erscheinen und unser Leben mitgestalten?

Welche Kraft und Ausstrahlung, welche Erscheinung und Formgestalt, welche Inhalte und Werte wollen wir ihm verleihen? An welchem Ort wollen wir es erschaffen und aufleben lassen?

Diese und noch mehr Fragen stellen sich jeder Bauherrin und jedem Bauherren. Und es ist gut, daß Fragen entstehen, denn durch ihre Beantwortung öffnen sich ungeahnte Türen neuer, kreativer und lösungsorientierter Schöpfungsprozesse, die uns mit diesem neuen Wesen von Anbeginn an verschmelzen lassen. Wir werden Teil dieser Schöpfung und erleben, wie aus unseren Gedanken und Handlungen eine neue und sehr lebendige Wirklichkeit entsteht, die uns ein Leben lang begleitet.

Unabhängig davon ob Sie ein neues Hauswesen erschaffen wollen, ein bereits bestehendes oder den Teil eines Hauses, also eine Wohnung erwerben wollen, dieses Buch führt Sie durch die einzelnen Phasen vom ersten Impuls Ihrer Idee bis hin zum Bezug der neuen Räume.

Gerne dürfen Sie mich begleiten und einen neuen Weg beschreiten, der Ihnen aufzeigen kann, was man bei der Grundstücksauswahl, der Planung, der Auswahl der Baumaterialien und rituellen Begleitung der Bauphase, der Gestaltung der Lebensräume und beim Bezug des neuen Lebensraumes beachten kann, um für sich selbst und seine Familie einen wahrhaftigen Lebensraum des Wohlbefindens, erfüllt mit Lebenskraft, zu erschaffen.

Dabei ist es mir sehr wichtig, Ihnen verschiedene Möglichkeiten aufzuzeigen, wie Sie Schritt für Schritt vorgehen können, um auch die wirklich stimmigen Lösungen für Ihr neues Familienmitglied zu bekommen. Dieses Buch schenkt Ihnen die Mittel, um ein individuelles und einmaliges neues Hauswesen für Sie persönlich, Ihre Familie und alle Menschen, die diesem neuen Wesen begegnen und in ihm leben, auf dieser Erde erscheinen zu lassen.

Ich wünsche Ihnen viel Freude beim Lesen dieses Buches, viele neue Entdeckungen und Anregungen sowie eine Fülle an Kreativität und ein schöpferisches Wirken beim Verwirklichen Ihres neuen Lebens-(t)raumes.

Stephan Kordick

Einleitung:
Die ersten Schritte und Vorbereitungen
für den eigenen Raum

Wie Sie bereits der Überschrift entnehmen können, ist es sinnvoll, sich vor Beginn des Bauens ausführlich Gedanken zu machen, welches Wesen »Raum« bzw. »Haus« Sie erschaffen wollen.

Viele sind mit der Thematik des Planens nicht vertraut und begegnen diesem so wichtigen Schritt einerseits mit Freude, anderseits aber auch mit Unsicherheit. Am liebsten würden sie alles gleich von Anfang an jemandem übergeben, der sich um alles kümmert; von der Planung bis zur Schlüsselübergabe. Diese Vorgehensweise hat natürlich seine Vorteile und in mancher Hinsicht auch seine Berechtigung. Zeitmangel, fehlende Ideen und ein vermeintlicher Mangel an Kreativität sind vielfach die Gründe für ein solches Vorgehen.

Bedenken Sie aber, daß Sie auf diese Weise die Zeugung und Erschaffung *Ihres* neuen Lebensraumes »Haus« gänzlich aus der Hand geben. Der beauftragte Planer kann es noch so gut meinen und noch so gute Ideen haben, Ihre inneren Bedürfnisse und Bilder kann er nie so erkennen wie Sie selbst. Aus diesem Grund ist es sinnvoll, wenn Sie sich vor dem Besuch beim Planer oder Architekten selbst Gedanken über Ihren zukünftigen Lebensraum machen.

Denn es ist *Ihr* neues Wesen, das ein Teil Ihrer Familie und ein wichtiger Teil Ihres Lebens wird. Ein anderer kann nie für Sie denken und fühlen und so planen, wie es für Sie persönlich und Ihre Familie am stimmigsten ist.

An mich wird oft der Wunsch herangetragen, ein Haus zu planen, damit die Kunden bzw. Auftraggeber diesen Entwurf über einen Bauzeichner oder Architekten als Plan einreichen können. Meistens muß es dann schnell gehen, um noch an bestimmte Fördermittel zu kommen.

Meine Empfehlung ist immer die gleiche, und diese gebe ich Ihnen an dieser Stelle so weiter.

Machen Sie sich erst einmal selbst Gedanken, welches Haus Sie haben und erschaffen wollen. Wie soll dieses neue Wesen erscheinen und welche Ausstrahlung soll es haben? Wie viele Räume brauchen Sie? Und wie viele hätten Sie gerne? An welchem Standort soll das Haus entstehen? Und so weiter...

Denn wenn Sie eines Tages mit der Idee aufwachen, ein Haus zu bauen, werden Sie mit Sicherheit nicht gleich am nächsten Tag das Fundament gießen und in den nächsten zwei Wochen einziehen.

Das sollte alles wirklich Zeit haben zu reifen und zu wachsen. Erst in Ihnen und dann aus Ihnen heraus.

Gehen Sie vor wie ein Künstler. Schaffen Sie sich über Ihre Wahrnehmung und Ihren Geist Stück für Stück ein vollständiges Bild dieses neuen Wesens; um es dann über Ihren Geist auf Ihre Hände zu übertragen und als Skizze auf Papier zu bringen.

So bringen Sie ihre Gedanken und inneren Bilder zum Ausdruck, und das ganze fängt vor Ihren Augen an, Gestalt anzunehmen.

Je mehr Zeit und Energie Sie in die Vorbereitung und Planung investieren, um so wertvoller, kraftvoller und stimmiger wird Ihr neues Wesen Ihr Leben bereichern. Alte Baumeister investierten sehr viel Zeit in Grundstücksauswahl und Planung, bevor sie mit dem Bau eines Gebäudes begannen. Dies taten sie nicht, weil sie nichts Besseres zu tun hatten oder einfach mehr Zeit berechnen wollten, sondern weil Sie um die Bedeutung, den Wert und die Wirkung von Vorbereitung und Planung wußten. Ihnen war klar, wie sich eine gute und exakte Vorbereitung auf ein Bauvorhaben auswirkte und welchen Gewinn alle Beteiligten, also Erbauer, Auftraggeber, Bewohner, Bevölkerung, die Stadtlandschaft und das Bauwerk selbst daraus ziehen würden.

Geomantie – Wortbedeutung und Bezug zur Lebensraumgestaltung

Sehr oft wird die Wortbedeutung Geomantie mit dem Begriff Radiästhesie, dem Rutengehen, in einem Atemzug genannt, mit diesem gleichgesetzt oder gar »vertauscht«. Aus diesem Grunde möchte ich die Geomantie aus meiner erlebten Erfahrung und Wahrnehmung heraus näher definieren und aufzeigen, daß Geomantie als ein »Oberbegriff« für viele Themenbereiche in Verbindung mit der Erde (Geo), der Natur und dem Leben selbst steht. Diese Bereiche bilden sich aus der ursprünglichen Beziehung und Begegnung des Menschen mit seiner natürlichen Umgebung, der Landschaft, der Flora und Fauna, seinen Lebensräumen und dem Bewußtsein, daß alles, was wir über unsere Sinne wahrnehmen und erkennen, aus einer natürlichen, allmächtigen und schöpferischen Kraft geboren und entwickelt wurde. Diese Kräfte bilden und gestalten durch die Elemente Feuer, Erde, Wasser und Luft unseren Planeten und alle natürlichen Lebensformen, wie wir sie erleben und erfahren.

Diese elementaren Kräfte und natürlichen Energien schenken uns Menschen das Leben und ermöglichen es uns, unsere natürliche Umgebung, unseren Lebensraum und unser Leben selbst im Einklang mit den Kräften der Natur und im Einklang mit Mutter Erde bewußt zu erfahren.

Geomantie ist für mich das Wahrnehmen und die Anerkennung aller Schöpfungsformen des Lebens, die aus unserer Erde hervorgegangen sind, ob durch die natürliche Evolution oder von Menschenhand erschaffen.

All diese Schöpfungsformen, die wir über unsere Sinne wahrnehmen und erkennen, entstammen göttlichem Ursprung, ob sie dem Leben und uns Menschen als körperliche Erscheinung begegnen, sich durch ihren Geist mit uns verbinden oder über ihre Seele ihre wahre Identität offenbaren.

Durch eine wahrhaftige Begegnung und ein schöpferisches Wirken kann der Mensch die Erde, die Landschaft und seine Lebensräume und sein Leben selbst segensreich, lebendig und kraftvoll gestalten.

Geomantie ist eine bewußte Begegnung von Erde, Mensch und Lebensraum.

Als ich im Frühjahr 1999 mit einer Freundin für eine Wanderung in den Nationalpark Bayerischer Wald fuhr, erzählte ich ihr während der Fahrt von meinem Plan, ein Tagescafe zu eröffnen, das nach geomantischen Prinzipien eingerichtet und gestaltet werden sollte. Da sie von Beruf Dolmetscherin ist und sich sehr mit Sprachen und Sprachkultur beschäftigt, fragte sie erst gar nicht nach, was Geomantie ist bzw. bedeutet, sondern übersetzte dieses Wort sofort auf ihre Weise. Ihr Wortlaut war, »Geo« heißt »Erde« und »Mantie« bedeutet soviel wie »wahre Magie« oder »wahres Geheimnis«. »Stimmt das so?« war ihre Frage.

Ob es so stimmt, konnte ich damals nicht beantworten, aber die Definition gefiel mir sehr gut. Zum einen, weil sie von einem Menschen ausgesprochen wurde, der mit Geomantie bis zu diesem Zeitpunkt noch nie in Berührung gekommen war, und zum zweiten, weil sie aus meiner Sicht das »wahre Geheimnis der Erde«, das im Begriff Geomantie steckt, aus der Sprache heraus erkannte oder vielmehr offenbarte.

So war der Begriff »wahres Geheimnis« für mich auf der einen Seite ein Widerspruch, auf der anderen Seite eine Herausforderung, dieses Wort zu erforschen und seine Bedeutung zu entschlüsseln. Meine Ergebnisse möchte ich Ihnen auf diesem Wege näher beschreiben, um Ihnen den Bereich der Geomantie nachvollziehbar und verständlich zu vermitteln.

Wie allgemein bekannt ist, birgt die Erde, die Natur, unsere Räume und das Leben selbst noch viele Geheimnisse, die von uns Menschen bisher noch nicht entdeckt und entschlüsselt wurden. Diese verborgenen und unentdeckten Energien, Wesenkräfte und natürlichen, biologischen, geologischen und klimatischen Zusammenhänge, die wir noch nicht enträtseln konnten, bilden ein Geheimnis, das sich uns noch nicht offenbart hat. Erst wenn wir verschiedene Zusammenhänge Stück für Stück erfaßt, erkannt und mit allen Sinnen wahrgenommen haben, erst dann wird aus einem Geheimnis, greifbares und verständliches Wissen. Dann sprechen wir von Wahrheit, Realität, Echtheit und Richtigkeit, weil wir es erklären und verstehen können.

Aus dieser Erkenntnis heraus definiere ich den Begriff Geomantie für mich als »die wahren Geheimnisse (Mantie) unserer Erde (Geo)«, die durch Wahrnehmung, also eine vertiefte Betrachtung und Forschung analysiert und erkundet werden können. Die gewonnenen Erfahrungen fließen dann in die Planung, Erbauung und Gestaltung des Lebensraumes ein, sei es nun eine Stadt, eine Siedlung, eine Landschaft, ein Haus, eine Wohnung, ein Geschäft, eine Firma oder ein Garten.

Der Begriff »Geomantie« oder die Beschäftigung damit ist aus diesem Grunde für mich nicht »fremd« oder gar im »esoterische New Age« angesiedelt, sondern vielmehr Berufung, mich mit dem Erforschen, Leben und Gestalten aller sichtbaren und nicht sichtbaren Energien und Lebensformen unserer Erde und der Natur zu beschäftigen.

Sicherlich werden Ihnen die Namen Hans Haas, Heinz Sielmann und Jacques Cousteau vertraut sein. Diese drei Naturforscher haben sehr viele Geheimnisse der Tier- und Meereswelten, die uns bis dahin verborgen waren, entdeckt und uns diese als dokumentarische »Wahrheit« über das Medium Film offenbart und erklärt. Wir erkannten diese Bilder als Realität und als Bestandteil unseres Lebens und der Erde. Vor dieser Zeit konnten wir es nur erahnen und darüber spekulieren. Aber durch ihre Forschungen und vertieften und intensiven Beobachtungen konnten sie uns eine Welt erklären und begreiflich machen, die bis dahin für uns unbekannt und geheimnisvoll war. Daß der Mensch an den Geheimnissen dieser Welt sehr interessiert ist, zeigte der Erfolg der Fernsehserien »Geheimnisse des Meeres« von Jacques Cousteau und »Expedition ins Tierreich« von Heinz Sielmann. Sie und viele andere Forscher, Entdecker und Abenteurer haben uns allen viel vom wahren Geheimnis unsere Erde offenbart und erklärt.

Ein weiterer bekannter Naturwissenschaftler war der deutsche Naturforscher Alexander von Humboldt. Er war Mitbegründer der Geographie, die Ihnen vielleicht als Begriff »Erdkunde« aus der Schulzeit bekannt sein wird.

In der Schule vermittelt das Unterrichtsfach Geographie oder Erdkunde u. a. die Themen Aufbau, geologische Entwicklung und Struktur der Erdoberfläche und ihres Kerns, aber auch die Vorgänge im Inneren und auf der Oberfläche der Erde und ihre Auswirkungen auf Klima, Kontinente, Länder und die Bevölkerung sowie ganz allgemein die Beziehung von Erde, Mensch und Natur. Diese Wissenschaft erklärt uns den geographischen Raum, also die natürliche Umgebung, und wie dieser unser Leben, unsere Entwicklung und unser soziales und wirtschaftliches Engagement beeinflußt und mitgestaltet. Somit befaßt sich die Erdkunde mit den sichtbaren Energien (Erde, Feuer, Wasser, Vegetation, Wetter) aber auch mit den »nicht« sichtbaren Energien (Luft, Wind, Wärme, Kälte, unterirdische Erdbewegungen) unseres Planeten und deren Auswirkung, die uns Menschen und u. a. die Bereiche Landwirtschaft, Klimawandel, alternative Energien, Wachstum, Aufbau, Struktur und Architektur von Städten, Entwicklungshilfe, Tourismus, Vegetation sowie Natur- und Lebensraum beeinflussen.

Im Jahr 2002 fragte mich eine Gymnasiastin der Klasse 12, ob ich ihr bei der Ausarbeitung eines Vortrages des Fachs Erdkunde über das Thema »Feng Shui«, also der östlichen Geomantie, helfen könne. Wir vereinbarten einen Termin, und ich erklärte ihr die Grundlagen und Gemeinsamkeiten der östlichen und westlichen Geomantie. Interessant war für mich die Tatsache, daß diese Thematik bereits im Schulunterricht mit einbezogen wurde. So berichtete mir meine Nichte im Frühjahr 2008, daß bei ihnen im Fach Erdkunde das Thema Geomantie und Feng Shui, wenn auch nur am Rande, behandelt wurde.

Auch in der Geomantie gibt es Fachleute aus den Bereichen Geologie, Biologie, Architektur, Kunst und Landschaftsarchitektur, die sich z. T. seit mehreren Jahrzehnten mit der Geomantie beschäftigen und diese als Beruf ausüben oder in ihre Tätigkeit mit einbeziehen. Die bekanntesten Namen sind hier wohl Marko Pogačnik (SLO), Nigel Pennick (GB), Blanche Merz (CH) (1919 - 2002), Harald Jordan (D), Stefan Brönnle (D), Prof. Eike Hensch (D) und Prof. Erwin Frohmann (A).

15

Diese kleine Einführung sollte Ihnen dazu dienen die Geomantie als Fachgebiet näher kennenzulernen und Beziehungen, Verknüpfungen und Verwandtschaften mit bekannten Bereichen zu erfahren.

Wie ich bereits erwähnte, ist die Geomantie der Oberbegriff für Themenbereiche, die in Beziehung zum Leben auf unserer Erde stehen. So gliedert sich für mich die Geomantie in folgende Fachgebiete auf.

· Geomantische Hausgestaltung
· Geomantische Gartengestaltung
· Geomantische Landschaftsplanung
· Harmonikale Architektur und Geometrie
· Radiästhesie
· Wahrnehmungslehre
· Geomantische Stadt- und Siedlungsplanung
· Erdheilung, Naturkräfte und Phänomene
· Rhythmen, Zyklen und Rituale im Jahreskreis, im Bezug auf Bauen, Wohnen und Leben

Der Bereich der geomantischen Hausgestaltung kann sich um Wissensgebiete, wie z. B. Astrologie, Musik, Farbenlehre und Baubiologie erweitern und diese zum Wohle für Mensch und Raum mit einbeziehen. Einige der bereits genannten Fachgebiete, harmonikale Architektur und Geometrie, Radiästhesie, Naturkräfte, Rhythmen, Zyklen und Rituale sowie Wahrnehmung, sind meines Erachtens, zusammen mit den ergänzenden Wissensgebieten, sehr wichtige und tragende Säulen, die für die Verwirklichung des Wohn- und Lebensraumes in die Planung, Erbauung und Gestaltung mit berücksichtigt werden können.

Da jeder Ort, jedes Grundstück, jede Planung und der daraus entstehende Raum, seine Gestaltung und Erscheinung, die natürliche Umgebung sowie jeder Mensch mit seinen Eigenschaften, Wesenszügen und Bedürfnissen einmalig ist, wäre es gewinnbringend, die genannten Bereiche der geomantischen Hausgestaltung individuell für den eigenen Wohn- und Lebensraum mit einzubeziehen.

Wie sich die wichtigen Bereiche in der Lebensraumplanung, -erbauung und -gestaltung ohne großen zusätzlichen Zeit- und Energieaufwand mit einbeziehen lassen, werde ich Ihnen aus meiner Erfahrung in der geomantischen Beratung, Planung, Begleitung und Gestaltung von Lebensräumen beschreiben.

1. Die Ortsbestimmung und die Wahl des Bauplatzes

Die Idee, ein Haus zu bauen, kommt einer Zeugung oder Empfängnis gleich. Ein Gedanke entsteht, und daraus entwickelt sich die Idee, die sich dann als ein Bild im Inneren eines Menschen widerspiegelt. Im Gehirn hat sich dieser Ideenimpuls eingenistet, und ein Wunschbild wird ins Leben gerufen. Dieser Wunsch verwandelt sich im Laufe der Zeit zu einem festen Ziel, dem man Schritt für Schritt näherkommt.

Man will dieses Haus und sieht es als imaginäres Bildnis vor seinen Augen bereits als verwirklicht an. Die Fragen, die sich aber auch gleichzeitig stellen, sind in der Regel: Wo wollen wir dieses Haus bauen? Wie soll es aussehen? Wie groß soll es werden? usw.

Unabhängig davon, wie groß Ihr persönliches Budget ist, sollten Sie als erstes klären, an welchem Ort und auf welchem Grund und Boden Ihr Haus erbaut werden soll. Denn dieser Grund und Boden ist das tatsächliche Fundament, auf dem Ihr neues Wesen »Haus« erschaffen wird.

Die Grundstücksauswahl – der optimale Grund und Boden

Dieses Stück Erde bietet Ihrem Haus zukünftig eine Plattform und zugleich den Nährboden, damit sich das Haus in Form und Gestalt entwickeln, wachsen und darstellen kann. Wie bei einem Kind, das im Mutterleib heranwächst, sollten Sie auch in dieser Entwicklungsphase darauf bedacht sein, Ihrem zukünftigen Kind ein schönes und optimales Umfeld zu schaffen, damit es zum Wohle aller prächtig gedeihen, heranwachsen und sich entwickeln kann.

Sehr wichtig ist hier der Aspekt der Formgebung des Grundstücks. Denn nicht nur die Hausform und Hausgestalt, welche wiederum das

Leben Ihrer Familie im wahrsten Sinne des Wortes formt und gestaltet, ist entscheidend. Sondern auch die Form und Lage sowie die Grundstückseinbettung in dem Orts- und Landschaftsraum, auf dem sich Ihr Haus später einmal der Welt zeigen wird, ist hier eine wichtige »Grund«-Vorraussetzung. Dies ist der erste große Baustein, dem Sie wirklich Beachtung schenken sollten.

Abbildung 1 zeigt einige Grundstücksformen, die Ihnen bei Ihrer Wahl als Anhaltspunkt dienen können, um für Ihr Haus ein stimmiges und förderliches Grundstück zu wählen.

Sie können, wie in den Abbildungen 7a bis 7c auf Seite 66 zu sehen ist, die Wahrnehmungsübung Ihrer Hausform auch für Ihr zukünftiges Grundstück und seine Form vornehmen.

Es ist sinnvoll, sich nicht von vornherein nur auf ein Grundstück festzulegen, sondern zwei oder drei in die engere Wahl zu nehmen. Dies soll Ihre Entscheidung nicht erschweren, vielmehr dient diese Vorgehensweise dazu, noch Alternativen zu haben, wenn es – aus welchen Gründen auch immer – stimmiger ist, sich für ein anderes Grundstück zu entscheiden.

Wenn Sie z. B. drei Grundstücke mit einer für Ihr Haus passenden Größe, Form und Gestalt (Flach, Hanglage usw.) gefunden haben, wäre es förderlich, wenn Sie diese von einem Rutengeher auf Strahlungseinflüsse wie z. B. Wasseradern und Verwerfungszonen untersuchen lassen. Hier schaffen Sie eine wertvolle Vorraussetzung, um von vornherein Klarheit und Gewißheit zu haben, ob für Sie selbst und Ihr Haus ein optimaler Standort gegeben ist.

Bedenken Sie bitte, daß Sie in Ihrem Leben wohl nur einmal bauen werden und dieses Haus Ihnen eine wirklich gesunde und lebensfördernde Grundlage bieten sollte, damit Sie sich auf körperlicher, geistiger und seelischer Ebene wahrhaftig und kraftvoll entwickeln und leben können.

Die Begehung durch einen Rutengänger bzw. die Kosten, die dabei entstehen, sind ein im Verhältnis zur Bausumme verschwindend geringer Betrag, der Ihnen aber ein Tausendfaches an Lebensqualität und Gesundheit schenkt.

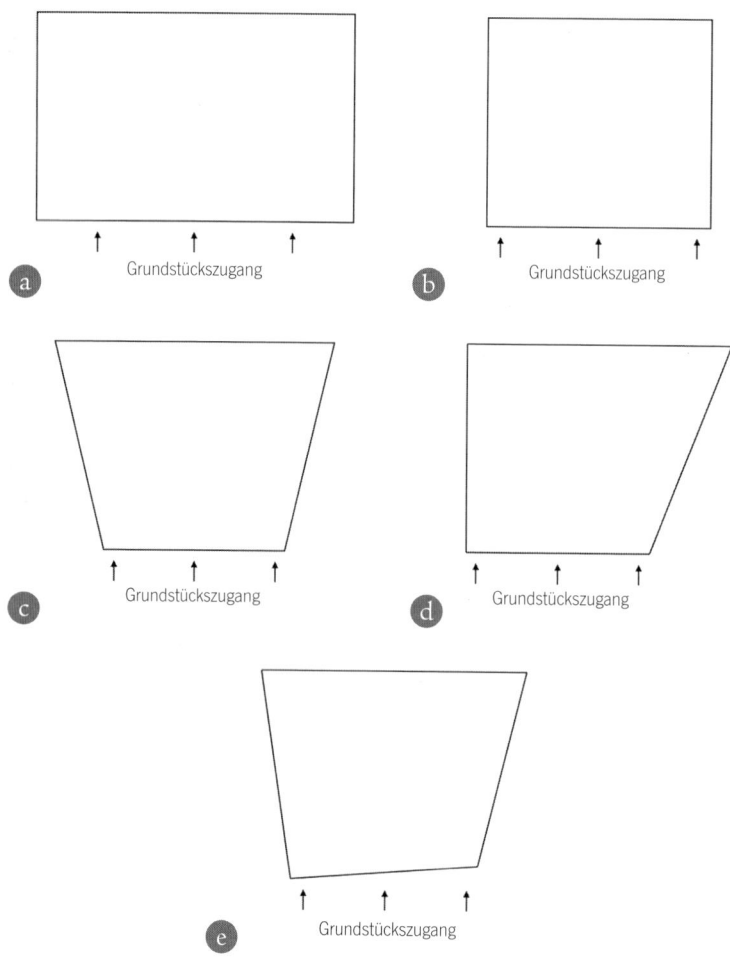

Abb. 1a bis 1e: Die Abbildungen 1a bis 1e zeigen Ihnen verschiedene Grundstücksformen, die als förderlich und nährend bezeichnet werden können. In den Abbildungen 1a
und 1b sehen Sie zwei sehr positive Formen eines Grundstücks. Auch die Grundstücksformen 1c bis 1e sind als förderlich zu bezeichnen, hier ist es allerdings sehr wichtig, die
Grundstückseingangsrichtung zu beachten. Wie in den Abbildungen zu sehen ist, sollte
sich das Grundstück nach hinten weiten. Im übertragenen Sinne bedeutet dies, daß es
sehr förderlich ist, wenn sich der »Grundstücksraum« für das Haus im hinteren Teil nicht
verengt und kleiner wird. Dies wirkt sich als Formgebung nachhaltig auf die »Lebens-
formgestaltung« der Bewohner aus.

Ein Beispiel:

Als ich den Auftrag bekam, mir einen Vorentwurf des selbstgezeichneten Hausplanes eines jungen Ehepaares anzusehen, vereinbarte ich einen Termin mit den beiden. Allerdings nicht bei ihnen zu Hause, sondern auf dem bereits gekauften Grundstück.

Bei der Besichtigung fiel mir auf, daß es hier eine große Wasserader geben mußte, die durch das Grundstück verlief. Daraufhin gab ich ihnen die Adresse von meinem Rutengänger, mit dem ich seit Jahren zusammenarbeitete, mit der Bitte, das Grundstück vorab untersuchen zu lassen.

Meine Vermutung wurde bestätigt, aber was noch interessanter war, war die Tatsache, daß das Haus so auf dem Grundstück plaziert worden wäre, daß diese Wasserader genau die Schlafbereiche der Eltern und des Kindes durchlaufen hätte. Aufgrund dieser Feststellung wurde das Haus um gut zwei Meter versetzt und konnte so auf strahlungsfreiem Grund und Boden errichtet werden.

Viele bauen zuerst ihr Haus, ziehen ein und lassen anschließend einen Rutengänger kommen, weil man Schlaf- oder sogar gesundheitliche Störungen festgestellt hat. Hier stellt sich die Frage: Warum nicht vorher?

In früherer Zeit, wenn in einer ländlichen Gegend ein neuer Platz für Haus, Stall und Hof gesucht wurde, trieb man eine Herde Schafe oder Rinder auf das ausgewählte Grundstück und beobachtete diese. Man ließ sie in aller Ruhe grasen und wartete ab, wo sich die Herde niederließ. An dieser Stelle wurden dann das Wohnhaus und der Stall gebaut. So hatte man einen strahlungsfreien und kraftvollen Platz für Mensch und Tier gefunden. Dies war die beste und einfachste Art, um einen guten und gesunden Platz zu finden, auf dem man das Haus und den Stall erbauen konnte.

Denn Hunde, wie auch Kühe, Schafe, Ziegen und Pferde, sind so genannte Strahlungsflüchter. Aus diesem Grund wird auch heute noch oft ein Rutengänger geholt, wenn ein neuer Stall gebaut wird oder es an bestimmten Plätzen im Stall Probleme mit den Tieren gibt.

Praxisbeispiel:

Ich selbst habe die Kraft der Strahlung einer Wasserader am eigenen Leib erfahren und auch erlebt, wie Katzen auf diese Strahlung reagieren. Im Jahr 1991 bezog ich ein Haus mit einer kleinen Hofstelle. Zur damaligen Zeit hatte ich noch kein Wissen über Geomantie und Radiästhesie. Allerdings fiel mir auf, daß unabhängig davon, wie spät ich zu Bett ging, ich mit Leichtigkeit aufwachte und fit war. Allerdings war ich nicht ausgeschlafen, was sich im Laufe des Tages bemerkbar machte. Mit meinem Nachbarn kam ich auf Grund einer Brunnenbohrung ins Gespräch über Wasseradern und Rutengänger. Daraufhin ließ ich das Haus untersuchen, und dabei stellte sich heraus, daß die Strahlungszone einer rechtsdrehenden Wasserader genau durch mein Schlafzimmer und unter meinem Bett verlief. Aufgrund dieser Strahlung, so die Aussage des Rutengängers, ist ein wirklich erholsamer Schlaf nicht möglich, und er riet mir, in das anliegende Zimmer zu wechseln. Denn langfristig würde es sich gesundheitlich auswirken.

Da der anliegende Raum noch nicht belegt war, konnte ich mit Bett und Schrank bequem umziehen. Dieser Umzug machte sich dann in Hinsicht auf erholsamen Schlaf positiv bemerkbar; allerdings nicht beruflich, denn ich hörte in den ersten Wochen nicht einmal mehr den Wecker in der Frühe. Meine angeborene Tief- und Langschlafeigenschaft hatte wieder einen gesunden Nährboden bzw. strahlungsfreien Raum.

Nachdem das Haus untersucht worden war, zeigte ich dem Rutengänger meine »Katzenmulden« draußen am Haus. Denn direkt unter dem damaligen Schlafzimmerfenster waren immer mehrere Mulden in der Erde zu sehen, in denen sich die Katzen ihr »Bett« machten und oft die Nacht verbrachten. Vom Rutengänger erfuhr ich, daß Katzen genau diese Strahlungsplätze aufsuchen, weil sie sich an diesen Plätzen wohlfühlen. Ein guter Platz für die Katze ist kein guter Platz für den Menschen. Allerdings kann man dieses Verhalten der Katzen nicht auf die Plätze der Innenräume von Häusern übertragen, so seine Worte. Denn dort suchen die Katzen in der Regel die Nähe zum Menschen, den wärmenden Ofen oder die kuschelige Bettdecke.

Das Grundstück – der Nährboden des Hauses und der Menschen

Das Grundstück, auf dem Sie Ihr Haus erbauen wollen, ist nicht nur eine stabile und tragfähige Plattform, die Ihr Haus trägt und ihm Halt und Sicherheit gibt, sondern, wie bereits erwähnt, im übertragenen Sinne auch der Nährboden, auf dem Ihr Haus wächst. Ebenso ist es die Grundlage für Ihr persönliches und gesundheitliches Wachstum und Wohlbefinden.

Aus diesem Grund ist es vorteilhaft, wenn Sie sich den Grund und Boden, den Sie erwerben wollen, vorher genau betrachten. Falls es sich um Ackerland handelt, beobachten Sie, soweit es Ihnen möglich ist, wie die Früchte darauf wachsen und gedeihen. Machen sie einen gesunden und kraftvollen Eindruck auf Sie? Wie fruchtbar ist diese Erde? Nehmen Sie diese Erde in die Hand und betrachten Sie sie. Wie fühlt sie sich an? Wie duftet sie? An was werden Sie dabei erinnert?

Wenn es sich bei dem Grundstück um eine Wiese handelt, gilt hier das gleiche. Wie saftig und frisch erscheint sie Ihnen? Gehen Sie über diese Wiese und fühlen Sie die Weichheit des Grases. Gehen Sie barfuß, so haben Sie einen direkten Kontakt mit diesem Stück Erde, das vielleicht bald Ihnen gehören wird.

Falls dieses Grundstück nicht mehr landwirtschaftlich genutzt wird und seit ein, zwei oder mehreren Jahren brachliegt, werden Sie wahrscheinlich jede Menge Pflanzen sehen, die normalerweise auf einer Wiese oder einem Acker nicht zu sehen sind. Im Volksmund nennt man das dann Unkraut. Aber es sind Pflanzen, die Ihnen aufzeigen können, wie fruchtbar und gesund dieses Stück Land ist. Wichtig ist hier, zu erkennen, wie gleichmäßig der Bewuchs auf dem Grundstück ist. Gibt es Stellen, die gerade zuwuchern und die Fülle präsentieren? Sind Lükken zu sehen, an denen gar nichts wächst oder nur wenig Vegetation zu sehen ist? Haben sich hier schon einige Sträucher und Baumsamen entwickelt und angefangen, Wurzeln zu schlagen?

Bei solchen brachliegenden Grundstücken ist diese Herangehensweise sehr aussagekräftig. Gehen Sie über das Grundstück und nehmen Sie die Düfte, die Sie umgeben, ganz bewußt wahr. Wie frisch und angenehm empfinden Sie diese? An was werden Sie dabei erinnert? Wie fühlen Sie sich dabei?

Lassen Sie sich nicht durch einen von »Unkraut« übersäten Acker täuschen, der Ihnen ein Bild von Unordnung und Unerwünschtem vorspiegelt. Vielmehr präsentiert sich hier die wahre Fülle und Vielfalt der Natur vor Ihren Augen.

Bewegen Sie sich über Ihren zukünftigen Grund und Boden und betrachten Sie ihn in aller Ruhe. Nehmen Sie sich Zeit und beginnen Sie über Ihre fünf Sinne dieses Stück Erde ganz bewußt wahrzunehmen.

Machen Sie dies am besten zwei bis drei Mal mit mehreren Tagen Abstand. Begegnen Sie diesem Grundstück ein Mal morgens, mittags und abends. So erleben Sie die jeweilige Stimmung hautnah und bekommen einen vielfältigen Eindruck von Qualität und Kraft des Bodens und der Umgebung und wie sie sich zu den verschiedenen Tageszeiten zeigen.

Die Fünf-Sinne-Wahrnehmung bei der Grundstücksbegegnung

Bei der Grundstückswahrnehmung über Ihre fünf Sinne wäre es zu empfehlen, wenn Sie sich Papier und Stift mitnehmen, um Ihre Empfindungen und Wahrnehmungen notieren zu können. So haben Sie die Möglichkeit, auch später noch Ihre Notizen der einzelnen Begegnungen mit dem Grundstück und die dabei gewonnenen Erfahrungen nachzulesen und sich so besser an sie zu erinnern.

Begeben Sie sich auf das Grundstück und suchen Sie sich einen für Sie stimmigen Platz. Nehmen Sie eine Position ein, in der Sie sich wohlfühlen, sei es nun sitzend, stehend oder liegend; gerne auch abwechselnd, da Sie in unterschiedlichen Körperhaltungen möglicherweise verschiedene Informationen bekommen werden. Machen Sie die Wahrnehmung einmal mit offenen und einmal mit geschlossenen Augen und achten Sie darauf, welche Sinnesempfindungen Sie jeweils geschenkt bekommen.

Bevor Sie beginnen, atmen Sie ganz bewußt tief ein und aus, und lassen Sie Ihren Atem stetig ruhiger werden. So kommen Sie leichter in eine innere Ruhe, die Ihnen hilft, im »Hier und Jetzt« und einer vertieften Betrachtung zu sein und dem Grundstück mit allen Sinnen zu begegnen. Seien Sie offen und neutral und beginnen Sie, diesen Ort über Ihre Sinne wahrhaftig aufzunehmen.

Hierbei kann Ihnen nachfolgende Liste ein wertvoller Begleiter sein:

Sehen:
Was sehen und erkennen Sie auf dem Grundstück?
Wie ist die Beschaffenheit, Farbe und Struktur des Bodens?
Welche Vegetation finden Sie vor? Büsche, Sträucher, Blumen usw.
Wie gesund und kraftvoll erscheinen Ihnen diese Pflanzen?
In welche optische Umgebung ist das Grundstück eingebettet?
Wie klar und hell können Sie die Umgebung und das Grundstück über Ihre Augen wahrnehmen? Wie z. B. Straßen, Häuser, Landschaft.
Sehen Sie vielleicht Tiere, Vögel, Katzen, Mäuse usw.?
Wie nehmen Sie diese wahr? Als Teil des Lebens oder als Störfaktor?
An was werden Sie bei all diesen Bildern erinnert?
Was für ein Gefühl durchströmt Sie dabei?

Schließen Sie jetzt Ihre Augen und beginnen mit Ihrem »inneren Auge« zu sehen und wahrzunehmen. Denn hier können sich Ihre inneren Bilder leichter entwickeln, die Ihnen Ihre Empfindungen als Bildnis darstellen wollen.

Welche inneren Bilder entstehen und zeigen sich Ihnen?
An was werden Sie dabei erinnert, und wie fühlen Sie sich dabei?
Wie klar und rein erscheinen Ihnen diese Bilder, wie eindeutig?
Welche Informationen und Botschaften werden Ihnen bildhaft vermittelt?
Was offenbart sich dadurch für Sie?
Welche Stimmung erzeugen diese Bilder in Ihnen?
Welche Kraft durchströmt Sie dabei, und wie lebendig fühlen Sie sich?
Werden Sie genährt, getragen und gehalten?
Empfinden Sie Geborgenheit und Wohlgefühl?

Hören:

Was können Sie jetzt bewußt hören in der Wahrnehmung?

Welche Art Geräusche nehmen Sie wahr?

Hören Sie Stimmen, Autos, Lärm, Geschrei, Gesang, Musik, Vogelgezwitscher, ein Rauschen von Blättern, das Plätschern von Wasser?

Sind diese akustischen Quellen Wirklichkeit und sichtbar oder werden sie Ihnen als »Stimme« des Grundstücks vermittelt?

Wie rein und klar können Sie hören, wie deutlich nehmen Sie Geräusche wahr?

An was erinnern Sie diese Laute, Klänge und Töne?

Welche Informationen bekommen Sie dabei zu hören?

Wie verändert das Ihre Stimmung und Ihre körperliche Haltung?

Auch hier dürfen Sie Ihre Augen einmal schließen, um das innere Hören anzuregen und die innere Stimme deutlicher wahrzunehmen. Denn hier können Sie über Ihre bewußte »sichtbare« Grenze hinaus hören und so der Wahrhaftigkeit intensiver lauschen.

Welche inneren Stimmen, Klänge und Geräusche hören Sie jetzt?

Hören Sie etwas, was an diesem Ort sichtbar gar nicht existiert?

Woher kann dieses Gehörte dann kommen und was will es Ihnen vermitteln?

Welche Information will sich Ihnen mitteilen?

Sind Sie »ganz Ohr« und offen, diese Botschaften zu empfangen?

Was sagt Ihnen Ihre innere Stimme und wie fühlen Sie sich dabei?

An was werden Sie dabei erinnert, welches Gefühl durchströmt Sie?

Hören Sie Rufe und Stimmen aus anderen Sphären? Aus anderen Zeiten?

Fühlen:

Was fühlen Sie in Ihrer Wahrnehmung? Wie fühlen Sie sich?

Welche Gefühle und Empfindungen nehmen Sie wahr?

Spüren Sie Kälte, Wärme, Geborgenheit, Angst, Unbehagen, Mut, Glück, Freude, Abwehr, Lust, Depression, Heiterkeit, Kraft, Müdigkeit, Lebendigkeit, Frieden, Liebe usw.?

Wie fühlen Sie sich innerlich dabei?
Werden Sie gestärkt und in Ihrer Seele berührt?
Vermittelt Ihnen Ihr »Sehen« und alles Sichtbare dieses Gefühl?
Wo haben Sie schon einmal so gefühlt und in welcher Situation?

Beginnen Sie jetzt, wenn es für Sie stimmt, mit dem inneren Fühlen, und schließen Sie hierfür Ihre Augen. Öffnen Sie im Geiste Ihre körperlichen und verstandesmäßigen Grenzen. Entspannen Sie sich nochmals ganz bewußt und atmen Sie ruhig ein und aus. Lassen Sie geistig die Poren Ihrer Haut sich öffnen, um die Energie an diesem Ort ganz aufzunehmen. Bleiben Sie ruhig und entspannt und lassen Sie sich von der Kraft des Ortes berühren und umschmeicheln. Hier können Sie die wesentlichen Kräfte dieses Ortes, die nicht sichtbar und hörbar sind, in ihrer Ganzheit und Wahrhaftigkeit erfühlen und sich berühren lassen. Öffnen Sie Ihr Herz und seien Sie bereit, sich in Ihrer Seele berühren zu lassen.

Was für ein Gefühl durchdringt und berührt Sie?
Wie berührt, wie getragen und geborgen fühlen Sie sich jetzt?
An was werden Sie dabei erinnert?
Welche Empfindungen und Kräfte fühlen und spüren Sie?
Was für ein Gefühl strömt jetzt aus Ihrem Inneren?
Wann und wo und durch was haben Sie schon mal so gefühlt?
Wie stark, lebendig und emotional fühlen Sie sich jetzt?
Sind Sie erregt oder aufgeregt, frei oder gefangen, mächtig oder ohnmächtig, offen oder abwehrend, beschützt oder verletzt, schwach oder stark, mutig oder ängstlich, freudig oder traurig, wie im Traum oder Alptraum, im Paradies oder in der Hölle?

Diese inneren Empfindungen und seelischen Berührungen können sich bei geschlossen Augen möglicherweise sehr intensiv äußern, je nach dem, wie offen und mit welchem Grad an Sensibilität man diesen Energien begegnet und sich von ihnen berühren läßt.

Schmecken:

Auf was für einen Geschmack kommen Sie über Ihre Wahrnehmung?

Welcher Geschmack bildet sich auf Zunge und Gaumen?

Schmeckt es süß, salzig, deftig, herb, bitter, sauer, mild, cremig, natürlich, unverdaulich, leicht, interessant, undefinierbar usw.?

Wann und wo haben Sie zuletzt so etwas schmecken dürfen?

An was erinnert Sie diese Geschmacksempfindung?

Welches Gefühl durchdringt Sie dabei? Wollen Sie mehr davon?

Mit was bringen Sie diesen Geschmack in Verbindung? Mit welchen Erlebnissen, Erfahrungen, Personen, Tieren, Landschaften usw.?

Was für Informationen werden Ihnen durch diesen Geschmack vermittelt?

Auch hier dürfen Sie Ihre Augen schließen und über ein inneres Wahrnehmen den Geschmack der Energie, die sie umgibt, aufnehmen. Lassen Sie es sich auf der Zunge zergehen und genießen Sie diese Empfindungen.

Wie schmeckt Ihnen dieser innere Wahrnehmungsgeschmack?

Was hat sich gegenüber vorher geschmacklich verändert?

Sind Ihre Geschmacksnerven sensibler geworden?

Nehmen Sie etwas wahr, was gar nicht vorhanden ist?

Schmecken Sie etwas Fremdartiges oder Vertrautes?

Wie fühlen Sie sich dabei und wie äußert sich diese Empfindung?

Spüren Sie dadurch ein Kitzeln, Kribbeln, Jucken oder Prickeln am Körper?

Fängt Ihr Geist an, sich gegen etwas zu wehren, oder erlebt er gerade einen kulinarischen Höhenflug?

Wird Ihre Seele wohltuend berührt oder verschließt sie sich diesem Geschmack?

Riechen:

Welche Düfte umgeben Sie und welche nehmen Sie bewußt wahr?

Können Sie diese zuordnen? Sind sie Ihnen bekannt?

Nehmen Sie den Duft der Erde, der Pflanzen und der sichtbaren Umgebung wahr?

Empfangen Sie Düfte, deren Quelle nicht sichtbar und erkennbar ist?

Mit was verbinden Sie diese Düfte, und an was werden Sie dabei erinnert?

Welche Bilder zeigen sich Ihnen und welche Emotionen lösen sie bei Ihnen aus?

Wo und wann hatten Sie so einen Duft schon einmal in der Nase?

Schließen Sie Ihre Augen und beginnen Sie mit dem inneren Riechen über Ihre Wahrnehmung. Bleiben Sie offen in Ihrer inneren und äußeren Haltung, um den Duft dieses Ortes, dieses Platzes und dieses Grundstücks ganz aufzunehmen. Lassen Sie ihn in Ihre Nase strömen und sich von ihm »berauschen«.

In welche Welten des Duftes werden Sie dabei entführt oder gelockt?

Lassen Sie sich dabei führen oder folgen Sie dem Weg des Duftes bewußt und selbständig?

Sind Sie berauscht und beglückt oder benommen und betrunken?

Können Sie die Düfte definieren und wiedererkennen? Nehmen Sie vielleicht den Duft eines Waldes oder des Meeres wahr, obwohl keines von beiden Wirklichkeit ist?

Erkennen Sie den Duft von Früchten, Blumen, Vergorenem, Speisen, Getränken, Menschen, Tieren oder dergleichen, obwohl nichts von all dem zu sehen ist?

An was werden Sie dabei erinnert? Welche Erfahrungen und Erlebnisse kommen Ihnen dadurch in den Sinn?

Welche inneren Bilder und Empfindungen entstehen in Ihnen?

Wie fühlen Sie sich dabei? Wie stark fühlen Sie sich jetzt und wie können Sie diesen Empfindungen begegnen und mit ihnen umgehen?

All diese Informationen, die Sie jetzt empfangen haben, sollten Sie schriftlich festhalten, und zwar am besten nach jeder einzelnen Sinneswahrnehmung. Denn dann sind die Informationen noch frisch, und Sie können frei zur nächsten Wahrnehmung übergehen.

Wichtig ist, daß Sie Ihre Empfindungen nicht bewerten oder beurteilen, sondern so annehmen, wie sie sind, nämlich echt, authentisch und wahrhaftig. Sehen und erkennen Sie all die Energien und Informationen mit Neutralität und Souveränität. Bleiben Sie ruhig und gelassen, denn dadurch sind Sie offen und bereit, die Fülle der energetischen Botschaften wirklich wahr- und anzunehmen.

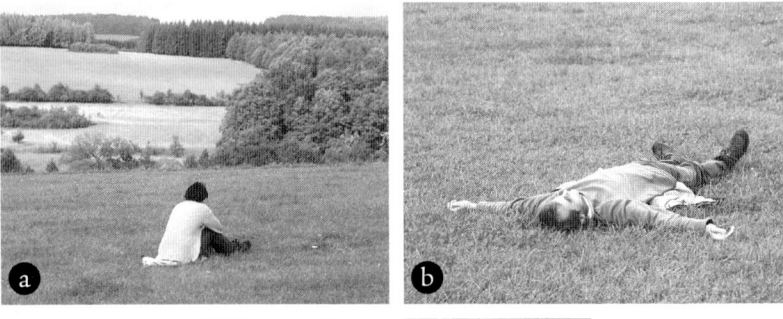

Abb. 2a bis 2c: Die Sinneswahrnehmung auf einem Grundstück in sitzender, liegender und stehender Position

Ein Hinweis, den Sie sich zu Herzen nehmen sollten:

Wenn Sie sich nicht sicher sind, ob Sie auf solch intensive Weise diesem Grundstück oder einem neuen Lebens- oder Landschaftsraum begegnen wollen, sollten Sie dies von einem Fachmann bzw. einer Fachfrau, die mit dieser Art der Wahrnehmung vertraut ist, vornehmen lassen. Denn durch eine intensive innere und mediale Wahrnehmung mit all Ihren Sinnen, ob mit geschlossenen oder offenen Augen, kann es passieren, daß Sie nicht nur Beobachter sind, sondern in dieser Energie wirklich mitspielen und ein Teil von ihr werden. Das kann unter Umständen sehr anstrengend, kraftraubend und ermüdend sein.

Außerdem kann es sein, daß sich diese Energieinformationen in Ihrem Unterbewußtsein, Ihrem Energiefeld und auf emotionaler Ebene anhaften und Sie sich anschließend unbehaglich, geschwächt oder verwirrt fühlen, je nach Grad Ihrer Sensibilität, inneren Stärke, Stabilität und Sicherheit.

Die Einbettung des Grundstücks im Landschaftsraum

Nicht nur das zukünftige Haus sollte im Grundstück gut eingebettet sein, sondern auch das Grundstück, auf dem dieses Haus entsteht. Um die Einbettungsqualität Ihres Grundstücks zu erfahren, wäre es am sinnvollsten, sich wirklich auf diesem Grundstück einzubetten. Das heißt, verbringen Sie so viel Zeit, wie es Ihnen nur möglich ist, auf diesem Grundstück. Dadurch können Sie den Kräften, Qualitäten und Stimmungen dieses Platzes ganz bewußt und viel intensiver begegnen, als wenn Sie dieses Grundstück nur eine Viertelstunde betrachten. Eine vertiefte Betrachtung und Wahrnehmung in so einer kurzen Zeit ist nicht wirklich von Wert und bringt Ihnen keine wirklich wichtigen Informationen.

Am intensivsten begegnen Sie dem Ort, wenn Sie dort eine Nacht und einen Tag verbringen. Nehmen Sie dafür aber bitte kein Wohnmobil, sondern schlafen Sie mit Zelt, Schlafsack und Unterlage. So liegen Sie direkt auf der Erde und nehmen die Einbettungs- und Geborgenheitsqualität während der Nacht am besten wahr. Sehr gut wären natürlich zwei Nächte, um eine intensivere Begegnung mit dem Grundstück zu erfahren. Nehmen Sie sich ein Wochenende Zeit, um Ihr zukünftiges Grundstück wirklich kennenzulernen und ihm wahrhaftig zu begegnen. Bleiben Sie auch während des Tages dort und verbringen Sie die meiste Zeit damit, sich nur auf diesem Grund und Boden zu bewegen. Später würden Sie das ja auch tun. Während des Tages können Sie sich immer wieder an verschiedene Stellen auf dem Grundstück hinsetzen oder hinlegen. Gerne können Sie Ihre verschiedenen Empfindungen und inneren Bilder und Ihre Wahrnehmung während dieser Zeit zu Papier bringen. Dies hat den Vorteil, daß Ihre Gedanken nicht einfach kommen und gehen, sondern festgehalten werden und Sie diese jederzeit nachlesen, aber auch mit Ihrem Partner oder Ihrer Familie, die sich natürlich dieser Begegnungsphase angeschlossen haben, austauschen können.

Wenn Sie einen Hund haben, nehmen Sie ihn in jedem Fall mit. Denn wo sich der Hund wohlfühlt, stimmt es auch für den Menschen. Hunde, wie Tiere allgemein, sind sehr feinfühlige Wesen, die uns Menschen durch ihr Verhalten sehr viel aufzeigen können. Beobachten Sie Ihren Hund während der zwei Tage genau. Verhält er sich anders als bei Ihnen zu Hause? Hat er bestimmte Plätze auf dem Grundstück gemieden? An welchen Stellen macht er Pause oder schläft er? Ist er ständig in Bewegung und auf der Suche? Oder langweilt ihn dieser Ort und rührt er sich kaum von der Stelle?

»In der Regel baut man nur einmal in seinem Leben.«

Nutzen Sie diese Möglichkeit, denn ein oder zwei Tage und Nächte sind im Gegensatz zu drei, vier oder mehr Jahrzehnten, die Sie dann auf diesem Grund und Boden leben werden, ein sehr kleines Zeitopfer.

Und selbst wenn es das letzte Baugrundstück in einem Baugebiet sein sollte: Kümmern Sie sich nicht darum, was Ihre zukünftigen Nachbarn sagen werden. Ganz im Gegenteil, dies ist die beste Gelegenheit, nicht nur Ihr Grundstück, sondern auch Ihre zukünftigen Nachbarn kennenzulernen.

Der Freiraum für das Wesen Haus

Wenn Sie die Möglichkeit haben, bieten Sie Ihrem zukünftigen Haus eine Grundstücksgröße, die diesem Wesen genügend Freiraum bietet, sich gut zu entfalten.

Stellen Sie sich einmal vor, Sie besuchen ein Open-Air-Konzert. Auf engstem Raum befinden sich Tausende von Menschen, und Sie stehen mittendrin. Sie haben gerade Platz, sich umzudrehen, aber die Arme ausbreiten und sich Freiraum verschaffen, das werden Sie wohl nicht können. In diesem Fall ist das nicht weiter tragisch, denn diesen Zustand können Sie für die nächsten Stunden bis zum Ende des Konzerts leicht ertragen. Außerdem sind Sie ja durch die Musik, die Atmosphäre und alles, was Sie dort sehen, mehr als abgelenkt.

Vielleicht würden Sie diese Situation auch noch ein paar Tage länger aushalten, aber sicherlich nicht ein Leben lang. Eine Gemeinschaft mit anderen ist gut und empfehlenswert. Aber bedenken Sie, daß jedes Wesen ein individuelles Geschöpf ist, das sich eigenständig und individuell entfalten will. Wie eine Pflanze ihren Freiraum braucht, um optimal wachsen und blühen zu können, braucht ihn auch der Mensch. Folglich wäre es sinnvoll, wenn auch das Wesen Haus seinen guten und freien Platz bekommt und Raum hat zu »wachsen« und zu erblühen.

Ich möchte Ihnen hier keine Größenverhältnisse vorschreiben oder Tabellen und Zahlen aufführen, die Ihnen als Vorgabe dienen würden, sondern Ihnen vielmehr eine Möglichkeit an die Hand geben, um ein stimmiges Verhältnis von Grundstücksgröße und Hausgröße selbständig zu erkennen und zu bestimmen.

Dazu können Sie wie folgt vorgehen: Sie stehen am Rand des Grundstücks, auf dem Sie Ihr Haus erbauen wollen. Betrachten Sie die Häuser in der Umgebung und nehmen Sie ganz bewußt Kontakt mit ihnen auf. Nicht nur mit einem, sondern mit allen, die sich in der unmittelbaren Nachbarschaft Ihres Grundstücks befinden. Sehen Sie sich diese Wesen genau an. Betrachten Sie ihr Erscheinungsbild und nehmen Sie ihre Ausstrahlungskraft wahr. Schenken Sie sich Zeit dazu und atmen Sie dabei ruhig ein und aus.

Gehen Sie jetzt in die Vorstellung, selbst ein Haus zu sein. Ihr Körper wandelt sich in Ihrer Vorstellung in den Körper eines Hauses. Ihr Geist durchdringt die Umgebung jetzt als Wesenheit Haus. Ihr Körper beginnt in Ihrem Gedankenbild die Gestalt, Größe und Form eines Hauses zu bekommen. Wenn Sie dieses Bild vor Augen haben und sich in dieser Gestaltenergie befinden, dann gehen Sie auf das Grundstück und bewegen sich dorthin, wo Sie als Haus gerne stehen würden. Drehen Sie sich Stück für Stück in alle Himmelsrichtungen und sehen, fühlen und empfinden Sie mit den Sinnen eines Hauses.

Wie fühlen Sie sich dabei?

Was erkennen Sie?

Welche Kraft wohnt jetzt in Ihnen?

Spüren Sie den Boden unter Ihnen?

Wie werden Sie getragen und gehalten?

Wie verwurzelt sind Sie?

Wie frei und stark fühlen Sie sich jetzt?

Könnten Sie dort ewig stehen, ohne müde zu werden?

Schließen Sie Ihre Augen und spüren auf der inneren Wahrnehmungsebene nach, welche inneren Bilder, Gefühle, Reize und Empfindungen Ihre Sinne Ihnen vermitteln. Machen Sie diese Übung in jede Himmelsrichtung und nehmen Sie sich wirklich Zeit dafür.

Die Umgebung des Hauses – Der Blick in die Landschaft

Breiten Sie jetzt Ihre Arme aus und blicken Sie nochmals rundherum in die Umgebung. In welcher Richtung möchten Sie als Haus gerne den Eingang, das Gesicht haben?

In welche Richtung würden Sie ein Leben lang blicken wollen?

Was für eine Energie und welche Information soll der Eingang als Nahrungsquelle aufnehmen?

Die Eingangsseite des Hauses ist das Gesicht dieses neuen Wesens. Und in diesem Gesicht befinden sich die Augen des Hauses, seine Fenster. Natürlich gibt es auf jeder Seite des Hauses Fenster, die die Umgebung erkennen, wahrnehmen, sehen und gesehen werden, aber die Fenster auf der Eingangsseite stehen symbolisch für die zwei Augen des Menschen in seinem Gesicht. Ebenso befindet sich im Gesicht des Menschen der Mund, der die Nahrung des Lebens aufnimmt. An dieser Seite des Hauses befindet sich der Eingang, die Haustür, die die Energie des Lebens empfängt.

Abb. 2d: Der Blick in die Landschaft

Also, was für eine Aussicht würden Sie gerne ein Leben lang genießen wollen?

Wie wohl fühlen Sie sich bei dieser Aussicht?

Nehmen Sie Urlaubsstimmung wahr?

Fühlen Sie sich frei, stark und unbeschwert?

Welche Energie wird hier durch den Mund des Hauses aufgenommen?

Wie viel Nahrung und welche Qualität und Kraft kann das Haus in dieser Umgebung und aus dieser Richtung aufnehmen?

Wie wird das Haus selbst und Ihre Familie dadurch genährt werden?

Wenn es Ihnen möglich ist, wiederholen Sie diese Übung ein paar Tage später; vielleicht auch zu einer anderen Tageszeit. Auch die anderen Familienmitglieder sollten sich dieser Übung anschließen. Tauschen Sie sich hinterher untereinander aus und schildern Sie Ihre Erfahrungen. Am besten, Sie nehmen Papier und Stift mit auf das Grundstück, um Ihre gewonnen Eindrücke und Wahrnehmungen niederzuschreiben. Damit haben Sie gleich eine kleine Dokumentation, die Ihnen bei der ersten Planung Ihres Hauses sehr nützlich sein kann.

Arbeiten Sie auch hier mit Ihren fünf Sinnen, wie Sie es bereits bei der ersten Begegnung mit dem Grundstück getan haben; nur jetzt in der Vorstellung, daß Sie selbst das Haus sind und stellvertretend für dieses das Grundstück und die Umgebung erkunden.

Dies alles bietet Ihnen eine gute Grundlage, um das neue Wesen später zeichnerisch als kreativen Plan auf Papier zu bringen.

35

Und denken Sie dabei bitte nicht an zukünftige Wege, den kürzesten Weg von der Haustür zur Garage oder den Weg von der Haustür zum Briefkasten. Lassen Sie Ihren Gedanken und Empfindungen freien Lauf und bremsen Sie diese nicht durch rationelle Denkansätze. Denn keine Bauvorschrift wird Ihnen vorschreiben, auf welcher Seite des Hauses Sie Ihren Eingang planen. Dieser muß nicht zwingend in Richtung Straße oder Grundstückszufahrt geplant und verwirklicht werden.

2. Bestehenden Raum für das neue Wesen loslösen und verabschieden

Sollte sich auf dem zu bebauenden Grundstück ein Haus befinden, das seit vielen Jahrzehnten mit dem Grund und Boden, auf dem es steht, verbunden ist und dem neuen Haus weichen soll, wäre es sowohl für das bestehende als auch für das neue Haus gut und stimmig, wenn Sie diese Verbindung vorher energetisch lösen und das alte Haus von seiner Aufgabe entbinden.

Diese Vorgehensweise trägt dazu bei, daß das jetzige Haus feinstofflich vom Grundstück und seiner Umgebung gelöst und freigegeben wird. Dies ist eine wichtige Vorraussetzung, um Frei-Raum zu erschaffen für das neue Wesen Haus, das an diesem Platz gebaut werden soll.

Nachfolgend beschreibe ich Ihnen, wie Sie hier vorgehen können. Allerdings dürfen und sollen Sie auch bei dieser Vorgehensweise Ihre eigene Intuitions- und Schöpferkraft mit einfließen lassen. Vielleicht haben Sie ja auch schon im Bereich der feinstofflichen Begegnung Erfahrung gesammelt und sind mit meinem ersten Buch »Die Seele des Raumes berühren« schöpferisch tätig gewesen.

Die letzte Ehre erweisen

Lösen Sie sich ganz bewußt vom Wesen Haus und das Wesen Haus von dieser Erde und, vor allem, bringen Sie den Mut und die Kraft auf, dieses Haus auf dem Weg in eine andere »Dimension« zu begleiten und zu verabschieden. Seien Sie sich bewußt, daß diese Wesenheit bald nicht mehr ist und so, wie es war, nie mehr sein wird. Hier sind Sie der Gefährte, der das Haus begleitet und über die Schwelle führt. Bereiten Sie das Haus auf diesen Wandlungsprozeß vor.

Falls Sie in diesem Haus aufgewachsen sind, sind Sie bewußt oder unbewußt mit diesem Wesen verbunden. Es hat Ihnen Halt, Schutz und Geborgenheit geschenkt, Sie durch die Phasen vom Säugling zum Kind und Jugendlichen bis hin zum Erwachsenen begleitet und behütet. Es hat Ihnen Freude bereitet und Raum zum Feiern und zum Rückzug gegeben. Sie durften diesen Raum bewohnen und sich mit ihm und in ihm entfalten und leben. Glauben Sie nicht, daß es gut wäre, bei seiner »letzten« Stunde dabeizusein und zu begleiten?

Selbst wenn Sie keine emotionale Verbindung zu diesem Grundstück und dem Haus haben, weil Sie es vielleicht erst gekauft oder geerbt haben und die Vorbesitzer schon länger nicht mehr dort wohnten, sollten Sie dieses Wesen stellvertretend begleiten und verabschieden. Durch diese Handlungsweise haben Sie die Gelegenheit, das alte Wesen in seiner Kraft und Erscheinung zu erfahren und den Grund und Boden in seiner Präsenz und Ausstrahlungskraft vertieft wahrzunehmen.

Bevor Sie diesem Wesen ein letztes Mal feinstofflich begegnen, sollte auch hier die grobstoffliche Reinigung erfolgen. In diesem speziellen Fall wird allerdings vorher das Haus komplett ausgeräumt. Alle Möbel, Bilder, Vorhänge usw. sollten vom Innenraum gelöst werden. Ebenso trennen Sie die Verbindung von Strom, Heizung und Wasser. Anschließend reinigen Sie das Haus grobstofflich durch Putzen, Saugen und Staubwischen. Dies mag für Sie etwas verrückt klingen, aber bedenken Sie, daß dies nicht irgendeine Handlung ist, sondern Sie sich selbst und das Wesen Haus auf den eigentlichen Akt der Loslösung vorbereiten.

Bei der grobstofflichen Reinigung und der Ablösung der Einrichtungsgegenstände sowie der Trennung der Zufuhr von Energie (Strom, Wasser, Heizung) seien Sie ganz bewußt mit Ihren Gedanken der Vorbereitung und der Trennung dabei und lassen diese in Ihre Handlungen mit einfließen. Dadurch bekommt Ihre Handlung einen wirklichen Wert und verbindet Sie mit der Energie dieses Lebensraumes. Sie sind der Gefährte, der das Wesen Haus auf den Übergang der Loslösung von dieser Erde begleitet und vorbereitet.

Für die »letzte« große Begegnung auf feinstofflicher Ebene mit dem bestehenden Haus wählen Sie am besten einen ruhigen Tag, an dem Sie keinerlei Verpflichtungen haben. Am besten einen Sonn- oder Feiertag, um die Wichtigkeit und Größe dieses Tages für diese letzte Begegnung, diesen Abschied für immer, zum Ausdruck zu bringen. Denn Sie verabschieden sich endgültig von diesem alten Wesen und das Haus von dieser Erde, auf der es über viele Jahrzehnte gelebt und gewirkt hat.

Gehen Sie auch hier vor wie bei einer feinstofflichen Reinigung und zwar so, als würden Sie dieses Haus zum ersten Mal reinigen, unabhängig davon, ob es schon viele Male gereinigt worden ist oder nicht.

Einen Tag vor der feinstofflichen Begegnung können Sie in aller Ruhe bei sich zu Hause alle Utensilien für dieses Ritual vorbereiten. Dazu brauchen Sie Räucherwerk, Räucherkohle, Feuersand bzw. Quarzsand, eine rote Kerze, Streichhölzer, einen Teelöffel und Räucherschalen; mindestens eine Schale pro Raum und bei größeren Räumen am besten zwei. Beziehen Sie den Eingangsbereich, den Flur, Toilette sowie Speisekammer als eigenen Raum mit ein. Zusätzliche brauchen Sie noch einen Stab aus Holz in einer Länge von etwa 30 bis 40 cm und einem Durchmesser von etwa 3 cm. Dieser Holzstab kommt nach der sprachlichen Verabschiedung der Raumenergien zum Einsatz.

Abb. 3: Räucherschale belegt mit Feuersand und Kohle; eine rote Kerze, Räucherwerk und Holzstab

Für diese letzte feinstoffliche Begegnung am frühen Morgen wäre es stimmig, wenn Sie sich in Ihrem derzeitigen Lebensraum frischmachen, damit Sie wirklich hellwach und alle Sinne vom Schlaf befreit sind.

Dann fahren oder gehen Sie zu dem Haus, das verabschiedet wird. Begeben Sie sich für diesen Akt der Loslösung in das Wohnzimmer, das Herz des Hauses.

Stellen Sie die rote Kerze in der Mitte des Wohnzimmers auf den Boden und entzünden Sie sie. Setzen Sie sich auf den Boden und betrachten Sie diesen hellen Schein. Lassen Sie sich ganz auf die Kraft des Lichts und seine Erscheinung ein. Atmen Sie ruhig und regelmäßig ein und aus und werden Sie dabei ganz entspannt und gelöst. Schließen Sie Ihre Augen und sammeln Sie Ihre Gedanken. Bleiben Sie dabei ruhig und atmen Sie ganz natürlich weiter. Besinnen Sie sich jetzt auf Ihre fünf Sinne, indem Sie mit dem inneren Sehen beginnen.

Nehmen Sie sich selbst über Ihr inneres Auge wahr. Stellen Sie sich das Licht der Kerze vor, wie es sich Ihnen nähert und Sie mit seinem Licht und seiner Wärme erfüllt. Lassen Sie sich berühren und erfüllen von dieser natürlichen Kraft. Es wird heller und lichter, Ihr innerer Blick wird klarer und reiner. Sie sind erfüllt von diesem Licht und dieser Wärme. Sie sind hellwach und nehmen Ihre inneren Bilder ganz deutlich wahr.

Betrachten Sie weiter Ihre bildhaften Eindrücke und beginnen Sie zu horchen, was diese Ihnen sagen wollen. Hören Sie auf die Stimme Ihres Herzens und begegnen Sie den Bildern und Worten, die Ihnen vermittelt werden, mit Offenheit und Wahrhaftigkeit. Lauschen Sie den Wortklängen oder dem Gesang, der Ihnen geschenkt wird. Nehmen Sie die Melodie des Lebensraumes an und erhören Sie seine Botschaft, die für Sie bestimmt ist.

Schauen Sie weiterhin auf Ihre inneren Bilder und horchen Sie auf Ihre innere Stimme. Spüren Sie nach, was Sie beim Sehen und Hören über Ihre Sinne fühlen. Lassen Sie sich ganz ein auf das Gefühl des Seins im Hier und Jetzt. Seien Sie allgegenwärtig und ganz präsent. Erspüren Sie Ihren Körper und Ihr Gefühl, Ihre Reize und Empfindungen. Lassen Sie sich erfüllen vom Licht und der Wärme der Kerze und einhüllen in diese Kraft.

Bleiben Sie bei Ihren inneren Bildern, der Melodie und den Wörtern, welche Sie hören und bei Ihrem Wohlgefühl, das Sie erfüllt. Nehmen Sie jetzt ganz bewußt über Ihre Nase den Duft um Sie herum wahr. Atmen

Sie die Energie Ihrer Umgebung mit vollem Herzen ein und genießen Sie dabei jeden Atemzug. Spüren Sie die Kraft des Lebens, wie Sie sie aufnehmen und sie Ihren Körper durchdringt, Ihren Geist beflügelt und Ihre Seele aufleben läßt. Erfreuen Sie sich dieser Lebenskraft und dieses Lebensduftes auf jeder Ebene Ihres Seins und lassen Sie sich von diesen Düften durchdringen.

Erleben Sie durch diese Verbindung Ihrer ersten Sinnesbegegnungen, wie sich diese vereinigen und auf welchen Geschmack Sie dadurch kommen. Geben Sie sich diesen sinnlichen Genüssen ganz hin und lassen Sie sich diese auf der Zunge zergehen. Schmecken Sie ihnen ganz bewußt nach und nehmen Sie über Ihren Gaumen diese wahrhaftigen Kostbarkeiten des Lebens, welche für Sie bestimmt sind, dankend an.

Bleiben Sie noch in diesen Empfindungen und nehmen Sie über Ihre fünf Sinne den Raum, in dem Sie sich befinden, und den gesamten Lebensraum wahr und verbinden Sie sich mit ihm. Begegnen Sie ihm über Ihr Sinneserleben und erkennen Sie seine Wesenskraft. Horchen Sie auf seine Worte oder die Melodie des Raumes. Erleben Sie den Gefühlsaustausch zwischen Ihnen beiden und spüren Sie Ihren Empfindungen dabei nach. Nehmen Sie über Ihre Nase und Ihren Gaumen den Duft und den Geschmack des Raumes wahr. Erkennen Sie den Raum als ganzheitliche Wesenheit mit all seinen Organen, körperlichen, geistigen und seelischen Kräften an. Ein menschliches Wesen in Form eines Raumes begegnet Ihnen und beginnt mit Ihnen zu kommunizieren. Halten Sie diese Verbindung aufrecht und lassen Sie sich im Ritual durch sie begleiten.

Atmen Sie jetzt ganz bewußt tief ein und aus, seien Sie ganz präsent in Ihrem Raum und öffnen Sie, wann immer es für Sie stimmt, Ihre Augen.

Beginnen Sie nun den geistigen oder sprachlichen Dialog mit der Wesenheit des Raumes. Nennen Sie den Raum bei seinem Namen und verbinden Sie sich über Ihr Herz mit der Herzenskraft des Raumes. Seien Sie offen und wahrhaftig in Ihren Gedanken und Worten. Stimmen Sie sowohl den Raum als auch sich selbst auf die bevorstehende Handlung ein. Teilen Sie ihm mit, daß er heute von seiner Aufgabe hier auf dieser Erde entbunden wird und Sie ihn bei dieser Loslösung begleiten werden.

Nachdem Sie sich selbst und den Raum auf diese Handlung einge-stimmt haben, bereiten Sie alles für die feinstoffliche Entbindung auf dem Boden im Wohnzimmer des Hauses aus. Nehmen Sie die Schalen oder Teller, die Sie brauchen, und stellen Sie sie vor der Kerze auf. Jetzt füllen Sie die Schalen mit Feuer- oder Quarzsand. Nehmen Sie pro Schale je nach Größe 5 bis 10 Eßlöffel Sand, um die starke Hitze der Räucherkohle aufzufangen und der Kohle eine entsprechende Grund-lage zu geben.

Anschließend legen Sie in jede Schale eine Kohle auf den Sand, um diese dann an der Kerze zu entzünden. Am besten, Sie nehmen dazu eine Pinzette, mit der Sie die Kohle festhalten.

Bleiben Sie bei Ihrem Wirken immer mit bewußten Gedanken ganz bei sich und diesem Lebensraum und dem Thema der Handlung.

Nach etwa 5 Minuten bildet sich um die Kohle ein weißer Rand. Dies ist der Zeitpunkt, das Räucherwerk auf die Kohle zu legen. Nehmen Sie ½ bis 1 Teelöffel voll Räucherwerk pro Kohle und belegen Sie alle Scha-len nacheinander.

Danach können Sie die einzelnen Schalen in den Räumen verteilen. Die Räucherschalen plazieren Sie am besten auf dem Boden in der Mitte des jeweiligen Raumes, damit sich der Rauch bestmöglich entfalten kann. Sollten Sie für einen Raum mehr als eine Schale verwenden, verteilen Sie diese gleichmäßig im Raum. Halten Sie während der Reinigung alle Fenster und Türen geschlossen, damit sich der Rauch im Raum optimal entwickeln und entfalten kann.

Nachdem Sie alle Ihre Schalen verteilt haben, begeben Sie sich in die Mitte des Wohnzimmers und halten einen Moment inne. Gehen Sie in die Stille und zentrieren Sie sich. Bleiben Sie in Verbindung mit dem Raum und dem Thema der feinstofflichen Reinigung zur Lösung des Hauses von seinen Aufgaben auf dieser Erde.

Nun begegnen Sie nach 10 bis 15 Minuten jedem einzelnen Raum erneut und beobachten die Entwicklung des Rauches. Sehen Sie nach, ob das erste Räucherwerk schon verbrannt ist, und legen Sie dann nach. Hierzu kratzen Sie das verbrannte Rauchwerk von der Kohle und lassen es auf den Sand in die Schale fallen. Dann legen Sie wieder einen ½ bis 1 Teelöffel Räucherwerk nach. Gehen Sie so Raum für Raum vor.

Nachdem Sie Ihre Räucherschalen das zweite Mal belegt haben, warten Sie, bis dieses Rauchwerk vollständig verbrannt ist. Geben Sie dem Rauch Zeit, sich in aller Ruhe im gesamten Raum zu verteilen, und warten Sie, bis er sich vollständig beruhigt hat und keine Bewegung mehr aufweist.

Begeben Sie sich jetzt wieder in das Wohnzimmer und beginnen Sie mit der Entbindung und Loslösung des Raumes. Hierfür können Sie stehen oder sich in einer für Sie bequemen Position auf den Boden setzen. Verbinden Sie sich über Ihr Herz mit dem Herzen des Raumes und begegnen Sie dem Wesen des Raumes mit Liebe, Dankbarkeit und Anerkennung für sein langes Leben und Wirken auf dieser Erde.

Stellen Sie sich vor, ein alter Mensch, der in seinem Leben sehr viel geleistet und anderen gegeben hat, wird losgelassen und verabschiedet. Genauso verhält es sich hier bei dieser letzten Begegnung. Dieses Haus hat im Laufe seines Lebens viel erlebt, erfahren und auch ertragen müssen. Es hat seinen Bewohnern über all die Jahre hinweg das Dach gehalten, Schutz, Rückzugsmöglichkeit und Geborgenheit geschenkt. Dieses Wesen schenkte Raum und Platz zum Leben, Feiern, Trauern, der persönlichen Entwicklung und begleitete schützend die Lebensphasen und Übergänge der Menschen von der Geburt bis zum Tod.

Gehen Sie in die Stille und atmen Sie ruhig ein und aus. Werden Sie frei in Ihrem Denken und stimmen Sie sich ganz auf die Handlung ein. Werden Sie sich bewußt, daß es die letzte wirkliche Begegnung mit diesem Raum ist. Seien Sie sich im klaren, daß dieses Wesen Haus nicht nur einen Körper, sondern auch einen Geist und eine Seele besitzt. Laden Sie diese Kräfte ein, an dieser Begegnung und diesem Dialog teilzunehmen.

Folgendes können Sie gedanklich oder sprachlich in diesen Dialog einbringen:

Liebes Haus (Name), wir grüßen dich und sind dankbar, dir begegnen zu dürfen.
Gesegnet seien dein Name, dein Körper, dein Geist und deine Seele.
Wir begegnen dir hier in deinem Herzen und sind dankbar, daß wir willkommen sind.

Du wunderbares Wesen hast über die vielen Jahre hinweg so viel für uns
  Menschen, die diese Räume bewohnen durften, geleistet.
Du hast uns Schutz, Halt und Geborgenheit geschenkt.
Durch dich durften wir in Sicherheit leben, arbeiten und ruhen.
Du schenktest uns Raum, um uns zu entfalten und entwickeln zu können.
Du gabst uns Wärme im Winter und Kühle im Sommer.
Du bewahrtest uns vor Regen, Hagel, Wind und Sturm.
Mit dir und in dir durften wir feiern, lachen, singen und tanzen.
Durch dich bekamen wir Halt und Stütze in der Trauer, in Leid und Seelennot.
Du gabst uns Raum in der Gemeinschaft, Kraft für die Familie und schenktest
  uns Raum für wunderbare Begegnungen mit vielen Menschen.
Wir danken dir für diese Kraft und die vielen Geschenke, die du uns gegeben
  hast.
Wir danken für diese segensreiche Zeit, die wir in dir und mit dir erleben und
  erfahren durften.
Wir danken für alles, was wir durch dich erschaffen, verwirklicht und in
  unserem Leben erreicht haben.
Wir sind heute hier, um dir für dies alles von Herzen zu danken.
Heute begegnen wir uns zum letzten Male, und wir verabschieden uns von
  einem wunderbaren Gefährten und Wesen, das uns über so viele Jahre
  begleitet hat.
Dein Geist und deine Seele dürfen sich von diesem Ort, dieser Erde lösen.
Du bist frei und von deiner Aufgabe hier an diesem Grund und Boden
  entbunden.
Wir sprechen den Geist und die Seele frei und du darfst dich von diesem Körper
  lösen.
Du bist gesegnet und befreit, unsere herzlichen Gedanken begleiten dich in
  Dankbarkeit und Verbundenheit auf deinem Weg in die geistige Seelenwelt
  des Universums.
Du darfst einziehen in die ewige Welt, um die paradiesische Kraft dieser
  Schöpfung zu empfangen.
Wir öffnen nun die Fenster und Türen, damit du zu dieser Kraft emporsteigen
  kannst, um ihr zu begegnen.
Gesegnet sei dein Weg.

Diese Vorgehensweise soll Ihnen als Inspiration dienlich sein. Finden Sie Ihre eigenen Worte und lassen Sie sich über Ihre Wahrnehmung zu einer für Sie stimmigen Handlungsweise führen.

Natürlich dürfen Sie sich gerne diese Worte abschreiben und während dieser letzten feinstofflichen Begegnung sprechen. Selbstverständlich können Sie auch ein Ihnen bekanntes Gebet aus Ihrem Glauben sagen oder singen. Überprüfen Sie für sich persönlich, auf welche Art und Weise und mit welchem Inhalt Sie die »Lossprechung« inhaltlich erfüllen wollen.

Während des Lüftens bleibt die rote Kerze weiter brennen. Denn noch einmal werden Sie eine belegte Schale brauchen und diese nach draußen tragen: Während sich mit dem Rauch die Energie vom inneren Raum löst, gehen Sie nach draußen und lösen den Körper des Hauses von der Erde.

Die Säulen und das Fundament des Körpers befreien

Nehmen Sie eine Räucherschale und füllen Sie diese mit Feuersand. Belegen Sie diese mit einer Räucherkohle, die Sie vorher an der roten Kerze entzünden. Nachdem diese ihre Hitze erreicht hat, belegen Sie diese mit Räucherwerk. Jetzt nehmen Sie die Räucherschale und den Holzstab, den Sie sich bereitgelegt haben. Begeben Sie sich durch die Haupteingangstür nach draußen. Nun gehen Sie an die erste Ecke des Hauses, von der Eingangstür aus gesehen links, wenn Sie aus dem Haus treten. Führen Sie die Räucherschale vom Sockel des Hauses und nahe am Mauerwerk entlang über die Ecke nach oben. Wiederholen Sie diesen Vorgang drei Mal. Bleiben Sie während dieser Handlung ganz bewußt mit dem Thema der Loslösung des Hauses verbunden. Stellen Sie sich vor, wie diese »Eckpfeiler« sich feinstofflich von der Erde lösen und frei werden.

Danach stellen Sie die Räucherschale direkt an der ersten Ecke des Sockels ab, nehmen den Holzstab und schlagen damit drei Mal kräftig an die Hausecke.

Abb. 4a: Das Lösen der Säulen mit dem Holzstab

Abb. 4b: Das Lösen der Säulen mit der Räucherschale

Sie lösen mit dem Räucherwerk feinstofflich die Eckpfeiler, die »tragenden Säulen« des Hauses. Das Schlagen mit dem Holzstab an den Ecken löst bzw. lockert symbolisch den Körper des Hauses von der Erde.

Dabei verhält es sich genauso, als wenn Sie einen Pfahl, der seit langer Zeit in der Erde verankert ist, herausziehen wollen. Hier drückt und schlägt man erst von mehreren Seiten auf den Pfahl, damit er sich lockert und man ihn so leichter herausziehen kann.

Ebenso ist die Abfolge bei der Begehung der Ecken, die Sie fein- und grobstofflich lösen. Handeln Sie hier immer links herum. Denn wie eine Schraube, die Sie aus einem Gewinde lösen wollen, drehen Sie auch hier links herum.

Das Entbinden von Bäumen und Steinen

Diese eben beschriebene Vorgehensweise können Sie auch bei der Loslösung und Entbindung von Bäumen und Steinen anwenden, die aufgrund der baulichen Veränderung weichen müssen. Allerdings sollten

Sie vorher dem Baum oder Stein bewußt begegnen und ihm für seine Anwesenheit, Kraft und sein Dasein danken. Denn auch ein Stein oder ein Baum hat einen Körper und somit auch einen Geist und eine Seele. Danken Sie diesem Wesen für alles, was es auf diesem Grundstück zum Wohle des Menschen und des Hauses geleistet hat. Seien Sie sich bewußt, daß Sie hier ein eigenständiges Wesen, das fest mit dem Grundstück verbunden ist, von seiner Aufgabe entbinden und verabschieden. Bereiten Sie den Geist des Baumes darauf vor, daß sein Körper von diesem Grund und Boden entfernt und sein Holz genutzt wird. Somit hat der Geist die Möglichkeit, sich auf dieses Ereignis vorzubereiten und sich von seinem Körper zu lösen. Hier wäre es sinnvoll, wenn Sie vorher bereits an einer für Sie und das Grundstück stimmigen Stelle einen neuen jungen Baum pflanzen. So können Sie dem Baumgeist diesen als neuen Körper anbieten, um darin zu wohnen. Dadurch bleiben Ihnen und dem Grundstück dieses alte Geistwesen und seine Erfahrungen erhalten.

Auch einen Stein können Sie bei der feinstofflichen Begegnung darauf vorbereiten, daß der Platz, auf dem er jetzt steht, bald anderweitig genutzt wird, und ihm mitteilen, daß er auf eine andere Stelle innerhalb diese Grundstücks versetzt wird. So bleiben Ihnen und dem Grundstück die Wirkkraft, Körper, Geist und Seele erhalten.

Auch hier können Sie Ihren Holzstab einsetzen. Bei Steinen oder Bäumen sollten Sie allerdings sehr achtsam sein und nur durch ein symbolisches leichtes Klopfen auf die bevorstehende Versetzung oder Loslösung vorbereiten.

Die energetische Inbesitznahme Ihres Grundstücks

Wenn Sie Ihr Grundstück gefunden und erworben haben, sollten Sie dieses auch auf der feinstofflichen Ebene in Besitz nehmen. Dazu brauchen Sie eine kleine Handschaufel, ein wenig Brennholz und ein wohlduftendes Räucherwerk.

Begeben Sie sich zusammen mit Ihrer Familie gegen Abend auf das Grundstück und graben Sie in der Mitte des Grundstücks eine kleine

Mulde in die Erde. Nehmen Sie jetzt das Brennholz und richten es in der Mulde auf. Anschließend entzünden Sie alle gemeinsam dieses Holz und warten, bis das ganze Holz brennt. Wenn die Kraft dieses Feuers seinen Höhepunkt erreicht, bilden Sie einen Kreis und nehmen sich an der Hand. Schließen Sie Ihre Augen und verbinden Sie sich gedanklich mit jedem Familienmitglied und dem Grundstück, auf dem Sie stehen. Danken Sie diesem Stück Erde für die Begegnung und nehmen es in die Gemeinschaft der Familie mit auf. Bleiben Sie so lange in dieser Verbindung, bis die Kraft der Flammen nachläßt und nur noch die Glut sichtbar ist. Spüren Sie in dieser Zeit nach, welche Botschaften Sie empfangen, und lösen Sie dann den Kreis.

Nehmen Sie jetzt das Räucherwerk und streuen Sie es am Rand der Glut entlang in die Mulde. Bitte nicht direkt in die Glut des Feuers, denn sonst verpufft die Räucherung in wenigen Augenblicken, weil hier die Hitze noch viel zu stark ist. Am Rand kann sich das Räucherwerk in seiner Kraft stimmiger entfalten und bekommt Zeit, in aller Ruhe aufzusteigen. Bleiben Sie noch so lange, bis das Räucherwerk vollständig verbrannt ist und die Glut des Feuers fast erloschen ist. Anschließend verabschieden Sie sich vom Grundstück und danken Sie für diese Begegnung.

Am nächsten Tag begeben Sie sich in der Frühe wieder auf das Grundstück und mischen das verbrannte Räucherwerk mit der Kohle des Holzes und ein wenig Erde, die das Feuer gebettet hat. Seien Sie sich dabei bewußt, daß Sie im wahrsten Sinn des Wortes aus der Mitte heraus handeln, wenn Sie diesen »heiligen Erdboden« aus Räucherwerk, Kohle und mit Feuer durchdrungener Erde an die Grenzen Ihres Grundstücks tragen. Nehmen Sie die Schaufel und füllen Sie sie mit der Mischung aus Erde, Kohle und Asche vom Räucherwerk. Gehen Sie an eine Ecke des Grundstücks und geben Sie eine Handvoll dieser heiligen Erde auf den Boden. Anschließend gehen Sie die Hälfte des Weges bis zur nächsten Ecke und geben auch hier eine Handvoll auf den Boden. Dann bei der zweiten Ecke usw.

Nachfolgende Abbildung soll Ihnen diese Vorgehensweise verdeutlichen.

Feuerstelle
in der Mitte des Grundstücks

Abb. 5: Die Feuerstelle und die Punkte, an denen die Mischung aus Räucherwerk, Asche und Erde an den Grundstücksgrenzen verteilt wird

Durch diese Vorgehensweise nehmen Sie aus der Mitte heraus das Grundstück auch auf feinstofflicher Ebene in Besitz und bringen gleichzeitig ein Geschenk dar, das Sie zugleich durch das vorangegangene Ritual mit diesem Stück Erde verbindet.

Dieses Ritual hat in einem Fall dazu geführt, daß eine Familie das angrenzende Grundstück auch in Besitz nehmen konnte, obwohl der Eigentümer keinen Grund hatte, es zu verkaufen, und das erst gar nicht wollte.

Diese Familie kontaktierte mich für eine Beratung bei der Planung ihres zukünftigen Hauses. Als erstes führten sie mich auf das Grundstück und zeigten mir dessen Grenzverlauf. Die Grundstücksbreite war auf der einen Seite sehr schmal und auf der anderen Seite dreimal so breit. Dafür war die Gesamtlänge des Grundstücks im Verhältnis zu der schmalen Seite in einem nicht wirklich stimmigen Verhältnis. Insgesamt war die Form des Grundstücks nicht gerade ansprechend. Gleich daneben befand sich das gleiche Grundstück in Form und Größe, nur spiegelverkehrt. Als ich sie fragte, warum sie nicht auch dieses Grundstück gekauft hätten, antworteten sie mir, daß der Besitzer nicht verkaufen wolle und auf das Geld aus dem Erlös nicht angewiesen sei. Daraufhin begab ich mich auf die Grenze, die beide Grundstücke voneinander trennte, und in die Wahrnehmung und die geistige Verbindung mit diesem Stück Erde. Vor meinem inneren Auge bildeten sich zwei Seen, die über die Ufer traten und sich miteinander vereinigten.

49

Das Wasser beruhigte sich nach dieser Vereinigung, und es bildete sich ein großer See. Meine Hände bewegten sich vor meinen Körper und faßten einander so, als wenn ich mir selbst die Hand reichen würde. Mir wurde bewußt, daß diese beiden »Hälften« vereinigt werden wollten und aus zwei kleinen Grundstücken ein großes entstehen sollte. Dies war auch der innige Wunsch der Bauherren.

Ich erklärte ihnen die Vorgehensweise der Inbesitznahme so, wie ich sie praktiziere, und wir trafen uns abends wieder auf dem Grundstück für dieses gemeinsame Ritual.

Das Feuer wurde aufgrund meiner Wahrnehmung nicht in der Mitte des bereits erworbenen Grundstücks entzündet, sondern nahe einer Grundstücksecke. Während das Feuer brannte, bildeten wir einen kleinen Kreis um das Feuer und begegneten auf geistiger Ebene beiden Grundstücken als bereits verwirklichte Einheit. Anschließend wurde das Räucherwerk am Rand des Feuers verteilt, und wir blieben noch so lange, bis das Räucherwerk vollständig verbrannt und die Glut fast erloschen war.

Am nächsten Morgen ging der zukünftige Bauherr auf das Grundstück und verteilte auf die von uns erkannte Grundstückseinheit die Mischung aus Erde, Räucherwerk und Kohle, so wie bereits beschrieben. Die nachfolgende Abbildung zeigt Ihnen die beiden Grundstückshälften, die Feuerstelle und die acht Punkte, an denen die »heilige Erde« gelegt wurde.

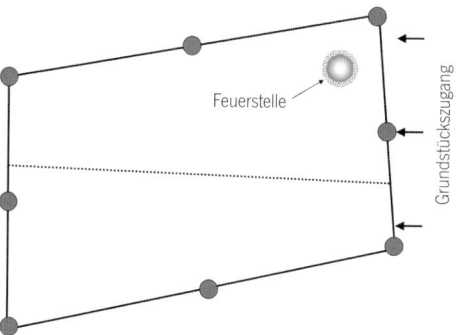

Abb. 6: Die Vereinigung zweier Grundstücke und die Inbesitznahme der Grundstückseinheit

Gut eine Woche später meldete sich der Besitzer des zweiten Grundstücks und teilte der Familie mit, daß er nun doch verkaufen würde. Seine Begründung: »Ich habe mir das Grundstück noch einmal betrachtet und finde, daß es einzeln zu klein ist und keine passende Form für ein Baugrundstück hat. Ich denke, es ist besser, wenn beide Grundstücke zusammengelegt werden.«

3. Die Planung – Die geistig-seelische Begegnung des neuen Wesens

Da alle Familienmitglieder, die das zukünftige Haus bewohnen, bei der Grundstücksauswahl sowie bei der Standortbestimmung und der Ausrichtung des Hauses aktiv dabeiwaren, sollten auch alle in die Planung des neuen Lebensraumes mit einbezogen werden.

Somit kann sich jeder mit seinen persönlichen Informationen und Wahrnehmungen, die er bereits erfahren hat, in einen kreativen Wachstumsprozeß für dieses neue Wesen mit einbringen, um so zum Wohle des Hauses und der Familie ein individuelles und kraftvolles Wesen zu erschaffen.

»Nicht einer soll bestimmen – sondern alle sollen sich einstimmen.«

Im übertragenen Sinne bedeutet dies, daß, wenn nur einer plant, ein Solokonzert gegeben wird. Sind aber alle bewußt, mit Freude und all ihren Sinnen dabei, entsteht hier eine Symphonie, die von allen komponiert und uraufgeführt wird.

Um sich auf diese wichtige planerische Phase vorzubereiten, wäre es vorteilhaft, wenn sich die gesamte Familie auf diese »Reise« einstimmt.

Hierzu bietet sich eine wirkliche Reise an, um dem neuen Wesen Haus bildhaft in Ausdruck und Erscheinung zu begegnen.

Nachdem Sie sich über Ihre Erfahrungen und Wahrnehmungen bei der Grundstücksbegegnung ausgetauscht haben, können Sie sich gemeinsam auf die Planung des Hauses vorbereiten.

Dem neuen Raum begegnen, ihn wahrnehmen und erkennen

Setzten Sie sich entweder alle an einen Tisch oder im Kreis auf den Boden. Ganz so, wie es für Sie alle am stimmigsten ist. Stellen Sie eine Kerze in die Mitte, die Sie dann entzünden. Diese Kerze mit ihrem Licht dient Ihnen allen zur Zentrierung und Besinnung auf das Wesentliche. Betrachten Sie diese Flamme und atmen Sie ruhig ein und aus. Sitzen Sie aufrecht und bequem, machen Sie Ihre Gedanken frei und fühlen Sie, wie dieses Licht der Kerze Sie angenehm durchdringt und erhellt. Lassen Sie sich ein auf diese lichte Kraft, die Ihnen zur Erleuchtung dient. Konzentrieren Sie sich auf diesen hellen Schein und schließen Sie dann Ihre Augen. Atmen Sie weiter ruhig ein und aus.

Stellen Sie sich vor, wie dieses Licht der Kerze immer heller wird und Sie ganz umhüllt. Sie selbst stehen jetzt in Gedanken ganz eingehüllt in dieser lichten, hellen und tragenden Kraft. Sie fühlen sich wohl und sind geborgen durch die Kraft dieses Lichtes. In dieser Energie sind Sie frei in Ihrem Denken, Ihr Körper ist leicht und beschwingt, Ihre Seele wird durchdrungen von einer wunderbaren schöpferischen Kraft. Sie sind klar und rein in Ihrem Geist, fühlen sich wohl und von einer unsichtbaren Macht gehalten.

Die lichte Kraft, die Sie umgibt, löst sich langsam auf, und Sie erkennen den Ort, an dem sich Ihr Grundstück befindet. Sie gehen durch die Ortschaft und bewegen sich in Richtung Ihres Platzes, den sie bebauen wollen.

Welchen Weg nehmen Sie?

Was und wen erkennen Sie auf diesem Weg?

Wie fühlen Sie sich dabei und was nehmen Sie über Ihre fünf Sinne wahr?

Wie sicher und kraftvoll gehen Sie Ihres Weges?

Gehen Sie den direkten Weg oder einen Umweg? Und warum?

Sie gehen weiter auf Ihrem Weg und erreichen Ihr Grundstück, auf dem Ihr Haus in Ihrer Vorstellung bereits steht. Sie sind noch auf der anderen

Straßenseite und betrachten das Grundstück und Ihr Haus aus einiger Entfernung.

Was sehen und erkennen Sie?

Sehen Sie einen Gartenzaun? Bäume, Büsche, Sträucher, Blumen?

Wie einladend wirkt das ganze auf Sie?

Erkennen Sie ein Gartentor oder eine Einfahrt, das Sie einlädt, dem Grundstück näher zu begegnen?

Sie nähern sich Ihrem Grundstück und überschreiten die Schwelle von der Straße auf Ihren Grund und Boden.

Wie fühlt sich das für Sie an?

Was spüren Sie in diesem Moment, da Sie Ihren Grund und Boden direkt berühren?

Welche Kraft durchdringt Sie dabei?

Sie stehen nun unmittelbar vor Ihrem Haus. Sie erkennen die Eingangsseite, die Fenster, die Haustür, das Dach, den Verputz; die gesamte Erscheinung dieses Wesens präsentiert sich vor Ihnen und heißt Sie willkommen.

In welcher Erscheinungsform steht dieses Wesen vor Ihnen?

Wie stellt es sich dar, in welcher Form und Größe?

Welche Fenster sehen Sie, welche Haustür erkennen Sie?

Wie ist der Weg vom Anfang des Grundstücks zur Haustür gestaltet und angelegt?

Wie fühlen Sie sich bei dieser ersten Begegnung mit Ihrem Haus?

Möchten Sie etwas sagen oder dieses Wesen etwas fragen?

Horchen Sie der Botschaft dieses Wesens nach. Lassen Sie sie nachklingen und auf Sie wirken.

Was mag Ihnen diese Information vermitteln? Welcher Sinn und welche Aussagekraft stecken dahinter?

Was will sich durch die Erscheinung des Hauses und der Informationen, die Sie geschenkt bekommen haben, offenbaren und verwirklicht werden?

Nun gehen Sie um das Haus herum und betrachten es von allen Seiten. Sie sehen den Garten, wie er das Haus einbettet. Sie erkennen den Sockel, der dieses Haus trägt und ihm Halt gibt, und betrachten so in Ruhe alle Seiten des Hauses.

Wie erleben Sie diesen Rundgang um das Haus?

Sind Sie allein oder werden Sie begleitet?

Wie erscheint Ihnen die Rückseite des Hauses?

Wie ist Ihr Eindruck jetzt von Form, Größe und Erscheinungsbild dieses Wesens?

Sehen Sie eine Terrasse, einen Balkon oder Wintergarten?

Erkennen Sie eine Garage oder einen Carport?

Wohin und auf welche Weise werden Sie durch den Garten und um das Haus geführt?

Sie bewegen sich nun weiter Richtung Haustür, öffnen sie und überschreiten die Schwelle von der äußeren Welt in Ihre persönliche Innenwelt.

Was fühlen Sie in diesem Moment und wie geht es Ihnen dabei?

Welche Kraft durchströmt Sie in diesem Augenblick?

Was nehmen Sie wahr?

Welche Bilder offenbaren sich vor Ihnen?

Sie stehen nun im Eingangsbereich Ihres Hauses. Betrachten Sie in aller Ruhe diesen ersten Raum. Seine Größe, seine Erscheinung, seine Farben und sein Licht.

Können Sie dort wirklich verweilen, oder drängt es Sie, weiterzugehen? Und warum?

Wie viele Türen sehen Sie von dort aus, die weiter in das Innere des Hauses führen?

Nehmen Sie diese erste Begegnung mit all Ihren Sinnen wahr und lassen sich dann von der Energie des Hauses weiter durch alle Räume und Ebenen dieses Wesens und sein Innenleben führen. Erleben und erfahren Sie diese innere Welt mit all Ihren Sinnen.

Was können Sie sehen und erkennen? Welche Farben, Bilder, Formen und Räume sehen Sie? In welche Räume werden Sie geführt?

Was hören Sie? Welche Klänge nehmen Sie wahr? Was will Ihnen dieses Wesen sagen?

Was fühlen Sie, wenn Sie durch das Haus gehen? Bestimmen Sie selbst, wohin Sie gehen wollen, oder werden Sie geführt? Wie geht es Ihnen dabei? Welche Gefühle durchströmen Sie bei dieser Reise?

Welchen Geschmack nehmen Sie im Haus und in den einzelnen Räumen wahr, denen Sie begegnen? An was werden Sie dabei erinnert?

Welcher Duft liegt im gesamten Raum und durchdringt Ihre Nase? Welche Empfindungen entstehen dadurch in Ihnen? Bleibt der Duft gleich oder wechselt er mit den verschiedenen Räumen, denen Sie begegnen?

Bleiben Sie noch einige Zeit im Inneren Ihres Hauses und begegnen Sie Schritt für Schritt Ihren Räumen. Gehen Sie ruhig und gelassen durch alle Ebenen Ihres Hauses und spüren Sie die Energie, die Sie begleitet und durchströmt.

*

Wenn Sie Ihre Reise durch das Innere Ihres Hauses vollzogen haben, begeben Sie sich zurück zum Eingangsbereich. Bleiben Sie dort noch einen Moment stehen und halten Sie inne. Bedanken Sie sich bei diesem Wesen Haus für die Begegnung und die Erkenntnisse, die Ihnen geschenkt wurden.

Öffnen Sie die Haustür und schreiten Sie über die Schwelle nach draußen. Gehen Sie zur Grundstücksgrenze und betrachten Sie in aller Ruhe nochmals dieses Haus, das Ihnen gerade viel aufgezeigt und offenbart hat.

Wie steht dieses Wesen jetzt vor Ihnen?

Wie sieht es Sie jetzt an?

Hat sich das Erscheinungsbild von der ersten Begegnung an verändert?

Wie fühlen Sie sich jetzt und von welcher Kraft werden Sie jetzt beseelt?

Stehen Sie allein vor diesem Grundstück und diesem Wesen Haus?

Sie bewegen sich nun weg von diesem Stück Erde und gehen wieder den Weg durch die Ortschaft, den Sie gekommen sind. Während des Weges leuchtet Ihnen die Sonne mit Ihrer Kraft entgegen, und Sie nähern sich diesem hellen Licht. Die Sonne lädt Sie ein, ihrem Leuchten zu begegnen, und Sie tauchen ein in diesen hellen Schein. Umhüllt und beschützt von dieser strahlenden Kraft begeben Sie sich zurück in den Kreis Ihrer Familie, zurück in Ihren Raum, in dem Sie diese Reise begonnen haben. Sie atmen ruhig ein und aus und spüren, wie Sie mit Körper, Geist und Seele wieder ankommen. Sie fühlen Ihren Körper und atmen einmal tief durch, um die Kraft des Hier und Jetzt zu spüren. Sie sind klar in Ihrem Denken, und Ihr Geist ist frisch und rein. Wann immer es für Sie stimmt, öffnen Sie Ihre Augen und geben Ihrer Seele noch ein paar Augenblicke Zeit, um ganz anzukommen.

Strecken und entspannen Sie Ihre Arme und Beine, stehen Sie auf und gehen Sie ein paar Schritte durch den Raum. Gerne dürfen Sie nach draußen gehen und frische Luft schnappen. Lüften Sie den Raum und spüren den Erfahrungen der Reise in aller Ruhe nach.

Schreiben Sie dann oder gleich nach dem Öffnen Ihrer Augen Ihre persönlichen Erlebnisse auf. Zeichnen Sie vielleicht das Haus, wie Sie es gesehen haben und es sich Ihnen in seiner Erscheinung gezeigt hat. Es spielt dabei keine Rolle, ob dieses Wesen oder die Zeichnung »schön« und ansprechend aussieht. Es geht hier vielmehr um Ihr persönliches Bild, das sich Ihnen und nur Ihnen gezeigt hat.

Erinnern Sie sich an die fünf Sinne und welche Räume Sie gesehen haben. Notieren Sie alles, an was Sie sich erinnern. Denken Sie nicht darüber nach, wie Sie es formulieren und zeichnerisch darstellen können. Sondern bringen Sie Ihre Gefühle und Bilder intuitiv zu Papier.

Wenn alle bereit sind, versammeln Sie sich wieder und tauschen Ihre Erfahrungen aus. Nehmen Sie alle Erlebnisse, die eigenen und die der anderen, als wirklich erlebte Erfahrung wahr. Be- und verurteilen Sie weder die eigenen noch die Erfahrungen der anderen. Üben Sie keinerlei Kritik an den Schilderungen, die erzählt werden, sondern seien Sie dankbar für diese wirklich wertvollen Informationen, die Sie einen großen Schritt zum wahren Wesen Ihres gemeinsamen und zukünftigen Hauses gebracht haben.

Gerne können Sie dazu eine stimmungsvolle Atmosphäre schaffen. Musik, etwas Leckeres zu essen und zu trinken, gutes Licht, frische Luft, ein wohlduftendes Öl in einer Duftschale. Schenken Sie sich selbst und dem Raum, in dem Sie sich befinden, Behaglichkeit und Wohlbefinden, um sich in entspannter Stimmung auszutauschen und schöpferisch tätig zu werden.

Es wäre sinnvoll, wenn ein Familienmitglied die begleitenden Worte dieser Reise vorliest, um damit die anderen während dieses Weges zu führen und zu begleiten. Wenn Sie dann diese Reise wiederholen, was empfehlenswert ist, übernimmt ein anderer der Familie diese Aufgabe. Machen Sie diese Reise am besten so oft wie die Anzahl der Familienmitglieder ist, auch dann, wenn aufgrund ihres Alters noch nicht alle mitreisen oder diese »Reise« vorlesen bzw. führen können.

Durch diese Wiederholungen beziehen Sie jedes Familienmitglied in diese wichtige Grundlage der ersten »Planung« mit ein. Des weiteren erhöhen Sie durch die Kraft der Wiederholung die Intensität der Erfahrungen und Bilder, die sich Ihnen offenbaren, und erlangen damit mehr Klarheit für die Planung Ihres neuen Wesens, Ihres Lebensraumes.

Die persönlichen Kräfte und Bedürfnisse zum Ausdruck bringen

Durch die Einbeziehung jedes Familienmitglieds wird gewährleistet, daß alle gemäß ihrer Kräfte und Anlagen, die ihnen bei ihrer Geburt mit auf den Weg gegeben wurden, mit in die Planung berücksichtigt und integriert werden.

Denn jeder von uns ist einzigartig in seiner Art, in jedem wohnen andere Energien, jeder besitzt andere Eigenschaften, einen anderen Charakter, und vor allem hat jeder andere emotionale Wohn- und Lebensbedürfnisse, die gestillt werden wollen. Trotz dieser unterschiedlichen Charaktereigenschaften und persönlichen Bedürfnisse, sind Sie ein Teil dieser Familiengemeinschaft. Und diese Gemeinschaft kann gemeinsam ein neues Wesen Haus erschaffen, das allen gerecht wird.

So können alle nach der Reise ihre »Bilder« und Wahrnehmungen zu Papier bringen und diesem neuen Wesen ein Gesicht geben. Auch bei den ersten Entwürfen für das Gerüst des Hauses, den Grundriß, sollte jedes Familienmitglied seine eigenen persönlichen Erfahrungen von diesen Reisen auf Papier zum Ausdruck bringen, um eine neue Wesenheit in Gestalt und Aussehen erschaffen zu können.

Das Gesicht und die Erscheinung des neuen Wesens

Viele fangen nach so einer Reise an, das Gesicht, die Eingangsseite des Hauses zu malen oder zu zeichnen. Andere beginnen mit der Seitenansicht oder der Terrasse. So entsteht gleich zu Anfang das äußere Erscheinungsbild dieses Wesens. Lassen Sie hier Ihrer Kreativität freien Lauf, ob Sie nun zeichnerisch begabt sind oder nicht. Ein fehlendes Talent sollte Sie nicht davon abhalten, sich an der Erschaffung Ihres zukünftigen Lebensraumes zu beteiligen.

Bringen Sie diese Wesenheit Haus als Gesamtheit zum Ausdruck. Zeichnen Sie alle Seiten des Hauses auf, mit Haustür, Fenstern, Dach, Terrasse usw. Alles, was Sie an Bildinformationen auf Ihrer Reise geschenkt bekommen haben, dürfen Sie jetzt durch Ihre Hand zum Leben erwecken, ihnen Gestalt geben.

> »Durch den Akt der Erschaffung gibt der Schöpfer
> seinem Wesen Gestalt und Werte.«

Wenn Sie die äußere Erscheinung fürs erste vollendet haben, begeben Sie sich in das Innere des Hauses. Sie beginnen damit, eine erste Gliederung der Räumlichkeiten in Form und Größe zu gestalten. Es spielt dabei keine Rolle, ob dies aus Sicht der Architektur mit dem äußeren Erscheinungsbild übereinstimmt. So könnten Sie im Außen eine Terrasse auf der Rückseite des Hauses gesehen haben, beim inneren Bild allerdings erscheint sie auf einer anderen Seite oder vielleicht gar nicht. Lassen Sie sich dadurch nicht beirren und entmutigen. Sondern sehen

Sie diesen kreativen Schritt als eine erste Begegnung, ein Kennenlernen und eine Annährung an dieses Thema an.

Wichtig ist bei dieser Vorgehensweise, daß sich alle, die dieses Haus bewohnen und beleben werden, in diesen Schöpfungsprozeß mit einbringen, damit ein wirklich großartiges neues Wesen für die Gemeinschaft erschaffen werden kann.

4. Die inneren Bilder und die kreative Verwirklichung

Jetzt kommen wir zu der Phase, wo die kreativen Empfindungen und die daraus resultierenden Entwürfe, die zu Papier gebracht wurden, in einen »Grundplan« eingebracht werden. Auch hier ist es wichtig zu beachten, daß dieser Plan nichts Endgültiges sein muß.

Es ist gleichgültig, ob Sie zuerst die gesamte Form des Hauses zu Papier bringen oder mit dem Eingangsbereich beginnen. Fangen Sie einfach an zu zeichnen und lassen Sie es geschehen. Halten Sie genügend Papier bereit, um sich nicht in Ihrer Kreativität zu beschränken.

Sie werden am Anfang höchstwahrscheinlich viele Anläufe brauchen, um auf einen ersten Entwurf der Grundrißform bzw. der Einteilung und Größe aller Räumlichkeiten zu kommen.

Wichtig ist fürs erste, daß Sie, ohne darüber nachzudenken, Ihre Erfahrungen und Bilder aus den Reisen zu Papier bringen. Denn so schaffen Sie sich einen Grundstein, der Ihnen als Fundament dient, um die für Sie erforderlichen Räume im Plan zu integrieren.

Nachdem alle ihren ersten Entwurf geschaffen haben, setzen Sie sich zusammen und tauschen sich aus. Dabei wäre es von Vorteil, wenn vorher ein jeder die Zeichnung des anderen bekommt und diese in aller Ruhe auf sich wirken läßt. Gehen Sie bei der Betrachtung wirklich wertneutral vor und be- und verurteilen Sie nicht die Darstellungen der anderen. Weder verbal noch gedanklich. Sondern nehmen Sie eine wirklich neutrale Haltung ein und sehen diese Schöpfung als ein sehr individuelles und persönliches Ergebnis dieses Menschen und Familienmitglieds. Denn aus jeder noch so kleinen Idee kann etwas großes entstehen.

Nachdem jedes Mitglied dieser Gemeinschaft alle Entwürfe betrachtet hat, können Sie sich darüber austauschen und den schöpferischen

Prozeß damit bereichern. Alle sollten sich zum Thema äußern und ihre Gefühle, Empfindungen und Wahrnehmungen bei der Betrachtung dieser Urformen des neuen Wesens Haus zum Ausdruck bringen. Hören Sie bewußt die Worte, nehmen Sie ganz bewußt die Empfindungen und Gefühle der anderen wahr und bringen Sie Ihre eigenen Darstellungen gefühlvoll und offen in die Gemeinschaft mit ein.

Seien Sie sich immer bewußt, daß das Haus Ihr neues Familienmitglied wird und dieses neue Wesen Ihnen allen Geborgenheit, Rückzugmöglichkeit, Sicherheit, Wohlbefinden, Raum zum Leben und zur persönlichen Entwicklung und Entfaltung schenken wird.

Sie haben es in der Hand, welche Gestalt und Kraft und welches Potential dieses Haus in seiner Erscheinung und Wirkung in Körper, Geist und Seele beinhalten wird.

Zuerst gestalten wir unsere Räume und dann gestalten sie uns.
Bernard de Clairvaux

Durch diesen Akt der Planung sind Sie der Schöpfer Ihres zukünftigen Lebens, Ihrer Vitalität und Ihres Wohlbefindens. Sie geben durch die Erschaffung dieses Raumes Ihrem Leben Inhalt und Werte, Kraft und Lebendigkeit, Freude und Ausgeglichenheit sowie einen Raum für Individualität und persönliche Entwicklungsmöglichkeiten.

Bedenken Sie, daß Sie mehrere Jahrzehnte in diesem Haus und seinen Räumlichkeiten leben werden und dieses Haus vielleicht an Ihre Kinder weitergeben. Deshalb sollten Sie in dieser so wichtigen Entstehungs- und Planungsphase wirklich Zeit und Geduld investieren, um ein wirklich stimmiges und lebendiges Wesen Haus zu schaffen.

Dieser gemeinsame Vorentwurf Ihres Hauses bildet die Grundlage für den Grundrißplan, in den Ihre einzelnen Räume eingebettet werden.

Die individuellen Bedürfnisse
und der Bedarf an Räumen

Nun ist es an der Zeit, sich Gedanken darüber zu machen, welche Räumlichkeiten allen Bewohnern wirklich zur Verfügung stehen sollen und welche gewünscht werden. Denn im seltensten Fall sehen Sie in einer Raumreise die Räume der anderen. Auf solchen Reisen begegnet man in der Regel den eigenen Bedürfnissen und eigenen inneren Bildern bzw. Räumen. Hier wäre es stimmig, wenn sich alle Familienmitglieder zuerst einmal eigenständig Gedanken machen, welche Räume sie sich wünschen und vorstellen, um sich diese dann zu notieren. Anschließend tauschen Sie sich in der Gruppe darüber aus und stimmen Ihre räumlichen Bedürfnisse aufeinander ab.

Nachdem Sie sich gemeinsam für Ihre Lebensräume entschieden haben, können Sie diese in den von Ihnen allen erschaffenen Gestaltungsplan einbringen und positionieren.

Natürlich kann es sein, daß nicht jedem Mitglied der Familie sofort alle möglichen oder wichtigen Räumlichkeiten in den Sinn kommen. Vielleicht sind auch nicht alle Räume für den gesamten Lebensorganismus Haus sowie für die Familie selbst in den Reisen wahrgenommen und erkannt worden. Denn, wie schon erwähnt, kommt man auf so einer Reise oft mit seinen persönlichen Themen und entsprechenden Lebensräumen in Kontakt, und diesen sollte man besondere Aufmerksamkeit schenken. Hierzu eine Liste der Räume und ihrer Organzuordnung, wie sie bereits im Buch »Die Seele des Raumes berühren« aufgeführt und beschrieben wurden. Dabei wird das Umfeld des Hauses, in das es eingebettet ist, ebenso mit einbezogen wie die Bedeutung der Einrichtung und die Themen der einzelnen Räume bzw. Raumorgane.

Die Lebensräume eines Hauses und ihre organische Zuordnung

1. Der **Garten**: der Schutzbereich, die Behaarung
2. Der **Zaun**: die Grenze, die Zähne, die Finger
3. Die **Wände**: das Gerüst des Hauses, das Skelett, die Sehnen, der Informationsspeicher
4. Der **Verputz**: der Sensor und Filter, die Haut
5. Die **Fenster**: das Sehen, die Augen
6. Die **Eingangstür**: die Aufnahme, der Mund
7. Der **Eingangsbereich** und die Diele: die Aufnahme, der Rachenraum
8. Die **Küche**: die Umsetzung, der Magen
9. Das **Eßzimmer**: das Erschließen, der Darm
10. Das **Wohnzimmer**: das Zentrum, das Herz
11. Das **Schlafzimmer**: die Vereinigung, die Sexualorgane
12. Das **Kinderzimmer**: das Wachstum, die Zellen
13. Der **Arbeitsraum**: die Muskeln, die geistige oder körperliche Aktivität (Büro, Hobby- Fitness- oder Wirtschaftsraum)
14. Die **Speisekammer**: die Vorsorge, das Fettpolster
15. Die **Treppe**: das Rückrad, die Wirbelsäule
16. Das **Dach**: der Schutz, das Dach über dem Kopf, die Krone, der Hut unseres Hauptes
17. Der **Dachboden**: das Haupt, das Denken
18. Das **Bad**: die Reinigung, die Nieren
19. Die **Toilette**: das Loslassen, der persönliche Ausdruck, die Ausscheidungsorgane
20. Der **Keller**: das Vergessene, das Unterbewußtsein
21. Die **Farben, Formen**, Inneneinrichtung und Accessoires: die Ausstrahlung, die Bekleidung und der Schmuck
22. **Garage, Carport**: die Fortbewegung, die emotionale Unabhängigkeit
22. Der **Wintergarten**: die Erweiterung des jeweiligen Organs
24. Die **Stromleitungen**: die Aufladung, die Nerven
25. Die **Heizung**: die Zirkulation, Körperatmung und Kreislauf
26. Die **Wasserleitungen**: der Transport, das Lymphsystem
27. Das **Lüften**: die Lunge, das Auf- und Durchatmen, Bewegung und Flexibilität durch das Öffnen der Fenster und Türen

Diese Liste sollten Sie natürlich nur als Anhaltspunkt verstehen. Sie gibt Ihnen eine Orientierung und eine Vorstellung der Raumvielfalt. Vertrauen Sie bei der Frage, welche Räume Sie in Ihrem Haus einbringen, in erster Linie Ihren gemeinsamen Erfahrungen von der Reise und den Bedürfnissen Ihrer Familie.

Wenn Sie z. B. alle keine Kellerräume auf Ihrer Reise wahrgenommen haben, kann es sein, daß Sie sie gar nicht brauchen. Sollten alle oder die meisten der Familie während der Reise einen Wintergarten als Erweiterung des Wohnzimmers gesehen haben, wäre es sinnvoll, sich über den Bedarf einer »Herzensweitung« Gedanken zu machen. Überprüfen Sie in jedem Fall die Bilder Ihrer gemeinsamen Reisen mit dem Bedarf und den Wünschen an Räumen. Denn mit Hilfe der organischen Zuordnung können Sie womöglich die Bilder bzw. Räume, die Ihnen während der Reise erschienen sind, leichter deuten. Folgende Fragen können hier entstehen:

Warum sehen alle ein überdimensional großes Wohnzimmer?

Aus welchem Grund hat niemand einen Keller wahrgenommen?

Wieso fehlt die Speisekammer?

Alle saßen gemeinsam in der Küche zu Tisch. Brauchen wir ein separates Eßzimmer?

Welche Räume unterstützen und fördern unser Leben und unsere Gemeinschaft?

Diese und noch andere Fragen können nach den ersten Reisen und Planungen Ihres Hauses entstehen. Fragen suchen nach Antworten, und diese Lösungen sind wertvolle Geschenke, die Sie auf dem Weg zu Ihrem Wesen Haus sicher und kreativ führen, inspirieren und begleiten.

Die Form des Hauses und der Räume – Körperform und Gestalt

Sobald Sie die erste Grundrißform Ihres Hauses gezeichnet haben, betrachten Sie in aller Ruhe diese Formgestalt. Welchen ersten Eindruck vermittelt Ihnen dieser Körper? Frei, begrenzend, einfach, kompliziert, praktisch, abstrakt, lieblich oder anregend?

Wenn Sie wollen, können Sie mit einem praktischen »Wohlfühlversuch« in diesen Körper schlüpfen. Gehen Sie dabei wie folgt vor:

Nehmen Sie mehrere stabile Kartons und fertigen Sie daraus den von Ihnen erschaffenen Grundriß des Hauses. Dabei sollte dieses Grundrißmodell jeweils so groß sein, daß jedes Familiemitglied bequem darin Platz findet. Die Wände sollten eine Höhe von mind. 30 cm haben, damit man diese Grenze auch wirklich spürt.

Nehmen Sie Ihren Platz am besten kniend oder im Schneidersitz ein. Gerne können Sie an der Stelle der Eingangsrichtung eine Tür und zwei Fenster, symbolisch für den Mund und die Augen in die Kartonwand schneiden. Wenn Sie sich jetzt in diesem Modell befinden, sollten Sie sich in eine für Sie angenehme Position bringen. Dazu können Sie die Arme weiter an Ihren Körper heranführen oder vom Körper entfernen. Am Ende sollten Sie sich aber immer noch in einer für Sie stimmigen Wohlfühlposition befinden. Nachdem Sie diese erreicht haben, schließen Sie Ihre Augen und spüren nach, wie Sie sich in dieser »Grundrißform« Ihres Hauses fühlen.

Vielleicht mag Ihnen diese Vorgehensweise etwas abstrakt vorkommen. Sie sollten aber bedenken, daß Sie eines Tages in dieser Form leben

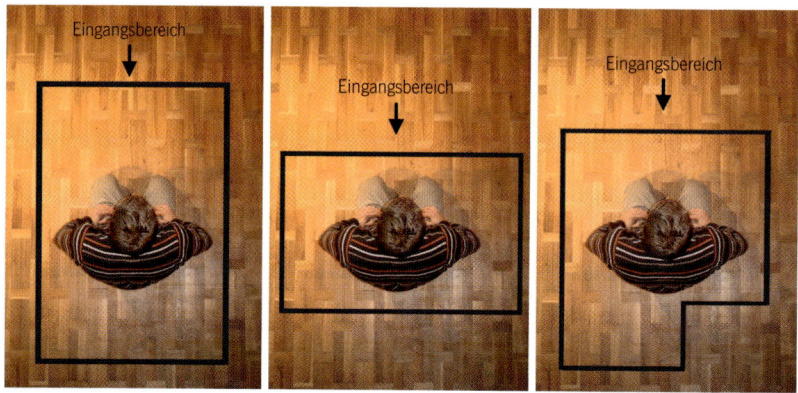

Abb. 7a bis 7c: In den Abbildungen 7a bis 7c sehen Sie eine Person, die sich in verschiedenen Modellgrundrißformen mit Blick Richtung Eingangsbereich befindet, um über die Wahrnehmung die zukünftige Grundrißform des Hauses zu bestimmen.

Wie bereits erwähnt, können Sie diese Vorgehensweise auch bei der Formgebung Ihres Grundstücks anwenden.

werden und Ihr Leben und Sie selbst im übertragenen Sinne dadurch geformt werden.

Es wäre bereichernd, wenn jedes Mitglied der Familie diesen Modellversuch durchführt und die Formgestalt am eigenen Körper erfährt. Somit haben alle die Möglichkeit, diesen Raumkörper direkt zu erfahren und ihm erstmalig zu begegnen.

Sollten Sie bei dieser praktischen Übung gemeinsam erkennen, daß diese Form des Hauses nicht stimmig ist, können Sie diese direkt verändern. Da Sie mit Kartonwänden arbeiten, sind Sie sehr flexibel, und so kann die Ausgangsform entsprechend variabel gestaltet werden. Kleine Veränderungen können eine große Wirkung entfalten. Seien Sie spielerisch und kreativ bei der Formgestaltung Ihres zukünftigen Lebensraumes. Hier haben Sie die Gelegenheit nachzuspüren, wie sich diese Formgestalt des neuen Wesens Haus für Sie anfühlt und welches Wohlgefühl es Ihnen allen spendet.

Wenn Sie eine für alle Familienmitglieder stimmige Grundrißform gefunden haben, sollten Sie diese nun zeichnerisch zu Papier bringen. Zeichnen Sie hier gleich so exakt wie möglich, um eine gute Vorlage zu haben, die Sie dann kopieren können. Denn für den nächsten Schritt sollten alle die gleiche Ausgangssituation zum Darstellen der einzelnen Räumlichkeiten haben.

Die Erschaffung der Räume im Gesamtorganismus – Praxistips

Jedes Familienmitglied kann jetzt mit Hilfe dieser Vorlage seine Räume in die Grundrißform einbringen. Achten Sie nicht gleich auf die »richtige« Größe oder auf exakte Größenverhältnisse und korrekte Maße. Sondern seien Sie einfach frei und schöpferisch tätig und lassen Sie Ihren Gedanken und Handlungen freien Lauf. Schauen Sie nicht auf die anderen, was die so Schönes zeichnen. Sondern konzentrieren Sie sich auf Ihre Räumlichkeiten und an welcher Position Sie diese in den Grundrißplan einbringen wollen. Zeichnen Sie dabei alle Räumlichkeiten in allen Ebenen des Hauses ein. Erdgeschoß wie Ober- und evtl. auch Dach- und Kellergeschoß sollten gleichsam berücksichtigt werden, um einen Gesamtorganismus entstehen zu lassen. Erinnern Sie sich dabei auch an Ihre Erfahrungen und Bilder aus den Reisen.

Anschließend können Sie diese Gestaltungsentwürfe untereinander austauschen und diese in aller Ruhe und ohne Wertung betrachten. Sprechen Sie auch hier über die einzelnen Entwürfe und erschaffen Sie in der Gemeinschaft eine für alle stimmige Raumplanung der einzelnen Räume und Raumorgane.

Hier nun einige Tips bei der Erstellung Ihres Grundrißplanes, nachdem Sie eine gemeinsame Grundrißform erschaffen haben.

Allgemeine Tips:

Diele, Flure und Gänge – die Verbindungs- und Versorgungswege
Achten Sie bei der Planung von Diele, Fluren und Gängen einschließlich des Treppenraumes darauf, daß diesen genügend Raum gegeben wird. Sie sollten nicht zu klein und zu eng sein. Ebenso sollte hier beachtet werden, daß es sich hier nicht nur um Bereiche handelt, die andere Räume miteinander verbinden, sondern sie auch ein Lebensraum sind, der eine wichtige Funktion hat. Diese Organe leiten die Lebensenergie, die im Eingangsbereich und in der Diele empfangen wird, in alle anderen Räume und Ebenen des Hauses weiter. Sie sind die Verbindungswege und Kanäle, in denen die Kraft des Lebens weitergeführt wird. Daher wäre es ratsam, wenn diesen eine entsprechende Größe zugesprochen wird. Sie sollten von ihrer Größe so geplant werden, daß Sie jederzeit ein Klavier vom Eingang aus in jeden beliebigen Raum des Hauses bequem und sicher transportieren können.

In diesem Fall ist die Größe und Weite der Treppe mit zu berücksichtigen. Diese sollte genügend Freiraum und Sicherheit bieten. Größe und Stabilität sind hier die wichtigen Voraussetzungen, um eine optimale Verbindung von oben nach unten zu erschaffen.

Bad und Toilette getrennt

Diese zwei Raumorgane sollten sinnvollerweise als zwei Räumlichkeiten im Gesamtorganismus verwirklicht werden. Denn wenn sich die Toilette im Badezimmer befindet, kann es nie das »Stille Örtchen« werden, wo man sein Geschäft in aller Ruhe verrichten kann. Da meistens andere Mitglieder der Familie diesen Raum zur gleichen Zeit nutzen wollen, um zu duschen, zu baden oder sich einfach nur die Hände zu waschen, wäre ein eigener Raum für die Toilette empfehlenswert. Zum zweiten sind diese beiden Raumorgane auch im menschlichen Körper getrennt, damit sie ihre Aufgabe optimal erfüllen können. Und zum dritten bleiben die Düfte der Toilette dort, wo sie entstanden sind, und werden nicht in den »Wellnessraum« Bad und seinen Organismus übertragen.

Die Treppe – die Wirbelsäule des Hauses

Sicherlich ist es auch Geschmacksache, was für eine Art von Treppe Sie in Ihr Haus integrieren wollen. Allerdings ist erfahrungsgemäß eine gemauerte und betonierte Treppe die kostengünstigere und stabilste Alternative. Seien Sie sich bewußt, daß die Treppe die Wirbelsäule des Hauses symbolisiert. Es ist eine tragendes, verbindendes und versorgendes Element, das die Ebenen des Haus miteinander vereint. Des weiteren haben Sie bei einer gemauerten Treppe die Möglichkeit, diese farblich zu gestalten und sie optisch zu verändern. Weiterhin haben Sie den Vorteil, daß eine gemauerte oder betonierte Treppe bereits in der Rohbauphase mit den anderen Räumen gemeinsam entsteht und Sie dadurch für alle anschließenden Installations- Putz- und Legearbeiten (Fliesen, Böden, usw.) nicht über eine Leiter in das Obergeschoß steigen müssen. Bereits hier steht Ihnen die zukünftige Wirbelsäule des Hauses in Form einer stabilen und tragfähigen Treppe zur Verfügung. Eine Arbeits- und Transporterleichterung während der Bauphase, die Sie wirklich schätzen werden.

Wenn eine reine Holztreppe gewünscht wird, wäre es sinnvoll, diese als geschlossenes Organelement in den Gesamtorganismus zu integrieren. Sowohl die Tritt- als auch die Setzstufen sollten dabei direkt an der seitlichen Wand anschließen und fest verankert werden. Dies fördert die

Stabilität der Treppe und sorgt für eine sichere Bewegung der Menschen, die sie begehen.

Die Tritt- und Setzstufen übernehmen dabei im übertragenen Sinne die Funktion der einzelnen Wirbel und der Bandscheiben einer Wirbelsäule. Allein aus diesem Grund sollten Sie eine offene Treppe wirklich überdenken. In Abbildung 118 auf Seite 286 sehen Sie eine gemauerte einläufige Treppe mit Holztrittstufen.

Auch bei der Formgebung einer Treppe gibt es einiges zu beachten. Sollte aus bestimmten Gründen die Treppe eine Drehung oder eine Wendung erhalten, können Sie für sich feststellen, wie weit diese realisiert werden kann. Stellen Sie sich einmal aufrecht hin und versetzen Sie sich in die Lage, daß Ihre Wirbelsäule die Funktion einer Treppe übernimmt. Nun drehen Sie Ihren Oberkörper soweit nach links oder rechts wie es geht, ohne daß es für Sie anstrengend oder gar schmerzhaft wird. Damit haben Sie die maximale Wendung Ihrer Treppe im Wohnraum. Dies ist in den meisten Fällen eine Vierteldrehung oder eine 90-Grad-Wendung der Treppe.

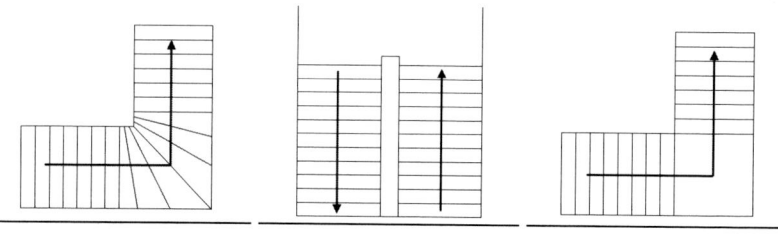

Abb. 10: Darstellung einer einläufigen und viertelgewendelten Treppe

Abb. 11: Darstellung einer Umlauftreppe mit Halbpodest

Abb. 12: Darstellung einer Umlauftreppe mit Viertelpodest

Bei einer zweiläufigen Umlauf- oder Winkeltreppe mit Halb- bzw. Viertelpodest brauchen Sie diese Übung nicht zu machen. Denn durch das Podest ist der Treppenstufenverlauf nicht gedreht und beginnt im Anschluß nach dem Podest wieder neu und gerade verlaufend. Hier wird der Treppe als Gesamtorgan quasi die Möglichkeit geboten, sich neu auszurichten.

Die Garage und der Raum darüber

Es gibt Lebensräume, die befinden sich aus den verschiedensten Gründen über der Garage. Den wenigsten Menschen dürfte dabei bewußt sein, daß die Decke, die beide Räumlichkeiten voneinander trennt, energetisch »offenporig« ist. Das bedeutet, daß hier die feinstofflichen Energien, die das Auto nach seiner Fahrt abgibt, die Garage erfüllt, die dann in den oberen Lebensraum dringen. Ein Schlafzimmer oder Kinderzimmer sollte sich deshalb nicht über einer Garage befinden. Denn hier wirkt der untere Raum durch Straßenenergie und Abgase entkräftend und ermüdend auf den oberen Raum ein. Die Lebensenergie dieses Raumes wirkt meist stagnierend und belastend. Grundsätzlich wäre es empfehlenswert, wenn die Garage nicht direkt im Gesamtorganismus Haus integriert ist.

Eltern und Kinder auf einer Ebene

Babys und Kleinkinder sehnen sich nach Nestwärme und Nähe zu den Eltern. Dieses lebensfördernde Bedürfnis hält bis ins frühe Jugendalter an, und deshalb sollten die Kinderzimmer auf gleicher Ebene wie das Schlafzimmer der Eltern geplant werden. Damit haben die Kinder das sichere Gefühl, während der Schlafenszeit behütet und geborgen die Nacht zu verbringen. Diese Nähe ist für die Entwicklung von Vertrauen und Wohlgefühl sehr wichtig.

Daher läßt sich leicht nachvollziehen, daß Kinder in der Regel gerne dort spielen, wo sie die Nähe der Eltern spüren, ebenso beim Erledigen der Schulaufgaben. Hier sind ihnen das Umfeld und der Kontakt zu den Eltern und der Gemeinschaft sehr wichtig.

Falls Sie Kleinkinder haben bzw. noch Kinder bekommen werden, könnten Sie die Küche, das Eß- oder Wohnzimmer so planen, daß Ihre Kinder dort ihre Schulaufgaben erledigen und spielen können. Oder wenn Sie einen Büro- oder Arbeitsraum planen, in dem Sie während des Tages viel Zeit verbringen werden, dann wäre es empfehlenswert, diesen Raum so zu gestalten, daß Ihre Kinder ebenfalls dort einen Platz zum Lernen und Spielen finden.

Das eigentliche Kinderzimmer sollte trotzdem so groß sein, daß das Kind, für das es gedacht ist, dort schlafen, spielen und später auch lernen kann. So hat das Kind immer die Wahl, in der Nähe der Gemeinschaft zu sein oder sich zurückzuziehen; für die Entwicklung des Kindes ein gutes und förderliches Lebensfundament.

Wenn Ihre Kinder alt genug sind, um bei den Raumreisen und der Raumplanung bewußt mitzuwirken, sollten Sie dieses Thema näher betrachten und auch auf die Wünsche der Kinder eingehen. Bedenken Sie, daß sich Ihre Kinder entwickeln und Jugendliche andere Bedürfnisse haben als Kleinkinder. Denken Sie bei der Planung der Kinderzimmer immer für die nächsten 10 bis 15 Jahre voraus, und seien Sie sich bewußt, daß dieses Kind nicht nur körperlich wachsen wird, sondern auch geistig und in seiner Persönlichkeit. Die Bedürfnisse entwickeln und wandeln sich anders und vor allem schneller als bei einer erwachsenen Person. Beziehen Sie die Entwicklungsphasen Ihrer Kinder mit in die Planung des Hauses ein.

Denken Sie auch an die Zeit danach. Das heißt, wenn Ihre Kinder nicht mehr mit Ihnen gemeinsam unter einem Dach leben und eine eigene Familie gegründet haben. Wie werden Sie diese Räume dann evtl. nutzen? Vielleicht als Lesezimmer oder Raum für Gäste zum Übernachten? Wie auch immer, je mehr Punkte Sie bereits bei der Planung beachten, desto stimmiger wird das Gesamtergebnis für jedes Familienmitglied sein und für das Wohnen und Leben in den darauf folgenden 10, 20 oder 30 Jahren.

Das Schlafzimmer – Kleiderschrank oder Ankleidezimmer

Jetzt kommen wir zu einem Raum, der für das Wohlbefinden und die Verbindung zweier Menschen eine wichtige und tragende Rolle spielt, das Schlafzimmer. Dieser Raum steht einerseits für Intimität, Beziehung und Partnerschaft sowie für Vertrauen und Sexualität, andererseits für Ruhe, Geborgenheit, Entspannung und einer gesunden Erholung von Körper, Geist und Seele.

Das bedeutet, daß das Schlafzimmer zwei Kraftquellen beinhalten bzw. vermitteln soll: nämlich eine aktive Kraft (Sexualität) und eine passive Kraft (erholsamer Schlaf). Diese beiden polaren Kräfte in einem Raum zu vereinen, ist eine Herausforderung. Haben Sie schon einmal daran gedacht zwei »Schlafzimmer« zu erschaffen? Einen Raum für

Intimität und Sexualität und einen zweiten für Ruhe und erholsamen Schlaf? Sollten Sie die räumlichen wie finanziellen Möglichkeiten haben, könnten Sie diese Überlegung in Ihre Planung mit einbeziehen.

Zwei Schlafzimmer bieten auch den Vorteil, daß bei Krankheit eines Partners der andere auf das zweite Schlafzimmer ausweichen kann. Somit ist der eine vor Übertragung und Infektion geschützt und der andere kann in Ruhe gesund werden – aber natürlich nur, wenn dies für beide Partner so stimmt und jeder damit einverstanden ist.

Wenn Sie die Möglichkeit haben sollten, einen separaten Raum als Ankleidezimmer direkt neben dem Schlafzimmer anzugliedern, wäre dies für den Raum und seine Aufgabe sowie für Sie selbst sehr förderlich. Es befindet sich in diesem Fall dann kein Kleidungsstück, das während des Tages getragen wurde, im Schlafraum. Dadurch konzentriert sich die gesamte Energie des Raumes nur auf Ruhe, Schlaf und Erholung. Falls ein separates Ankleidezimmer nicht zu verwirklichen ist, sollten Sie von Anfang an einen entsprechenden Kleiderschrank in Form und Größe im Raum einplanen. Hierzu mehr im Kapitel »Planen der einzelnen Räume«.

Offene Räume und Wohlfühlatmosphäre

Häufig wird bei der Planung der Wunsch geäußert, die Küche, das Eßzimmer und das Wohnzimmer als einen großen Raum zu gestalten. Man spürt ein Sehnen nach Weite und Freiheit. Dem gibt man Ausdruck, indem große Fensterflächen eingeplant werden, um diesen großen Raum mit Licht zu durchfluten.

Optisch sind diese Räume hinterher wirklich sehr schön, und es bietet sich die Möglichkeit einer großzügigen Gestaltung mit Möbeln und anderen Einrichtungsgegenständen. Allerdings folgt nach Bezug der Räume oft eine tragische Erkenntnis. Denn in den meisten Fällen entsteht das Problem, daß z. B. der Eßzimmertisch nie so plaziert werden kann, daß man sich dort wirklich wohlfühlt und verweilen möchte. Der Freiraum und die vorhandenen Fensterflächen sind in der Regel zu groß, um dort einen Wohlfühlbereich entstehen zu lassen. Denn große Fensterflächen, die bis zum Boden reichen, vermitteln nicht die Stabilität und den Rückhalt einer Wand. Anders ist das bei einem Fenster, das von unten durch eine Wand getragen wird und erst in einer Höhe von etwa 90 cm beginnt.

Eine Veranschaulichung:
Wie Sie wissen ist das Haus die Formgestalt, die seinen Bewohnern Raum zum Leben schenkt. Jetzt nehmen Sie einmal an, diese Formgestalt wäre ein Gefäß und dieses hätte Öffnungen, die bis zum Boden reichen. Wenn Sie nun Wasser in dieses Gefäß geben, würde es ungehindert wieder herausfließen. Genauso verhält es sich mit der wertvollen Lebensenergie, die durch den Mund des Hauses aufgenommen wird. Diese kann sich nicht wirklich im Raum sammeln, wenn zu viele große Fensterflächen im Haus plaziert werden.

Weiterhin sollten Sie bedenken, daß wir Menschen »Höhlenwesen« sind und seit Urzeiten von diesem Bedürfnis des Rückzugs, der Geborgenheit und der Sicherheit geprägt wurden. Diese Veranlagung wird sich vielleicht erst in den nächsten tausend Jahren wandeln oder auch nie.

Selbst ein luftbetonter Zwilling hat ein Bedürfnis nach diesen Qualitäten, weil sie tief in ihm als Mensch angelegt sind. Sicherlich braucht dieses Luftwesen seinen individuellen, freien und offenen Raum mehr als ein skorpionbetonter Mensch. Allerdings hat sich in den Beratungen immer wieder gezeigt, daß das Grundbedürfnis nach Geborgenheit bei jedem Menschen vorhanden ist. Das kommt meiner Meinung nach daher, daß sich jeder Mensch in einem geschützten Raum, dem Mutterleib, entwickelt hat. Dieser »Lebensraum«, in dem wir uns etwa neun Monate lang entwickelt haben und der uns Sicherheit und Geborgenheit geschenkt hat, hat uns geprägt, und diese Prägung begleitet uns ein Leben lang auf unbewußte Weise.

Die Situation ist in vielen Fällen so, daß durch den Wunsch nach Offenheit und Freiraum schöne und großzügige Eß- und Wohnzimmer entstehen, aber nach dem Einzug die Familie sich lieber in der Küche aufhält, weil es dort »gemütlicher« ist. Dasselbe ist bei privaten Feiern zu beobachten. Man speist gemeinsam im Eßzimmer, und anschließend finden sich alle in der Küche wieder. Warum glauben Sie, ist das so?

Planen Sie die Räumlichkeiten, wo Sie gemeinsam speisen und wo Sie es sich am Abend gemütlich machen und Sie sich entspannen wollen so, daß aus diesen Räumen wirklich Wohlfühlräume, die Geborgenheit und Wohlgefühl vermitteln, entstehen.

Ein Praxisbeispiel:
Eine junge Familie bewohnte über mehrere Jahre eine große Dachgeschoßwohnung. Der Kniestock hatte eine Höhe von etwa 80 cm, und in den Dachschrägen waren nur wenige kleine Dachfenster, die kaum Licht in den Raum brachten. Auch gab es keinen Balkon mit einer entsprechend großen Fensterfläche. Insgesamt war der gesamte Wohnraum sehr dunkel und drückend, was durch die Dachschrägen, die mit dunklem Holz verkleidet waren, noch verstärkt wurde.

Diese Familie plante, ein eigenes Haus zu bauen. Sie suchten sich ein großzügiges Grundstück mit einem unverbaubaren Blick. Das Haus wurde dann so geplant, daß auf der Rückseite, dem Rücken des Hauses, fast die gesamte Fläche des Erdgeschoßes mit Glas verkleidet wurde, das bis zum Boden reichte. Die Eingangsseite auf der Nordseite, das Gesicht des Hauses, wurde nur mit wenigen und kleinen Fenstern versehen. In diesem Fall nimmt das Haus die Hauptenergie durch den Eingang (Mund) auf, und diese kann ungehindert auf der Rückseite des Hauses wieder entweichen. Weiterhin wurde die Küche und das Eß- und Wohnzimmer als ein großer Raum geplant. Durch die überdimensionalen Fensterflächen auf der Südseite bekam der gesamte Raum zwar sehr viel Licht, aber eine Wohlfühl- und Rückzugsatmosphäre konnte nicht geschaffen werden. Natürlich empfängt das Haus durch die großflächigen Fensterflächen im Süden viel Energie von außen. Insgesamt gesehen kann sich aber die Energie im Raum nicht wirklich sammeln und halten.

Daß diese Familie so geplant hat, ist nicht verwunderlich, denn durch die bisher erlebte Wohnsituation in einer eher dunklen und drückenden Dachwohnung entstand ein großer Wunsch nach Freiraum und viel Licht.

Selbst bei einer Raumreise vor der Planung des neuen Hauses kann in diesem Fall ein Wunsch- und Bedürfnisdenken die Wahrhaftigkeit und das Erkennen in der Wahrnehmung überlagern und somit das »Ergebnis« verfälschen.

Aus diesem Grund ist es vorteilhaft, wenn mehrere Reisen durchgeführt werden und, wie bereits beschrieben, das Grundstück vor Ort besucht und wahrgenommen wird.

In einer ähnlichen Situation befinden sich Menschen, die sich ein großes Haus bauen wollen und dazu finanziell in der Lage sind. In solchen Fällen sind 500 qm und mehr an Wohnfläche nicht selten. Ich habe schon Häuser beraten, die über zwei Eßzimmer und zwei Wohnzimmer verfügten und allein diese Räume schon eine Gesamtfläche von mehr als 250 qm beanspruchten. Wenn dort Gäste für diverse Feierlichkeiten geladen waren, wo, glauben Sie, haben sich nach einiger Zeit alle versammelt? Genau, in der Küche. Denn in den meisten Häusern mit einer großen Gesamtwohnfläche sind die Küchen im Verhältnis zu den Räumen Eß- und Wohnzimmer eher klein. Und genau dieser Raum vermittelt dann die Geborgenheit und Rückzugsmöglichkeit, die der Mensch instinktiv aufsucht.

Große Lebensräume und ihr Energiebedarf

Damit das Wesen Haus wirklich leben kann und jedes einzelne Organ, sprich jeder Raum, mit Lebenskraft erfüllt und versorgt wird, ist es wichtig, daß sich entsprechend viel Energie im Gesamtorganismus Haus befindet, sich dort sammeln kann. Denn die Versorgung mit dem Kraftstoff des Lebens im Organismus Lebensraum ist vergleichbar mit der Kraftstoffversorgung eines Automobils oder eines Menschen. Je größer der Mensch oder das Automobil, desto größer ist die Aufnahme an Energie und der Energieverbrauch.

Ein Mensch mit 2,10 Meter Größe und einem Gewicht von 120 kg benötigt nun mal mehr Energie, als ein Mensch mit einer Größe von 1,75 und einem Gewicht von 70 kg.

Aus diesem Grund haben Könige und Kaiser, die ein großes Schloß ihr eigen nennen konnten, regelmäßig große Feste mit vielen geladenen Gästen veranstaltet, um diesen großen Raum mit Leben zu erfüllen. Außerdem waren im Alltag natürlich viele Bedienstete notwendig, um jeden Raum in diesem großen Gesamtorganismus am Leben zu erhalten.

Interessanterweise gab es in diesen Schlössern immer wieder auch kleinere Räumlichkeiten, in die man sich zurückziehen konnte. So konnte hier das Bedürfnis nach Rückzug und Sicherheit sowie Intimität gelebt werden.

Allerdings ist es ratsam, bei der Planung jedes Raumes Größe und Erscheinung zu berücksichtigen, um eine gleichmäßige Wohlfühlatmosphäre im Gesamtorganismus und für jeden Raum zu gewährleisten.

Selbst große, offene und lichtdurchflutete Räume können so geplant und gestaltet werden, daß sie Behaglichkeit und Wohlgefühl vermitteln.

Fenster, Wintergärten und das Licht im Raum

Das Licht bzw. das Tageslicht, das unsere Räume durchdringt und erfüllt, ist ein sehr wichtiger energetischer Lebensquell, den ich hier etwas näher »beleuchten« möchte. Grundsätzlich gebe ich immer die Empfehlung, bei der Raum- und Fensterplanung darauf zu achten, daß jeder Raum mit mindestens einem Fenster gestaltet und belebt wird. Denn auch Toiletten und Abstellräume haben das Bedürfnis, etwas zu sehen und am Leben im Außen teilzuhaben. Allerdings gilt es, das stimmige Verhältnis von Fenster- und Wandfläche bei der Raumplanung zu beachten.

Sehr viele Bauherren haben ganz unbewußt den Drang, ihre Räume mit so viel Licht wie möglich zu durchfluten, und dies wird in der Regel durch große Fensterflächen verwirklicht. Dadurch wird dem Raum ein repräsentativer Charakter verliehen, ein für Eingangsräume und Dielen willkommener Effekt. Für gemütliche Wohnräume, in denen man verweilen will, ist das eher weniger angebracht. Hier ist es zwar auch wichtig, den Raum mit einer stimmigen Lichtmenge zu erfüllen, aber über gemütlich und ungemütlich entscheidet die Größe und Anordnung der Fenster im Raum bzw. in der Wand. Sind z. B. die Fensterflächen an der Längsseite der Wand, die sich gegenüber der Tür befinden, gleichmäßig verteilt, durchdringt das Licht den gesamten Raum und leuchtet ihn fast aufdringlich aus. Alles ist sozusagen gleichmäßig beleuchtet und erhellt. Diese Lichtdurchflutung erzeugt nirgends eine Dämmerung und versetzt den Raum in ein immer gleiches erzwungenes Lächeln. Der Schatten im Raum, der Gegensatz zum Licht, wird im Raum nicht zugelassen. Und eben diese Komposition von Licht und Schatten, Hell und Dunkel, sind die beiden entscheidenden Elemente, die einem Raum Gemütlichkeit oder Ungemütlichkeit verleihen.

Oder wie es Lucae beschreibt:

»Das Licht läuft im ganzen Zimmer herum und beleuchtet die Gegenstände fast zudringlich. Es duldet nirgends einen tiefen Schatten, und indem es seinen Gegensatz vernichtet, bringt es sich selber um seine poetische Wirkung.«

Richard Lucae (1829 - 1877), Berlin, den 10. Februar 1869
Deutscher Architekt und ab 1873 Direktor der Berliner Bauakademie

Jetzt stellen Sie sich einmal vor, die gesamte Fensterfläche an der Längsseite der Wand wird zu einem Element in der Mitte der langen Wandseite zusammengeführt. Hier wird der Raum in eine Lichtregion und rechts und links der Fensterfläche in zwei »Schattenregionen« geteilt. Die natürliche Beziehung und die Wechselwirkung von Licht und Schatten, Hell und Dunkel führen hier dazu, daß der Raum seine Energie von Behaglichkeit und natürlichem Wohlempfinden voll entfalten kann. Diese Vorgehensweise der Fensterverteilung würde ich Ihnen empfehlen, wenn Sie große offene Räume (z.B. Küche, Eß- und Wohnzimmer oder Eß- und Wohnzimmer) verwirklichen wollen.

Der Begriff »Schatten« im Raum soll in Ihnen kein unangenehmes Gefühl oder eine ablehnende Haltung hervorrufen. Vielmehr will ich Ihnen verdeutlichen, daß es ein natürliches und lebensförderndes Bedürfnis eines Menschen ist, sowohl im Leben als auch in seinen Lebensräumen je nach Stimmung in das Licht zu gehen, um sich zu zeigen, aber auch wieder aus diesem herauszutreten und sich zurückzuziehen.

Weiterhin erzeugt das Wechselspiel von Licht und Schatten im Raum Aufmerksamkeit für den Betrachter und Wohnenden und erhöht zugleich die natürliche energetische Wirkung durch ihre gegenseitige kommunikative Verbindung. Selbst bei großen Räumen können hier Bereiche der Behaglichkeit und Geborgenheit erschaffen werden.

Abb. 13: Gleichmäßige Fensterverteilung im Raum mit dargestelltem Lichteinfall

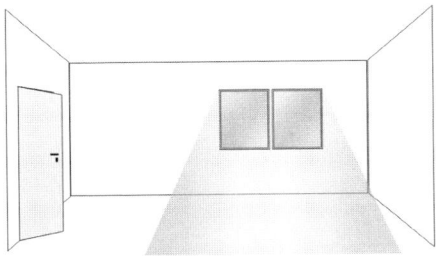

Abb. 14: Zusammengeführte Fensterfläche im Raum mit dargstelltem Lichteinfall

Bei der Planung der Fenster und deren Anordnung im Raum ist also bereits im Vorfeld abzuklären, welche Stimmung Sie im Raum erzeugen wollen. Dazu können Ihnen vielleicht folgende Fragen wertvolle Impulse geben:

Welcher Beschäftigung wollen Sie in bestimmten Räumen nachgehen?
Welche Gemütlichkeit wollen Sie in Ihrem Wohnzimmer erfahren?
Welche intime Behaglichkeit und Sicherheit möchten Sie im Schlaf-
    zimmer?
Mit welcher Muße wollen Sie in Ihren Arbeitsräumen tätig werden?
Mit welcher Raumenergie wollen Sie Gäste in Ihrer Diele begrüßen?
Welche Stimmung begleitet Sie beim Begehen der Treppe und der
    Flure?

Ebenfalls spielt die Anordnung der Tür, durch die man den Raum betritt, und ihre räumliche Verbindung zu den Fenstern eine wichtige

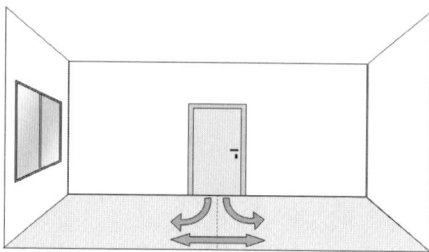

Abb. 15: Eine mittig im Raum positionierte Tür

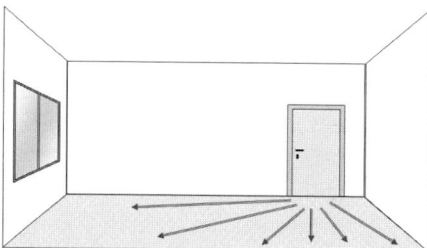

Abb. 16: Eine seitlich im Raum positionierte Tür

Rolle. Denn sowohl Tür als auch Fenster sind Raumöffnungen, die sich gegenseitig befruchten und beeinflussen, und ihre Anordnung entscheidet darüber, ob ein Raum wohnlich oder unwohnlich wird. Dabei ist für mich die Tür ein innenraumverbindendes und das Fenster ein außenraumverbindendes Element im jeweiligen Raum.

So teilt eine mittig angeordnete Tür den Raum in zwei Bereiche, einen zur Linken und einen zur Rechten. Eine Tür, die sich links oder rechts an der Wand befindet und in den Raum führt, läßt den Raum in seiner Ganzheit bestehen.

Die Teilung in zwei Bereiche durch eine mittige Tür führt meiner Meinung nach aber nicht zu einer »Unruhe«. Diese Unruhe und energetische Unbehaglichkeit wird vielmehr in Räumen vermittelt, die mehrere Türen aufweisen. Denn durch zwei oder mehr Türen, die den Raum mit einem anderen verbinden, wird eine Art Durchgang erschaffen, der der Qualität eines Flures gleichkommt und nicht zum Verweilen einlädt. Es kann hier passieren, daß ungewollt eine Art Aufbruchstimmung im Raum erzeugt wird. Dies wirkt sich im besonderen Maße aus, wenn sich beide Türen auf der jeweils gegenüberliegenden Wand befinden und sich gegenseitig betrachten. Diese Situation lädt dazu ein, einfach durch- und weiterzugehen.

Wenn sich eine solche Situation in der Planung nicht vermeiden läßt, wäre es gut, die Türen so anzuordnen, daß Sie beim Öffnen der einen Tür und beim Hineingehen in den Raum die zweite Tür nicht gleich sehen und sie Ihre Aufmerksamkeit auf sich zieht.

Nachfolgende Abbildungen sollen Ihnen dies verdeutlichen.

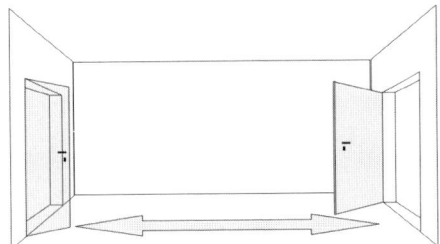

Abb. 17: Zwei gegenüberliegende Türen im Raum

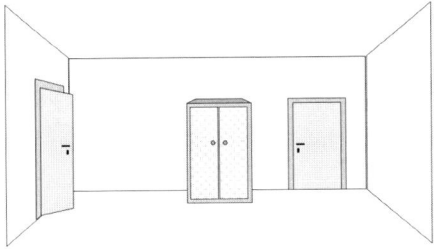

Abb. 18: Zwei versetzte Türen im Raum mit einem Schrank als Sichtschutz

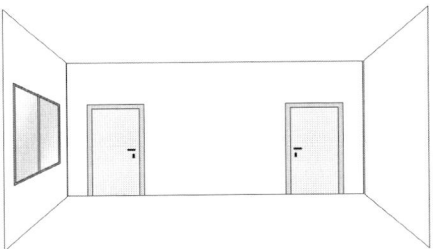

Abb. 19: Raumzugang mit zwei Türen auf gleicher Wandseite

Ein wichtiger Aspekt ist die schon erwähnte Verbindung zwischen Tür und Fenster. Diese raumöffnenden Verbindungen sind wie Geschwister, die sich über den Raumkörper begegnen und miteinander kommunizieren. Durch diese kommunikative Energie entsteht hier eine Art unsichtbarer Verbindungsweg, der uns von der Türöffnung zur Fensteröffnung führen will. Wenn sich also genau gegenüber der Tür ein Fenster befindet, fällt der Blick ganz unbewußt durch diese Raumöffnung nach außen, weil sie auf dem kommunikativen Weg beeinflußt und geführt wird. Wenn das Fenster gegenüber der Tür versetzt angebracht ist, findet man diesen energetischen Weg erst durch eine bewußte Orientierung und sinnliche Ausrichtung im Raum.

Bei einem der Tür gegenüberliegenden Fenster gilt die Aufmerksamkeit erst dem Blick nach außen. Beim versetzten Fenster gilt die Aufmerksamkeit zuerst dem Raum. Dabei ist es auch entscheidend, wie sich die

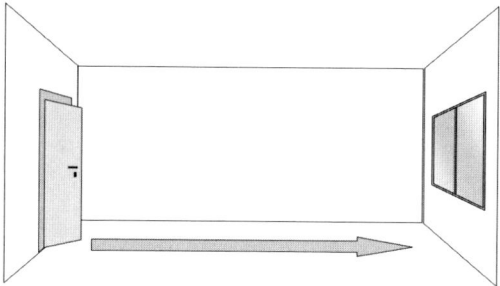

Abb. 20: Eine Tür mit genau gegenüberliegenden Fensterflächen

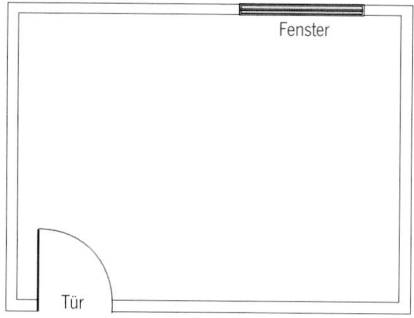

Abb. 21: Tür mit einem versetzten Fenster an der gegenüberliegenden Wandseite

Tür öffnet, in den Raum hinein oder nach außen, links oder rechts ange-schlagen.

Bei der Planung der Tür für den Raum ist folgendes sinnvollerweise zu fragen: Was sehen Sie als erstes, wenn Sie die Tür öffnen und in den Raum hineingehen? Was begrüßt oder empfängt Sie als erstes? In welche Richtung wird die Aufmerksamkeit gelenkt?

Hierdurch können Sie bereits im Vorfeld bestimmen, wie und durch was sich der jeweilige Raum präsentieren soll, wenn Sie ihm begegnen. D. h., was wollen Sie als erstes sehen, wenn Sie dem Raum begegnen? Was soll Sie empfangen? Wie und durch was soll sich der Raum darstel-len? Welcher erste Eindruck soll gewonnen werden, und welche Aufmerk-samkeitsenergie wird dadurch erzeugt?

Das Gesicht des Hauses

In vielen Fällen wird der Eingangsbereich des Hauses im Norden ange-siedelt, weil man die Himmelsrichtungen Osten, Westen und Süden bzw. den Verlauf und die Lichtkraft der Sonne den Wohnräumen zur Verfügung stellen will. Dies ist eine nachvollziehbare und scheinbar ver-nünftige Methode, wie sie oft in der Praxis angewandt wird.

Jedoch wird hierbei die Wesenheit des Hauses, seine Einbettung im Landschaftsraum sowie seine Ausrichtung auf dem Grundstück nicht wirklich berücksichtigt. Erinnern Sie sich noch an Ihre Begegnungen mit dem Grundstück und die Frage, die Sie sich dabei stellen können?

In welche Richtung würden Sie als Haus gerne ein Leben lang blicken wollen?

Wenn Sie diese Frage zusammen mit allen Familienmitgliedern geklärt haben, spielt es meines Erachtens keine Rolle, in welcher Himmelsrich-tung der Eingang des Hauses liegt. Selbst wenn der Hauseingang nicht dieselbe Richtung aufweist wie der Zugang zum Grundstück oder die Haustür direkt im Süden liegt, sollte Sie das nicht davon abhalten, Ihrer Wahrnehmung zu vertrauen und diese Information in die Planung Ihres Hauses mit einzubeziehen.

Verstandes- und zweckmäßige Überlegungen, wie ein zu langer Weg vom Grundstückbeginn bis zur Haustür, fehlende Wohnfläche im Süden, ein weiter und umständlicher Verbindungsweg vom Haus zur Garage, Schneeräumarbeiten im Winter und zu guter Letzt die Argumentation:

»Das ist doch nicht normal« oder »Was sagen da die Nachbarn, Bekannte und Freunde«, sollten Sie bei der Erschaffung *Ihres* Hauses nicht davon abhalten, ein wirklich kraftvolles und stimmiges Wesen zu erschaffen, das *Ihnen* Raum zum Leben schenkt.

Die Mitte des Hauses –
der innere Sammelpunkt für Mensch und Raum

Bereits in der Planung können Sie den zentralen Mittelpunkt des Hauses berücksichtigen und räumlich verwirklichen.

Die Mitte des Gesamtorganismus Haus ist eine wirklich zentrale Stelle, an der sich die Kraft des Raumes und das Wirken der Menschen ausrichten und ausbalancieren kann. Die Erschaffung einer Mitte im Lebensraum kann eine wertvolle Unterstützung sein, um selbst mehr in die eigene Mitte zu kommen und einen inneren Ausgleich für Körper, Geist und Seele zu erreichen. Um Ihnen dies besser verständlich zu machen, hierzu drei Veranschaulichungen:

Wie Sie wissen, ist der Mittelpunkt unseres Sonnensystems die Sonne. Alle anderen Planeten bewegen sich um diesen Mittelpunkt und richten sich an ihm aus. Sie alle haben ihre feste Umlaufbahn und ihre Aufgabe, die sie in ihrer Gesamtheit erfüllen. Für alle Planeten ist die Sonne das Zentrum, das jeden einzelnen von ihnen in ihrer Bahn hält und jeden einzelnen von ihnen wirken läßt.

Die Planeten stehen im übertragenen Sinn für die einzelnen Räume und ihre Themen im gesamten Lebensraum.

Auch die meisten Ortschaften haben eine sogenannte Ortsmitte, die meist durch die Kirche und/ oder den Kirch- bzw. Dorfplatz präsentiert sind. Dieser »Mittelpunkt« dient oft als Ort der Begegnung, der Kommunikation und der örtlichen Feste. An dieser zentralen

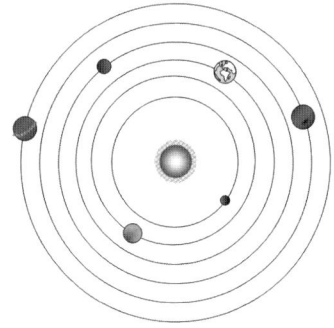

Abb. 22: Das Sonnensystem mit Sonne, Merkur, Venus, Erde, Mars, Jupiter und Saturn

Ortsmitte eines Dorfes oder einer Stadt richtet sich die gesamte Orientierungskraft dieser Ansiedlung aus. Daher ist es leicht nachvollziehbar, daß man sich in Orten ohne »Ortsmitte« als Fremder nicht so gut orientieren kann wie in Orten, die über eine solche Mitte (Dorfplatz, Kirchplatz) verfügen. Denn sicher haben Sie schon erlebt, daß Sie sich in einer für Sie fremden Gemeinde oder Stadt leicht zurechtfinden und in anderen gelingt Ihnen das nur schwer. Wenn Sie dann nachforschen, werden Sie feststellen, daß der eine Ort über eine eindeutig erkennbare Ortsmitte verfügt und der andere nicht. Ich habe dies bei einigen Ortschaften gut beobachten können.

In alten Ansiedlungen wurde bei ihrer Gründung meist zuerst die Mitte festgelegt, und anschließend bebaute man den Raum um diese Mitte herum. Dieses Zentrum diente als Orientierungs- und Ausrichtungspunkt für alle zukünftigen Straßen und Gebäude.

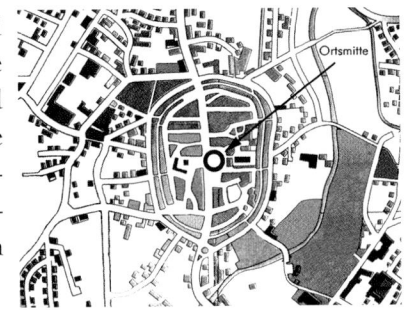

Abb. 23: Die Mitte eines Ortes

Gerne nenne ich diese Mitte eines »Raumes« (Haus, Stadt, Landschaft) den ruhenden Pol, die weiblich ruhende Kraft, die dem männlichen und aktiven Prinzip Halt, Zentrierung und Ausgeglichenheit vermittelt.

Sicherlich kennen Sie den Aufbau einer vierseitigen Klosteranlage. Es ist in großes Gebäude, das in rechteckiger Form erbaut ist. In der Mitte

Abb. 24: Darstellung einer vierseitigen Klosteranlage mit Garten und der inneren Mitte

dieser baulichen Anlage befindet sich meist ein Garten, der durch gezielte Wegeführung und Gestaltung zum Mittelpunkt der gesamten Anlage führt. Während außerhalb dieser Mitte, also in den Räumen des gesamten Gebäudes gebetet und gearbeitet wird, herrscht in seiner Mitte Ruhe und Stille. Im Außenraum befindet sich also das aktive und in der Mitte das passive Prinzip. Beide Kräfte halten sich hier die Waage und sorgen für eine ausgeglichene Stimmung im Gesamtorganismus Raum.

85

...und aus der Mitte entspringt ein Fluß.

Norman Maclean

Dieser räumliche Kraftausgleich ist ein sehr wichtiger Aspekt, den Sie bereits bei Ihrer Planung berücksichtigen sollten. Denn hier kann Ihnen die »Mitte« des Lebensraumes ein Quell der Ausgeglichenheit, Besonnenheit, inneren Seelenruhe und Zentrierung sein.

Nicht umsonst suchen viele Menschen Orte auf, an denen sie diese Kräfte vorfinden. Zum einen, um wieder zu sich selbst zu finden, zum anderen ist es das starke Verlangen, innere Ausgeglichenheit zu erfahren und dem Streß und der Hektik des Alltags zu entfliehen. Diese innere Ruhe hält dann eine gewisse Zeit, kann sich aber nicht auf Dauer halten, und die heilende Wirkung verschwindet im alltäglichen Leben. Denn in den eigenen vier Wänden gibt es diese »goldene Mitte« meist nicht, an der sich das Leben selbst und die räumliche Energie ausrichten und zentrieren kann.

Durch die Erschaffung einer inneren Mitte im Lebensraum können Sie sowohl für die Energie des Raumes als auch für die der Menschen, die in diesen Räumen leben, wohnen und arbeiten, auf körperlicher, geistiger und seelischer Ebene einen Quell der Ausgeglichenheit und Ruhe bilden und zum Leben erwecken. Die Gestaltung einer solchen Mitte muß nicht aufwendig sein und kann selbst durch kleine Gestaltungsformen im Raum verwirklicht werden. Diese Mittengestaltung kann mit einem Teppich, einer Kommode, einem Bild oder einer farblichen Gestaltung an der Wand realisiert und aktiviert werden. Nebenstehende Abbildungen können Ihnen dazu als Beispiel dienen.

Für die Gestaltung einer Mitte müssen Sie nicht den genauen Mittelpunkt des Grundrißplanes ermitteln, um genau an dieser Stelle »Ihre Mitte« zu plazieren. Vielmehr kann es eine für Sie stimmige und zentrale Stelle im Wirkungsbereich des Gesamtorganismus sein, die Ihre Mitte repräsentiert und von dort aus wirkt.

Manches mal wird ein offener Kamin oder Kachelofen als Mitte favorisiert. Das rührt aus einer Zeit her, als es in den ersten Behausungen der Menschen offene Feuerstellen gab. Die hatten allerdings keinen

Abb. 25: Zusammenwirken einer Mittengestaltung mit Farbgestaltung und Möbelstück als »Hausaltar« des Lebensraumes

Abb. 27: Eine Kommode als Mittelpunkt
des Lebensraumes, welcher für familiäre
Höhepunkte im Jahr entsprechend gestaltet und dekoriert wird

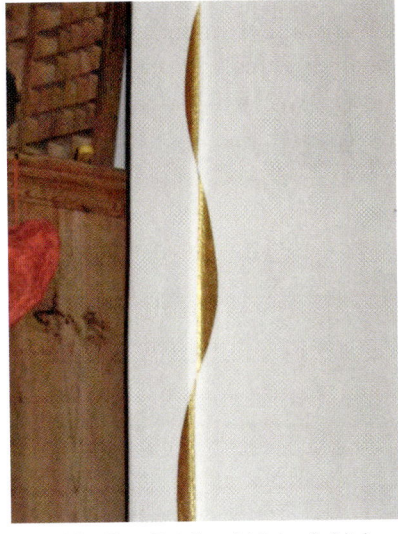

Abb. 26: Die goldene Mitte – ein farblich
gestaltete Mittenachse im Raum

Abb. 26a: Eine Detailansicht der farblichen
Mittenachse

Kamin, oft noch nicht einmal einen Rauchabzug. Vielmehr verbreitete sich dann der Rauch im gesamten Deckenraum und entwich über kleine Öffnungen und Ritzen im Dach, oder es gab eben ein bloßes Rauchabzugsloch.

Als dann die Feuerstelle bzw. der offene Kamin mit einem gemauerten Rauchabzug errichtet wurde, wurde dieser Kamin an der Außenwand, meist im Rücken des Hauses aufgestellt. Hier kam dem Kamin eine sehr wichtige Aufgabe zu, nämlich dem Hausorganismus eine zusätzliche Stütze zu sein. Diese Säule war wie ein Baum, der dem Rücken des Hauses Halt und Stabilität spendete.

Wenn Sie sich Bilder von zerstörten Häusern betrachten, werden Sie feststellen, daß in den Ruinen und Trümmern oft die Kamine als einziges und aufgerichtetes Element erhalten geblieben sind.

Heutzutage kann man meines Erachtens den offenen Kamin, den Kachelofen oder ähnliches nicht mehr als Mitte favorisieren. Denn im Gegensatz zu früher wird heute die »Feuerstelle« nur noch in der kalten Jahreszeit zum Leben erweckt, nicht aber im späten Frühjahr, Sommer oder Frühherbst. In dieser Zeit wäre diese Mitte dann nicht belebt und könnte aus diesem Grunde auch nicht »aktiv« wirken. Der Kamin einer Öl- oder Gaszentralheizung, selbst bei Ganzjahresnutzung, ist auf Grund der indirekten und nicht erlebten »Feuerung« als Mittelpunkt eines Hauses aus meiner Sicht ebenfalls nicht geeignet.

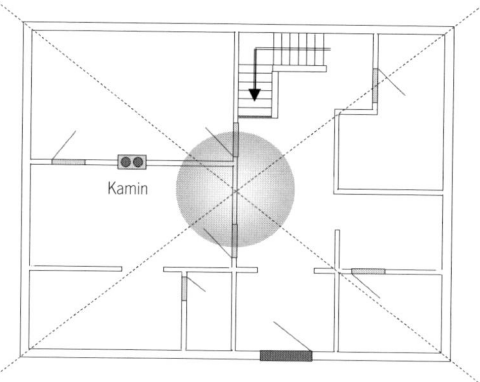

Abb. 28: Der Grundrißplan eines Hauses: der Wirkungsbereich der räumlichen Mitte und die Position des Kamins

Aus diesen Gründen empfehle ich bei der Planung, den Kamin außerhalb des exakten Mittelpunkts im Grundriß des Hauses zu anzulegen.

Der Stauraum und der Urtrieb des Menschen als Jäger und Sammler

In uns Menschen seit Urzeiten angelegt ist das Bedürfnis zu jagen und Nahrung zu sammeln. Heute zeigt sich dies durch den Erwerb von Dingen, die wir brauchen, und solchen, die wir normalerweise nicht brauchen. Der Erfolg von Internetauktionen beweist diese Veranlagung in uns. Dieser Trieb, auf die Jagd bzw. zum Sammeln zu gehen, ist in den meisten von uns sehr stark und will gelebt werden. Dieses Jagen und Sammeln erzeugt in uns die Sicherheit, genug zu haben, um auch in schwierigen Zeiten zu überleben, sowie das Hochgefühl einer erfolgreichen Jagd. Die erbeuteten Dinge werden dann in unsere Höhle gebracht und gehortet. Diese »Höhle« ist unser Zuhause, das Wesen, das uns Raum zum Leben schenkt.

In diesem Zusammenhang gilt für mich ein weises Zitat von Hildegard von Bingen: »In allen Dingen das Rechte Maß.«

Dies bedeutet, daß Sie Ihren Trieb, zu kaufen und zu horten, ausleben können. Denn dieses Grundbedürfnis sollte nicht mit Gewalt unterdrückt werden. Allerdings ist es ratsam, Ihre »Schatzkammern und Depots« von Zeit zu Zeit zu sortieren und sich von alten Dingen zu befreien. Hierzu gibt es eine Grundregel: Alle Dinge, die Sie seit mehr als einem halben Jahr nicht mehr benötigten, können Sie getrost entsorgen. Verschenken Sie diese oder verkaufen Sie sie auf dem Flohmarkt oder im Internet. Hiervon ausgenommen sind saisonale Artikel wie z. B. Weihnachts- und Osterschmuck, Faschingsdekorationen udgl., die Sie immer wieder für bestimmte Anlässe verwenden. Für diese Artikel brauchen Sie einen Raum, in dem Sie sie entsprechend lagern können.

Schaffen Sie sich für Ihre Familie eine solche »Schatzkammer« und benennen Sie diese dann auch so oder ähnlich. Verwenden Sie zu Ehren dieses Raumes nicht Begriffe wie Rumpelkammer oder Abstellraum. Der Begriff Rumpeln leitet sich ab von den beiden Wörtern »Gerümpel« und »überrumpeln«, das einen wackelnden und zusammenbrechenden Hausrat beschreibt. Und oft passiert genau das, wenn man diese

»Kammer des Schreckens« öffnet und eintreten will. Ebenso beginnen in manchen Fällen die gesammelten Dinge im Inneren dieses Raumes auch ohne menschliches Zutun zusammenzubrechen. Dann poltert es in diesem Raum, und ein unbekanntes Wesen sorgt für »Ordnung«. Nicht umsonst heißt ein bekannter Kobold »Rumpelstilzchen«.

Der Begriff Abstellkammer sollte deshalb keine Verwendung finden, da Ihre Schätze ja für Sie eine Bedeutung haben und Sie die nicht auf das »Abstellgleis« stellen wollen. Sollte dies der Fall sein, handelt es sich um keine wirklich wertvollen Gegenstände, sondern um Dinge, die Sie nicht wirklich brauchen.

Wichtig ist bei der Einrichtung einer solchen Schatzkammer, daß Sie gemeinsam mit der Familie den genauen Platz im Gesamtorganismus bestimmen und eine entsprechende Raumgröße festlegen. Dann allerdings sollte dieser Raum auch seiner Bestimmung gemäß genutzt und ordentlich belebt werden. Wenn dieser überbelegt ist, verfallen Sie nicht der Versuchung, eine Filiale im Keller oder im Dachgeschoß zu eröffnen. Denn Jahre später würden Sie diese Entscheidung wahrscheinlich bereuen.

5. Das Zeichnen und Planen des neuen Lebensraumes

Nachdem Ihr gedanklicher und zeichnerischer Vorentwurf abgeschlossen ist, können Sie jetzt in die detaillierte Planung Ihres Hauses übergehen. Da Sie bereits im Vorfeld die verschiedenen Entwürfe jedes Familienmitglieds betrachtet und sich darüber ausgetauscht haben, werden die für die Familie wichtigen Räume jetzt ermittelt und festgelegt. Nun gilt es, diese optimal im Gesamtraum des Hauses zu integrieren und jedem Raum eine stimmige Größe zu schenken und Wege zu schaffen, die die Räume miteinander verbinden.

Nehmen Sie hierfür Ihren Grundriß, der die Form und maßstäbliche Größe Ihres zukünftigen Hauses darstellt, zur Hand, und beginnen Sie, darin Ihre Räume einzutragen.

Für diesen Abschnitt gebe ich Ihnen eine Liste möglicher Räume an die Hand, die Sie vielleicht daran erinnert, welche Sie womöglich in Ihr Haus integrieren wollen und als nützlich erachten.

Übergangs- und Verbindungsräume
Eingangsbereich
Diele – Windfang
Flure und Gänge
Treppenbereiche

Nutz- und Arbeitsräume
Hauswirtschaftsraum
Schmutzschleuse
Büro und Schreibzimmer

Versorgungs- und Lagerräume
Heizungsraum

Lagerraum für Heizmaterial
Speisekammer für Lebensmittel
Raum für Gefriertruhe oder -schrank
Raum für Haushaltsbedarf (die Schatzkammer)

Praktische Lebensräume
Toilette im Erd- und Obergeschoß
Ankleidezimmer
Hobbyraum oder Fitnessraum

Wohlfühl- und Lebensräume
Eßzimmer
Wohnzimmer
Schlafzimmer
Kinderzimmer
Bad und Toilette
Küche – Wohnküche
Terrasse / Balkon

Mögliche Raumergänzungen
Wintergarten
Separater Fernsehraum
Zweites Schlafzimmer
Meditationsraum
Bibliothek
Gästezimmer

Diese Liste soll Sie natürlich hinsichtlich Ihrer individuellen Wünsche, Bedürfnisse und eigenen Vorstellungen nicht einengen. Sehen Sie die Auflistung als Hilfestellung, die Sie in die Planung Ihres Hauses mit einfließen lassen können.

Die Harmonik und der Klang des Hauses – die Musik für den Lebensraum

Ein Raumkörper ist für mich wie ein Musikinstrument, der durch seine Proportion und Maße einen »Klang« bzw. Grundton erzeugt. Nun stellt sich die Frage, wie kann man einen Grundriß so planen, daß er wirklich einen klangvollen Grundton erzeugt und eine harmonische Grundschwingung erhält? Das ganze verhält sich wie bei einem Musikinstrument. Auch der Instrumentmacher hat ganz bestimmte Grund- und Verhältnismaße, also Proportionen, die er für das jeweilige Musikinstrument verwendet, um den gewünschten Grundton zu bekommen. Würde er diese Proportionen beim Bau des Instruments unberücksichtigt lassen, hätte das Instrument einen Grundton, der nicht erwünscht ist, und die angestrebte Klangfolge wäre nicht möglich.

Das rechte Maß für den rechten Ton – denn der Ton macht die Musik

Wenn z. B. ein Blasinstrument, etwa eine B-Klarinette oder B-Trompete, mit der »falschen« Länge gebaut wird, wirkt sich das auf die Luftsäule, die den Naturgrundton B erzeugen soll, entsprechend aus. Wenn der Bläser den Grundton anbläst und die Gesamtlänge des Instruments nicht stimmt, ertönt eben nicht ein B, sondern ein tieferer Ton bei längerer Gesamtlänge oder ein höherer Ton bei kürzerer Gesamtlänge. Im Bezug auf die Planung und Erbauung eines Hauses sind hier die Innenmaße der Seitenlängen für den gewünschten Grundton mitentscheidend.

Es gibt zwei einfache Möglichkeiten, um den für Sie stimmigen Grundton herauszufinden. Zum einen können Sie ihn durch das Singen oder Summen eines Liedes in einer für Sie alle stimmigen Tonlage ermitteln. Während Sie singen, kann jemand mit einer Gitarre oder einem Klavier sich in dieses Lied mit einstimmen und Ihnen mitteilen, in welcher Tonlage Sie sich befinden. Bei G-Dur wäre dies der Dreiklang G-H-D. Diese Töne könnten Sie dann auf ein Monochord übertragen und so die Grundlänge und die Proportionen für die Innenmaße Ihres Hauses bestimmen.

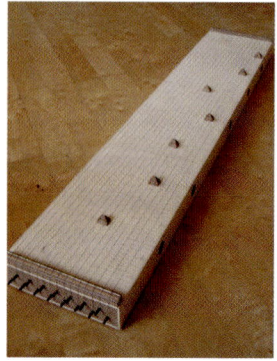 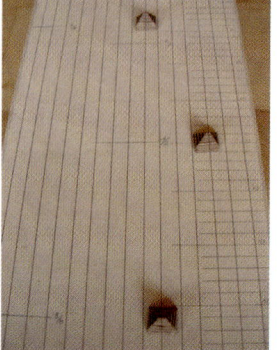

Abb. 29: Ein Monochord   Abb. 30: Detailansicht eines Monochords

Ein Monochord ist ein Resonanzkörper, der mit einer oder mehreren Saiten bespannt ist, ähnlich wie eine Zither, eine Gitarre oder ein Hackbrett, allerdings mit dem Unterschied, daß alle Saiten in einem gleichen Grundton schwingen und gestimmt sind.

Sie können auch auf einem anderen Instrument verschiedene Tonarten spielen und entscheiden, welche Tonart Ihnen am stimmigsten erscheint. Anschließend ermitteln Sie den Grundton und übertragen diesen auf das Monochord.

Mehr dazu im Verlauf dieses Kapitels.

Die Proportion für einen stimmigen Klangkörper – die Stimmung im Raum

Die Verhältnisgröße zwischen der Länge, Breite und Höhe, die Proportion, nennt man im Instrumentenbau Mensur. Bei einem Blasinstrument wäre dies die Verhältnismäßigkeit zwischen Länge und Weite (Durchmesser) des Rohrs. Wenn die Mensur z.B. eines Blasinstrumentes nicht richtig ist, stimmt die so genannte Naturtonreihe nicht. Die Naturtonreihe bezeichnet alle Töne, die nur mittels Lippenspannung und Blasdruck z.B. auf einer Trompete, erzeugt werden. Das Instrument wäre dann also in sich nicht stimmig – ein Musizieren auf einem solchen Instrument wäre folglich nicht wohlklingend.

Daher sind die Verhältnismaße für die Stimmung eines Klangkörpers, sei es ein Instrument oder ein Haus, verantwortlich.

94

Die Klangfarbe eines Tones – der Klang, die Resonanz im Raum

Wie der Ton klingt und welche Klangfarbe er hat, wird durch die verwendeten Materialien bestimmt. So klingt z. B. der Ton C bei einem Holzblasinstrument anders als bei einem Blechblasinstrument. Ein Blechblasinstrument aus Messing hat eine andere Klangfarbe als eines, das aus Kupfer gefertigt wurde.

Auf den Raum übertragen, bedeutet dies, daß es in diesem Fall entscheidend ist, welche Baumaterialien für ein Haus verwendet werden. Ein Ziegelhaus hat eine andere Klangfarbe als ein Holzhaus oder ein mit Gasbetonsteinen und Gipskartonwänden ausgebautes Haus. Ebenso spielen die Putzarten und die Farbmaterialien eine Rolle, denn sie bilden die äußere Schicht, die die Klangfarbe, wenn auch nur zum Teil, mitbestimmen.

Die Klarheit des Tones – der klare Klang im Raum

Die Klarheit und Reinheit des Tones, speziell bei Blechblasinstrumenten, wird durch die Art der Herstellung beeinflußt. Hier ist es entscheidend, ob diese handwerklich und in Blei gebogen gefertigt werden oder maschinell und ölhydraulisch aufgepreßt. Die Art der Herstellung eines Instruments wirkt sich auch auf die Ansprache aus. Das heißt, wie leicht läßt sich der Ton erzeugen und wie gut sprechen die Töne an.

Im Bezug auf die Schaffung eines Raumes ist ausschlaggebend, wie und auf welche Art und Weise der Raum gebildet und gestaltet wird, etwa in Handarbeit und Stein auf Stein oder als Fertighaus und in kürzester Zeit. Dies wirkt sich auf die Klarheit der Raumenergie und auf die Lebendigkeit des Raumes aus.

Zusammenfassung:

Längenmaße und Proportionsmaße sind für den Grundton und die Stimmung im Raum, die verwendeten Materialien sind für die Klangfarbe verantwortlich und die Art und Weise der Erbauung für die Klarheit und Reinheit der Grundstimmung des Raumes.

In der Beratung empfehle ich bei einem Neu-, An- oder Umbau immer zumindest das Grundmaß, also Länge und Breite des Hauses, in einer harmonikalen Grundschwingung zu planen. Dieser Grundton bzw. die

Stimmung bezieht sich, wie bei einem Musikinstrument auch, auf die so genannte Mensur, das Innenmaß des Instruments. Übertragen auf das Haus wären dies die Innenmaße des gesamten Raumkörpers.

Die Bestimmung der harmonikalen Proportionen erfolgt mit Hilfe des Monochords.

Mit diesem Instrument ist es möglich, harmonikale Grundmaße für das Haus, aber auch – wenn es gewünscht wird – für Fenster und Türen und die einzelnen Räume zu bestimmen. Bleiben wir aber hier bei den Grundmaßen des Hauses, Länge und Breite. Denn aufgrund der vielen Möglichkeiten und Variationen, die es bei dieser Vorgehensweise gibt, ist es nicht möglich, alle denkbaren Klangproportionen hier zu beschreiben. So einzigartig und individuell wie jeder Mensch ist auch die Einzigartigkeit und Individualität bei der Bestimmung der Maße für einen klangvollen Resonanzkörper Haus.

Nehmen wir einmal an, die Innenmaße eines Hauses sind 11,55 Meter mal 8,66 Meter. Nun überträgt man diese Maße im gleichen Verhältnis auf das Monochord. In diesem Fall würde ich die Stege auf meinem Monochord auf einer Saite mit 115,5 cm Länge und 86,66 cm Breite, also dem Zehntel (1/10) der realen Maße einstellen. Bei meinem Monochord, das wegen der allgemein gängigen Baumaße eine Seitenbundlänge von 130 cm hat und jede Saite im Ton C gestimmt ist, erklingt die Saite mit 115,55 cm (8/9) als Ton D und die zweite Saite mit 86,66 cm (2/3 oder 6/9) im Ton G. Dies wären zwei Töne des Dreiklangs von G-dur. Wenn Sie jetzt eine der Saitenlängen am Monochord um 1, 2 oder sogar 3 cm – dies wären in Wirklichkeit 10, 20 oder 30 cm – verändern würden, ergibt dies mehr und mehr einen disharmonischen Klang. Und zwar so lange, bis Sie wieder auf einen ganzen oder halben Ton (z. B. F oder Fis) kommen.

Jetzt werden die wenigsten von Ihnen ein Monochord besitzen, um damit die stimmigen Proportionen und Längenmaße des zukünftigen Hauses zu bestimmen. Aus diesem Grund gebe ich Ihnen nachfolgend eine einfache Möglichkeit an die Hand, wie Sie bezüglich Ihrer Planung in der Praxis vorgehen können.

> **Wichtig:**
>
> *Die Maßangaben beziehen sich immer auf die* **Innenmaße**, *also die Mensur des Hauses. Die Innenmaße gelten für den bezugsfertigen Raum mit Verputz an Wänden und Decken sowie dem Estrich und Bodenbelag, ob Stein, Fliesen, Holz, Kork oder Teppich. Denn dies ist sozusagen der Resonanzkörper, der den Klang erzeugt. Das heißt, die Räume sind in der Rohbauphase in ihrem Gesamtvolumen größer. Dies sollten Sie bei der harmonikalen Planung mit einem Monochord berücksichtigen.*
>
> *Bei einer rein proportionalen Planung der Innenmaße Breite und Länge des Grundrisses über eine Teilung, wie z. B. 4/5 zu 5/5, 5/8 zu 8/8, 5/7 zu 7/7, etc. brauchen Sie den Verputz an den Wänden nicht einzubeziehen, da dieser die von Ihnen gewählte Teilung nicht verändert. Außer Sie wollen die Raumhöhe auch als proportionalen Teiler mit einbeziehen. Dann müssten Sie in diesem Fall den Estrich und Bodenbelag mit berücksichtigen, da das Ergebnis hier deutlich verändert werden würde.*

Nachdem die gewünschte Wohnraumfläche ermittelt ist, wird sie durch die Anzahl der Geschosse geteilt. In der Regel sind dies das Erd- und Obergeschoß, also wird durch zwei geteilt.

Bei einer gewünschten Wohnraumfläche von etwa 220 qm wären dies 110 qm für jedes Stockwerk. Bei einer quadratischen Grundrißform ergibt sich hier eine Seitenlänge von 10,488, aufgerundet 10,49 Meter. Dies entspricht einer Grundfläche des Innenraumes von 110,04 qm. Diese 10,49 Meter Seitenlänge stellen jetzt das Grundmaß Ihres gesamten Innenraumes Haus dar. Wenn Sie nun die dazu stimmige Raumhöhe ermitteln wollen, suchen Sie sich einen für Sie stimmigen Teiler von 2 bis 10. Dies wäre z. B. 1/2, 1/3, ... 1/10. Bei einer Teilung von 10,49 Meter Grundmaß durch die Zahl 4 wäre dies eine effektive Raumhöhe des bezugsfertigen Raumes von 2,62 Meter.

Das heißt, das Innenmaß des Hauses sollte sich mit dem Maß der Innenraumhöhe harmonikal verbinden, um einen in sich stimmigen Klang des gesamten Resonanzkörpers zu ermöglichen.

Jetzt nehmen wir einmal an, daß Sie kein quadratisches, sondern ein rechteckiges Haus erbauen wollen. Wieder mit einer gewünschten

Wohnraumfläche von 220 qm, pro Geschoß also 110 qm. Für mich ist es in so einem Fall immer wichtig, daß sich die beiden Seitenlängen (Innenmaß) des Hauses untereinander verstehen bzw. durch einen gemeinsamen Nenner miteinander verbunden sind. In diesem Beispiel wären eine Länge von 12 Meter und eine Breite von 9 Meter eine gutes Verhältnis beider Seitenlängen. Denn 12 und 9 lassen sich durch die Zahl 3 (gemeinsamer Nenner) teilen, und die Summe ergibt eine ganze Zahl. Die Grundfläche beträgt bei diesen Seitenmaßen (12 x 9) exakt 108 qm pro Geschoß. Eine Teilung muß aber nicht zwingend immer eine ganze Zahl ergeben, sondern kann sich auch durch Faktoren wie z.B. 1,25 / 1,5 / 0,75 / 1,33 / 1,66 / 2,5 usw. äußern. Dies wäre dann der Fall, wenn Sie die Seitenlängen von 12 und 9 Metern durch die Zahl 6 teilen. So erhalten Sie bei 12 den Faktor 2 und bei 9 den Faktor 1,5. Dies ist z.B. bei der Positionierung der Haustür oder bei der Raumaufteilung ein wichtiger Anhaltspunkt.

Verwenden Sie dabei immer den kleineren Faktor, damit haben Sie mehr kreativen Freiraum bei der Planung. Allerdings muß sich der kleinere Faktor in der anderen Seitenlänge ebenfalls als Teilung wiederfinden. In diesem Fall 12 : 1,5 ergibt die ganze Zahl 8. Somit wäre die Proportion 8/6 (12 Meter) zu 6/6 (9 Meter).

In diesem Beispiel fehlt uns jetzt noch die stimmige Raumhöhe. Wenn wir jetzt eine effektive Raumhöhe von ebenfalls etwa 2,60 Metern verwirklichen wollen, dann wird es mit einer Teilung mit ganzen Zahlen schwierig, auch nur annähernd in den Bereich von 2,60 Metern zu kommen. Bei einer Teilung mit der Zahl 3 mit der Seitenlänge von 9 Metern wäre dies eine Raumhöhe von 3 Metern. Bei einer Teilung mit der Zahl 4 bekommen Sie eine Raumhöhe von 2,25 Metern. (9 : 4)

Da die beiden Seitenlängen 12 und 9 Meter über einen gemeinsamen Nenner (3) verbunden sind, können Sie in diesem Fall die beiden Längen (12 und 9) in sich teilen, um so einen für Sie stimmigen Faktor zu bekommen. In diesem Fall also 12 : 9, daraus ergibt sich der Faktor 1,33. Diesen können Sie mit 2 multiplizieren und kommen so auf eine effektive Raumhöhe von 2,66 Metern. Diese 2,66 Meter Raumhöhe steht durch die Verbindung der beiden Zahlen 12 und 9 in einem in sich stimmigen Verhältnis zu den beiden Seitenlängen.

Falls Ihnen die zusätzliche Bestimmung der Raumhöhe zu viel Aufwand ist und für Sie die stimmige Proportion der beiden Seitenlängen ausreichend ist, ist das völlig in Ordnung. Denn eines kann ich Ihnen versichern, wenn Sie »nur« die beiden Seitenlängen der Innenmaße proportional abstimmen, dann haben Sie ein gutes und in sich stimmiges »Grundmaß« Ihres Hauses. Und dies können Sie, wie Sie gesehen haben, über normale Teilungen 5/5 zu 4/5, 8/8 zu 6/8 usw. einfach verwirklichen.

»In allen Dingen das rechte Maß.«

Dieses Zitat von Hildegard von Bingen gilt für mich bezüglich der »harmonikalen« Raumplanung in zweifacher Hinsicht. Zum einem gilt es, ein in sich stimmiges und klangvolles Grundmaß für das Haus zu ermitteln. Und zum zweiten, jeden Raum in seinem »rechten Maß« zu erschaffen und eine vitale Verbindung zum Gesamtorganismus zu verwirklichen.

Nachfolgend sehen Sie zwei Grundrißpläne eines Hauses mit verschiedenen Teilern und einer möglichen Position der Haustür, mittig in einem der Teiler positioniert.

 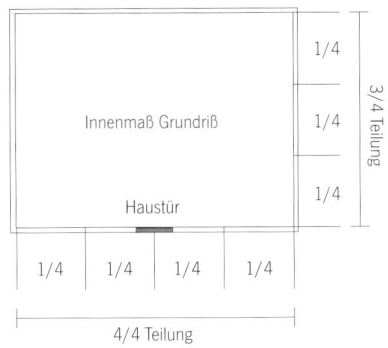

Abb. 31: Beispiel einer proportionalen Grundrißplanung mit einer 5/5 Teilung und einer positionierten Haustür, mittig im ersten Teiler der Eingangsseite integriert

Abb. 32: Beispiel einer proportionalen Grundrißplanung mit einer 4/4 Teilung und einer in der Mitte der Eingangsseite positionierten Haustür, im mittleren Teiler integriert

Der Goldene Schnitt – das Maß der Schöpfung

Immer wieder werde ich bei der Planung eines Hauses auf den Goldenen Schnitt angesprochen und danach gefragt, ob dieser denn auch in der Planung berücksichtigt wird. Wenn dies gewünscht wird, läßt sich das realisieren und mit den Proportionen der Innenmaße des Hauses verbinden und im Außen darstellen. Und dieses »nach außen Darstellen« beschreibt sehr schön die eigentliche Sinneswirkung des Goldenen Schnittes. Lassen Sie mich es wie folgt beschreiben:

Einem Gegenstand, der von Natur aus den Goldenen Schnitt beinhaltet (Blätter, Blüten usw.) oder von Menschenhand danach geschaffen wurde (Gebäude, Bilder usw.) wird wegen dieses »göttlichen Maßes« eine besondere Schönheit nachgesagt. Jetzt stellt sich mir die Frage: Was ist Schönheit?

Dieses göttliche »Schönheitsmaß« kann man in der Natur z. B. bei einigen Blüten, Blättern und Früchten entdecken, indem man diese mißt und ihre Proportionen – z. B. Länge zu Breite oder Umfang zu Höhe – ermittelt. Die Betonung liegt hier »bei einigen«, das heißt, nicht alle Blätter z. B. einer Birke, Eiche oder Buche weisen immer dieses goldene Maß auf. So habe ich von verschiedenen Bäumen der gleichen Art Proportionen von Länge und Breite ihrer Blätter vermessen und mußte feststellen, daß über die Hälfte davon nicht dieses »Idealmaß« aufzeigten, jedoch die meisten davon annähernd an diese Proportion des Goldenen Schnittes heranreichten. Zu dieser Untersuchung wurde ich durch Rudolf Engelhardt inspiriert, der bereits 1919 mit insgesamt 500 Blättern von über 60 Eichbäumen diese Untersuchung durchführte. Dabei kam er zu dem Ergebnis, daß 47 % der untersuchten Blätter in ihrem Verhältnis von Höhe und Breite dem Goldenen Schnitt entsprachen. Die restlichen 53 % hatten eine Abweichung von 1 bis 4 mm. (Quelle: Christian Behnisch, 6. Sem. Architektur)

Um das ganze weiter zu erforschen, suchte ich nach einem Naturprodukt, das einfach zu vermessen ist und dem angeblich der Goldene Schnitt zugrunde liegt. Nach einiger Zeit des Suchens kam ich mit dem Hühnerei in Berührung.

Da das Ei symbolisch für den Ursprung allen Lebens steht und immer wieder gesagt wird, daß seine Höhe zum Durchmesser in der Proportion des Goldenen Schnittes steht, reizte es mich, diese Feststellung zu überprüfen. Daraufhin vermaß ich über einen Zeitraum von einem halben Jahr insgesamt 180 Eier, sowohl von Legebatterien und aus Bodenhaltung als auch von freilaufenden Hühnern eines Biolandbetriebes. Das ernüchternde Ergebnis: Nur ein einziges Ei hatte mit 1 zu 0,62 fast die Proportion (Höhe zu Durchmesser) des Goldenen Schnittes (1 : 0,618033...). Es war das Bio-Ei eines freilaufenden Huhns. Alle anderen lagen in der Proportionsgröße von 1 zu 0,69 bis 1 zu 0,78. Der Mittelwert dieser beiden Ergebnisse ergibt 1 : 0,735.

In der nachfolgenden Abbildung sehen Sie links eine Eiform in den Proportionen des Goldenen Schnittes und rechts ein Ei mit dem Mittelwert meiner Nachforschung.

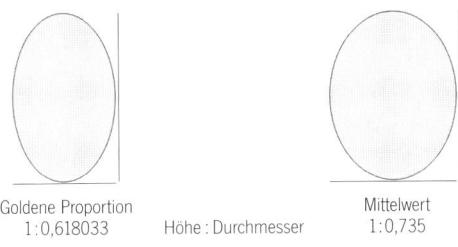

Goldene Proportion
1:0,618033   Höhe : Durchmesser   Mittelwert
1:0,735

Abb. 33: Darstellung eines Eies mit goldenen Proportionen und eines mit dem genannten Mittelwert von 1:0,735

Bei einer Einstellung meines Monochords in der Proportion des Goldenen Schnittes (1,618033) vom Ton C ausgehend, erklingt dazu ein nicht reines As. In seiner reinen Form bildet diese Tonfolge eine kleine Sexte (1,6). Die Sexte kommt also dem Goldenen Schnitt in ihrer Klangform sehr nahe. Wenn man nun die beiden Töne C und das nicht reine As über ein Monochord oder eine Gitarre erklingen läßt, stellt man fest, daß diese »Tonfolge« etwas disharmonisch, aber zugleich anregend klingt. Diese goldene Proportion in musikalischer Form verlangt nach Aufmerksamkeit und fordert den Hörer auf, diesem Klang zu folgen.

Und genau diese Aufmerksamkeit will ein Bild, eine Skulptur oder ein Bauwerk, das in den Proportionen des Goldenen Schnittes geschaffen wurde, erzeugen.

Das Maß aller Dinge

Diese Aussage verdeutlicht die Tatsache, daß der Mensch selbst sich als Maß aller Dinge bezeichnen darf. Denn, wie es heißt, ist der Mensch als Ebenbild Gottes erschaffen worden und kann somit »das Maß« der Schöpfung genannt werden. Nun werden dem Menschen ebenfalls goldene Proportionen nachgesagt, die an seinem Körper zu finden sein sollen. Auf Grund dieser Behauptung vermaß ich mich selbst und kam zu folgendem Ergebnis. Die Länge meines Unterarms bis zur Spitze meines Mittelfingers steht in einem Verhältnis von 1 zu 0,666 zur Länge meines Oberarms. Das Verhältnis der Länge meines Unterkörpers, gemessen von der Mitte meines Nabels bis zur Sohle und dem Maß von der Mitte meines Nabels bis zum Scheitelpunkt, beträgt 1 zu 0,6041. Zur Wiederholung: Die exakte Verhältnismäßigkeit des goldenen Schnittes wäre 1 zu 0,618033.

Anschließend nahm ich noch Maß bei insgesamt »nur« zwölf Personen unterschiedlichen Alters und Geschlechts und kam dabei auf folgendes Ergebnis. Dabei gebe ich die Daten des kleinsten Verhältnisses bis zum größten ermittelten Verhältniswertes an. Die in Klammern aufgeführten Proportionen geben den Mittelwert aller Personen an.

Das Verhältnis der gesamten Körpergröße zu Länge Nabel / Sohle
Scheitel - Sohle : Nabel - Sohle Proportion 1,6048 bis 1,6715 (1,6339)

Das Verhältnis der gesamten Armlänge zu Armbeuge bis Fingerspitze
Armlänge : Beuge - Mittelfingerspitze Proportion 1,5862 bis 1,6263 (1,6031)

Das Verhältnis von Körpergröße zu Spannweite bei ausgestreckten Armen ist ebenfalls eine markante Proportionsgröße. Sie bildet beim Menschen ein Quadrat (1:1) mit »fast« identischen Seitenlängen. Nachfolgend das Ergebnis dieser Messung.
Körpergröße : Spannweite Verhältnis 1:0,9893 bis 1:1,0154 (1,0049)

Diese gewonnenen Ergebnisse geben mir einen klaren Bezugspunkt zur goldenen Proportion. Denn wenn ich von der Verhältnismäßigkeit des Goldenen Schnittes 1:0,618... ausgehe, dann sind die Ergebnisse meiner Messungen beim Menschen mit 1,6339 und 1,6031 auffallend nahe an der goldenen Proportion, mit nur einer geringen Abweichung.

Die beiden nachfolgenden Abbildungen zeigen Ihnen die Meßpunkte am Menschen.

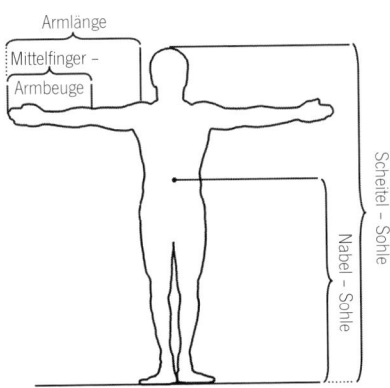

Abb. 34: Darstellung der Proportionen Scheitel – Sohle : Nabel – Sohle, sowie Armlänge : Armbeuge – Mittelfingerspitze.

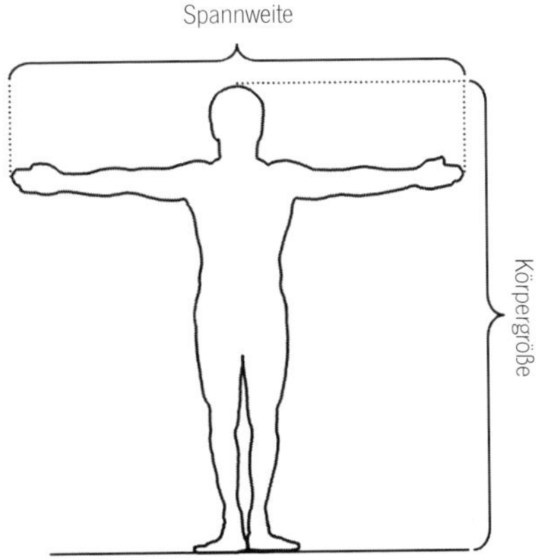

Abb. 35: Darstellung der Proportion Körpergröße : Spannweite

Meiner Erfahrung nach handelt es sich bei der sogenannten goldenen Proportion um eine wirklich schöpferische und kraftvolle Maßeinheit, die in sich stimmig ist. Allerdings ist sie in der Natur nur dort vorzufinden, wo sich z. B. Pflanzen durch bestmögliche Bedingungen von Standort, Klima und Bodenbeschaffenheit optimal entwickeln können.

Um an die bereits gestellte Frage »Was ist Schönheit?« anzuknüpfen, ist diese für mich in Bezug auf das göttliche Maß nicht von Bedeutung. Denn in *allem*, was wir sehen und uns begegnet, können wir »Schönheit« und Anmut finden, sei es eine Blume, ein Tier, ein Raum oder ein Mensch. Es liegt immer im Auge des Betrachters, wie er das eine oder andere wahrnimmt und was er dabei über seine Sinne empfindet.

Was jedoch auffallend ist, ist die Tatsache, daß z. B. Bilder, die im goldenen Maß erschaffen wurden, eine besondere Erscheinungskraft

Abb. 36 und 36a: In diesen beiden Abbildung sehen Sie einen Baum, der mittig im Gesamtbild steht.

Abb. 37 und 37a: In diesen Abbildungen sehen Sie denselben Baum, der sowohl in der Höhe als auch der Längsseite des Bildes proportional im goldenen Schnittpunkt steht.

entwickeln und auf den Betrachter eine unsichtbare Anziehungskraft ausüben. Sie wirken lebendiger, spannender und anregender, als wenn das Objekt im Bild exakt mittig ausgerichtet erscheint. Betrachten Sie sich die obenstehenden Abbildungen und lassen Sie sie einige Zeit auf sich wirken.

Interessanterweise liegt der Zauber bei vielen bekannten Gebäuden nicht in der Position bestimmter Details wie z.B. des Eingangsportals oder eines Turmes am goldenen Schnittpunkt, sondern in der »goldenen« Proportion von Länge zu Breite zu Höhe des äußeren Erscheinungsbildes und/oder ihrer Säulen, Türme und Kuppeln. So wirken diese Gebäude, trotz homogener und zentrierter Ausrichtung aller sichtbaren Raumöffnungen wie Türen und Fenster oder sichtbarer Anbauten wie Erker, Türme oder Kuppeln, die die Proportionen des Goldenen Schnittes in sich tragen, anregend und anziehend auf den Betrachter.

Die nachfolgenden Bilder sollen Ihnen diese Betrachtungsweise verdeutlichen. Im oberen Bild sehen Sie die Skizze eines Gebäudes mit zwei Türmen, die in ihrer Höhe in goldener Proportion dargestellt sind. Im mittleren Bild ist das gleiche Gebäude zu sehen, allerdings mit einer harmonikalen Ausrichtung der Türme im Verhältnis 1,33. Und im unteren Bild sehen Sie dasselbe Gebäude mit den beiden Türmen, die keine harmonikale oder goldene Proportion aufweisen.

Betrachten Sie in aller Ruhe diese Abbildungen und entscheiden Sie selbst, welches dieser Gebäude mehr Aufmerksamkeit in Ihnen erzeugt und auf Sie persönlich anregender wirkt.

Abb. 38: Türme mit goldener Proportion

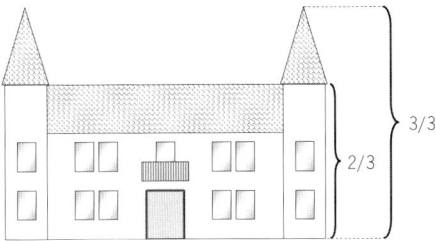

Abb. 39: Türme mit harmonikaler Proportion

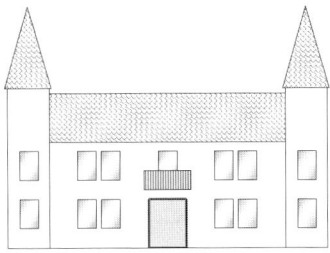

Abb. 40: Türme ohne harmonikale oder goldene Proportion

Sicherlich werden Sie sich fragen, wie Sie dies für die Planung Ihres Hauses umsetzen können. Wenn man den Goldenen Schnitt im oder am eigenen Haus integrieren will, muß man dazu die Verhältnismäßigkeit von 1:0,618033 von einem Grundmaß ausgehend ermitteln.

Dazu bietet sich z. B. die Position der Haustür im Eingangsbereich an. So könnte man bei einer äußeren Seitenlänge der Eingangsseite von 12,50 Metern die Haustür mittig auf den proportionalen Schnittpunkt dieser Seitenlänge positionieren. Bei 12,50 Meter Seitenlänge wären dies 7,725 Meter von einem der äußeren Punkte der Seitenlänge des Eingangsbereiches. Nebenstehende Zeichnung soll Ihnen dies verdeutlichen.

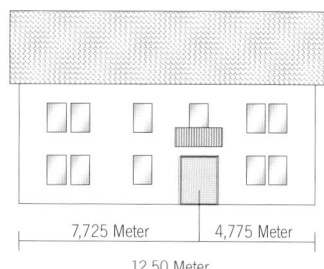

Abb. 41: Haustür mittig am goldenen Schnittpunkt

Eine weitere Möglichkeit besteht darin, die Haustür von Ihrer Körpergröße ausgehend in der goldenen Proportion erscheinen zu lassen. Nehmen wir an, Sie haben eine Körpergröße von 182 cm. Jetzt teilen Sie diese Größe durch die Verhältniszahl des Goldenen Schnittes von 1,618033 (182 : 1,618033). Dies ergibt einen Wert von 112,48. Diesen multiplizieren Sie mit dem Faktor 2 und erhalten somit die Höhe Ihrer Haustür von 224,96, gerundet 225 cm. Die Breite der Haustür ergibt sich, wenn Sie die Höhe 225 cm durch 1,618033 teilen. Das ergibt eine

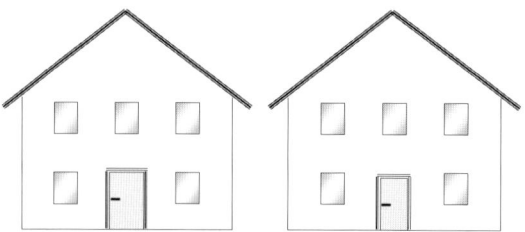

Abb. 42: Die linke Hauseingangsseite zeigt Ihnen eine Darstellung mit einer Haustür in der goldenen Proportion ausgehend vom eigenen Körpermaß mit 180 cm. Die rechte Hauseingangseite zeigt Ihnen eine Darstellung einer Haustür mit Normmaßen.

Breite von 139,05, gerundet 139 cm. Die Haustür selbst trägt damit die goldene Proportion ausgehend von Ihrem persönlichen Körpermaß. Wenn Sie die goldene Proportion auf individuelle Weise im Erscheinungsbild Ihres Hauses integrieren wollen, ist dies eine sehr kraftvolle Möglichkeit.

Ergänzenderweise ist es natürlich sinnvoll, auch auf kleinere oder größere Körpermaße einzugehen, sofern hier eine individuelle Größe der Haustür gewünscht wird. Die Angaben dazu ermitteln sich aus dem bereits genannten Rechenweg und gerundeter Werte.

Körper-höhe (cm)	Haustür-höhe (cm)	Haustür-breite (cm)
165	204	126
170	210	130
175	216,5	134
180	222,5	137,5
185	229	141,5
190	235	145
195	241	149
200	247	152,5

Die genannten Höhen und Breiten beziehen sich dabei auf das erscheinende Maß der Haustür, gemessen von der verputzten Laibung des Türsturzes und der Seitenlaibung. Dies sollten Sie bei der Fertigung Ihrer Haustür berücksichtigen und Ihrem Schreiner mitteilen.

Nachfolgende Abbildung soll Ihnen dies verdeutlichen.

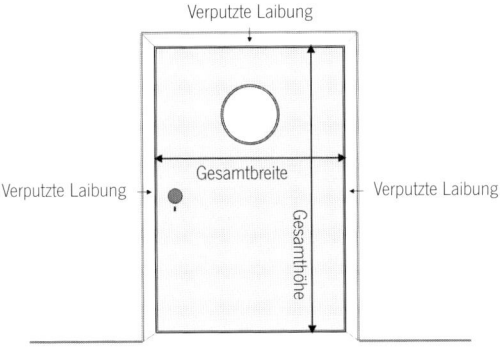

Abb. 42a: Diese Abbildung zeigt Ihnen die Markierungen, wie die Höhe und Breite der Haustür zu ermitteln ist.

6. Die Planung der Räume und Installationen

In diesem Kapitel will ich Ihnen die Möglichkeit bieten, die Raumplanung in Form und Größe aus einer anderen Perspektive zu betrachten. Die gewonnenen Erkenntnisse können Sie dann in der Planung Ihrer einzelnen Räume mit einfließen lassen. So haben Sie die Möglichkeit, den einzelnen Räumen eine stimmige Größe und Form zu schenken, damit sie ihre wahre Wirkkraft für den gesamten Organismus Haus und zum Wohle der Familie entfalten können.

Die Eingangstür und der Eingangsbereich – Die erste Begegnung

Beachten Sie bei diesem wichtigen Organ, daß eine wirklich lebensfördernde Größe zum Gesicht des Hauses geplant und verwirklicht wird. Denn – neben den Fenstern – wird das Haus durch dieses Organ genährt und mit Lebenskraft versorgt. Hier handelt es sich um das Tor, durch das die »Nahrung«, die den gesamten Organismus mit Energie anreichert, aufgenommen und hindurchgeleitet wird.

Diese Lebensenergie ist zwar nicht sichtbar, aber doch für jeden Menschen wahrnehmbar. Um Ihnen dies zu veranschaulichen, möchte ich Ihnen das an zwei Beispielen verdeutlichen:

Stellen Sie sich einmal vor, Sie sitzen an einem Tisch und essen zu Mittag. Der Tisch ist sehr klein, und Sie müssen sich ihn mit noch zehn anderen Menschen teilen, obwohl nur Platz für fünf Personen ist. Der Tisch ist alt und schmutzig, ebenso der Raum, in dem er sich befindet. Alles ist eng und unbequem, und jeder ißt nur schnell in sich hinein, um dann wieder zu verschwinden. Hier wird die Nahrung aufgenommen, um zu überleben, aber nicht, um sie zu genießen und außer dem »Brot« auch die unsichtbare Energie des Lebens wirklich mit aufzunehmen.

Im zweiten Fall befinden Sie sich mit Ihrer Familie auf einer großen grünen Wiese mit Blick in ein weites Tal. Vor Ihnen liegt ein kleiner See und hinter Ihnen ragen majestätisch die Berge empor. Die Sonne strahlt angenehm warm und erzeugt eine paradiesische Atmosphäre. Sie sitzen angenehm weich im Gras und breiten Ihre Speisen auf einer Decke aus. Es ist genügend Nahrung und Raum für jeden da, und alle Familienmitglieder können nicht nur in Ruhe und mit Genuß speisen, sondern auch die Energie des Lebens durch die Sonne, die klare und saubere Luft, den Anblick der Umgebung, die lebendige Kraft der Natur sowie die Freude und das Glück, das jeden erfüllt, nährend empfangen. Dies ist die wahre Lebensenergie, die Mensch und Raum gleichermaßen nährt und stärkt.

Sicherlich sind diese beiden Beispiele Extreme. Sie sollen Ihnen aber die Situationen verdeutlichen, um Ihre Eingangssituation entsprechend zu planen und zu gestalten.

Die Art und Qualität dieses Lebens-Mittels und die Lebens-Kraft wird hauptsächlich durch die Ausrichtung der Eingangsseite bestimmt. Das heißt, die unmittelbare und sichtbare Umgebung, vom Eingang aus betrachtet, fördert oder hemmt die Aufnahmebereitschaft dieses Organs. Zum besseren Verständnis nachfolgend zwei Abbildungen verschiedener Umgebungsausblicke von der Haustür aus gesehen.

Abb. 43: Eine angrenzende Garage unmittelbar vor der Haustür

Abb. 44: Ein freier Blick von der Haustür in den Garten

Je weiter Ihr Blick von der Haustür aus in die Landschaft schweifen kann, desto mehr Energie kann das Wesen Haus aufnehmen. Vermeiden

Abb. 45: Verbesserung der Eingangssituation (Abb. 43) durch eine Gestaltung vor der Haustür

Sie es in jedem Fall, Ihren Hauseingang zu verbauen und sich selbst um die wertvolle Energie des Lebens zu bringen. Denn es gibt Häuser, da stoßen Sie, von der Haustür aus betrachtet, nach nicht einmal zwei Metern auf die Garagenwand. Viele Wohnungseingänge mehrstöckiger Häuser bieten mehr Freiraum als so manche Einfamilienhäuser.

Sollten Sie in Ihrem bestehenden Haus eine Eingangssituation haben, die sich auf den ersten Blick nicht förderlich zeigt, können Sie dennoch die Lage direkt vor der Eingangstür verändern. Mit wenigen Mitteln läßt sich hier einiges zum Wohle des Hauses verwandeln. Denn fast jedes Haus hat immer mindestens einige Quadratmeter an Fläche bis zur gegenüberliegenden Garage oder zur Grenze des Grundstücks zur Verfügung, um hier durch Gestaltung eine wertvolle und lebensfördernde Atmosphäre zu schaffen.

Natürlich gibt es auch Eingänge, bei denen keine Möglichkeit besteht, im Außen etwas zu verändern. Dies sind z. B. Häuser, die direkt an der Straße bzw. am Gehsteig errichtet wurden oder Wohnungseingänge in

Abb. 46: Der innere Eingangsbereich einer Wohnung. Hier wurde mit Farbe, Tupftechnik und Farbformen kreativ und lebendig gestaltet. Weiterhin befindet sich an der Wohnungstür ein handgemachtes Türklangspiel sowie rechts neben der Tür ein kleines Bild mit dem Foto eines Strandes mit Blick aufs offene Meer. Dieses Motiv symbolisiert Weite und Offenheit und bildet somit einen energetischen Ausgleich zum »kleinen Raum« des Treppenraumes vor der Eingangstür.

einem Mehrfamilienhaus. Wenn Sie im Außenbereich nicht gestalten können oder dürfen, so kann es Ihnen niemand nehmen, im Inneren des »Mundes« kreativ und gestalterisch tätig zu werden. Hier befinden Sie sich zwar schon im Rachenraum des Organismus', aber auch der ist entscheidend für die Aufnahme der Energie. Denn ein Gesicht kann noch so schön und ansprechend sein, ein Mund und seine Lippen noch so verführerisch und sinnlich: Wenn Mundgeruch und eine unappetitliche Mundhöhle vorhanden sind, wird die Aufnahme der Lebensenergie für das Haus sehr schwierig. Denn diese Eigenschaften wirken abstoßend und hemmend. Ebenso kann ein Mund und Rachenraum, der durch Krankheit geschwächt ist, keine Nahrung aufnehmen, da dies entweder Schmerzen bereitet oder man einfach keinen Appetit hat.

Auch im Rachenraum können Sie durch Bilder, Duft, Klang, Farben und Licht eine gesunde und willkommene Raumatmosphäre schaffen, um so viel Lebensenergie wie möglich einzulassen.

Der Raum, dem man nach der Eingangstür als erstem begegnet, ist der Rachenraum des Gesamtorganismus Haus. In diesem Bereich gilt es, die willkommene Lebensenergie wohlwollend zu empfangen und vor allem neugierig zu machen. Denn dadurch wird die Energie des Lebens aufgefordert, weiterzugehen und Raum für Raum zu durchdringen.

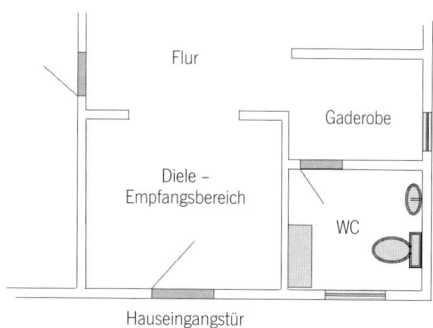

Abb. 47: Planungsskizze eines Eingangsbereiches

Eine Veranschaulichung:
Stellen Sie sich einmal vor, eine fremde Person würde Sie besuchen und steht vor der Eingangstür. Die Haustür öffnet sich selbständig, und diese Person begibt sich in das Innere des Hauses.

Wirkt die Diele bereits so einladend und interessant, daß man erleben will, wie es weitergeht?

Erzeugt der Raum so viel Aufmerksamkeit und Wohlgefühl, daß man alle Räume des Hauses erfahren und kennenlernen muß, um die entbrannte Neugier zu stillen?

Dieser Übergang vom Außenbereich in das Innere des Hauses ist eine Grenzüberschreitung. Sie gehen von der Außenwelt in die Innenwelt, von einem Gebiet in ein anderes, für Sie fremdes Terrain.

Wie fühlen Sie sich bei dieser Grenzüberschreitung?

112

Wie werden Sie dabei empfangen und begleitet?

Welche Formen, Farben, Bilder, Düfte, Geräusche und Raumatmosphäre nehmen Sie wahr?

Fühlen Sie sich dabei willkommen oder abgewiesen?

Spüren Sie Kraft in sich, oder werden Sie geschwächt und abgeschreckt?

Bietet der Raum eine Größe, in der man sich entfalten kann, oder wirkt er eher klein und einengend?

Kann dieser Raum viel Energie aufnehmen und sammeln, oder vermittelt er die Qualität eines Nadelöhrs und einer schmalen Durchgangsschleuse?

Muß man sich hier erst lange orientieren, um weiterzukommen, oder wird die weitere Begegnung sicher und behütet vermittelt?

Wenn Sie den Eingangsbereich, den ersten Raum Ihres Hauses vor Ihrem inneren Auge mit all seinen Inhalten wahrnehmen und erkennen, können Sie diese Informationen bereits jetzt vorteilhaft in die Planung mit einfließen lassen. Denn Sie werden dank dieser Bilder den Raum in seiner Größe und Form anders planen, als wenn Sie verstandesmäßig an die Sache herangehen.

Die Küche – die Nahrungsquelle

Dieser Raum des Hauses steht sinnbildlich für das nährende Prinzip und für die mütterliche Fürsorge. Hier werden die Nahrungsmittel, die Energie des Lebens empfangen und schmackhaft zubereitet. Die Küche ist sozusagen der Repräsentant unseres Urvertrauens in das Leben und sollte der Familie und seinen Gästen das gute Gefühl vermitteln, sicher und gesund ernährt zu werden. Durch diesen Raum werden seine Bewohner nicht nur mit Speis und Trank versorgt, sondern auch mit Vertrauen, Fürsorge, Mütterlichkeit und Liebe beschenkt. Denn Liebe geht, wie allgemein bekannt, durch den Magen. Die Küche symbolisiert den nährenden Schoß von Mutter Erde, die uns mit allem, was wir zum Leben brauchen und genießen können, versorgt. Dieser Raum beschenkt uns nicht nur mit kulinarischen Köstlichkeiten, sondern im übertragenen Sinne mit allen Köstlichkeiten, die uns Erde und Natur bieten, um Körper, Geist und Seele gleichermaßen zu nähren und zu stärken.

Wie wollen Sie sich in Ihrer zukünftigen Küche fühlen?

Welche Größe und Form soll dieser Raum bekommen?

Vermittelt dieser Raum Werte, Inhalte und Vertrauen?

Wie wird dieser Raum die Familie nähren und stärken?

Haben Sie Vertrauen in diesen Raum und in die Sicherheit der ständigen Versorgung?

Können hier die Energie des Lebens, die Mittel des Lebens empfangen und zubereitet werden?

Was für Formen, Farben, Bilder, Düfte, Geräusche und welche Raumatmosphäre nehmen Sie wahr?

Welche Größe wird die Arbeitsfläche der Küche haben und welche Geräte werden Sie bei der Zubereitung der Speisen unterstützen?

Wie und in welchem Bereich dieses Raumes soll gekocht werden?

Wo soll die »Feuerstelle« sein und die Quelle des Wassers fließen?

Wird man gerne in diesem Raum tätig und aktiv werden, um die Versorgung der Familie zu gewährleisten?

Wird die Nahrungsquelle der Familie aus diesem Raum entspringen oder von außen kommen?

Wie viel Tageslicht und Sonnenergie soll diesen Raum erleuchten und durchdringen?

Werden Sie eingeladen, diesem Raum zu begegnen und ihn zu beleben?

Die Küche repräsentiert den Wohlstand und das Prinzip des Versorgtseins. Dieser Raum schenkt der ganzen Familie Selbstvertrauen und Selbstbewußtsein, und diese Kraft überträgt sich auf alle anderen Bereiche des Lebens. Denn die Versorgung, Zubereitung und Verteilung von Nahrung gehört seit Menschengedenken zu seinen wichtigsten Überlebensinstinkten. Die Küche ist auch ein Ort, der die Kräfte des Wohlgefühls, der Aufmerksamkeit und der Anerkennung vermittelt und auf die Bewohner überträgt. Alles, was in diesem Raum aus »Rohstoffen« geschaffen wird, will aufmerksam verarbeitet und das Ergebnis anerkannt werden. Dadurch werden das Wohlgefühl, die Anerkennung und das gesunde Bewußtsein für alle Bewohner und Gäste des Hauses gestärkt und bereichert.

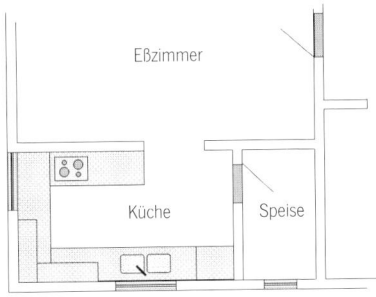

Abb. 48: Planungsskizze einer Küche

Das Eßzimmer –
Raum der Gemeinschaft bei Tisch

Das Eßzimmer ist der Raum im Gesamtorganismus des Hauses, an dem die Nahrung empfangen und aufgenommen wird. Allerdings sollte sich dies nicht nur auf die Nahrung für unseren Körper durch Speisen und Getränke beschränken, sondern auch auf die Aufnahme der Lebenselixiere für Geist und Seele erweitern. Dies wären gute und freundliche Gespräche bei Tisch und ein Raum, der alle Sinne berührt.

Was wird den Augen in diesem Raum geboten?
Mit wie viel Licht wird dieser Raum durchflutet und wie viel Geborgenheit soll dieser Raum den Menschen schenken?
Welche Größe bietet der Raum? Wie hell und einladend wird er gestaltet?
Wie kann der Raum geschmückt werden?
Welche Größe hat der Tisch, an dem gemeinsam gespeist wird?
Wie behütet und geborgen kann man an diesem Tisch die Nahrung aufnehmen?
Kann sich die Familie dort versammeln und sind auch Gäste willkommen?
Wird dies ein Ort der Begegnung und der gemeinsamen Gespräche?
Kann dieser Ort eine Quelle für Körper, Geist und Seele werden?

115

Dieser Raum sollte durch Größe und Erscheinung sowie seine Plazierung im Haus ein Ort der Zusammenkunft und des Miteinander-Teilens sein. Das Eßzimmer dient dazu, die Nahrung des Lebens allen, die zu Tische sitzen, gleichermaßen zu schenken und jeden daran teilhaben zu lassen.

Die fünf Sinne des Menschen können in diesem Raum bereichernd und stimulierend berührt werden.

Das Sehen wird angeregt durch das Licht, die Bilder, Farben und das Mobiliar sowie die Dekorationen auf dem Tisch und die Darbietung der Speisen und Getränke. Denn das Auge ißt bekanntlich mit.

Das Hören wird genährt durch die Gespräche bei Tisch, ebenso durch Musik, die den Raum erfüllen kann. Ein gemeinsames Tischgebet ist hier wertvoll und bereichert die Gemeinschaft.

Das Fühlen erhält Nahrung durch das Sitzen auf dem Stuhl während des Essens. Auch das Anfassen der Tischoberfläche und von Besteck und Geschirr berührt dieses Sinnesorgan. Ebenso kann die Position des Tisches im Raum das Gefühl der Geborgenheit und Sicherheit spürbar bereichern und stärken.

Die Nase wird durch das Riechen von Düften angeregt. Diese werden in diesem Raum hauptsächlich durch die Speisen auf dem Tisch angeregt; so auch das Schmecken durch das Essen der Speisen und das Trinken der Getränke, die gereicht werden.

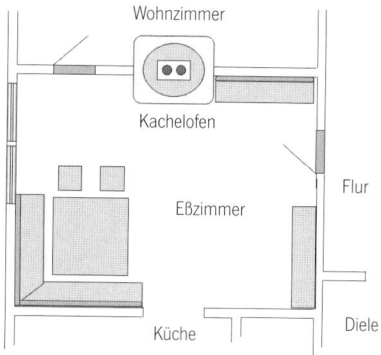

Abb. 49: Planungsskizze eines Eßzimmers

Dieser Raum vermag wie kein anderer die fünf Sinne zu berühren. An diesem Ort kann die Familie gemeinsam genährt und gestärkt werden. Das Eßzimmer sollte ein Quell der Gemeinschaft und der Verbundenheit für alle Mitglieder der Familie und alle Gäste werden, die die Räume des Hauses beleben und ihnen begegnen.

Das Wohnzimmer – Raum der Begegnung

Das Wohnzimmer bildet das Herzzentrum, den seelischen Mittelpunkt des gesamten Organismus'. In diesem Raum sollte sich die Herzenskraft entwickeln und wirken dürfen. Die Aufgabe dieses Herzraumes besteht darin, die Gemeinschaft der Familie mit der Kraft der Liebe wohlwollend und freundschaftlich zu beleben, damit diese den gesamten Organismus des Hauses pulsierend durchdringt. Oft wird diesem so wichtigen Raum nur an Sonn- und Feiertagen begegnet. Für Mensch und Raum wäre es allerdings förderlich, wenn er und sein Thema auch an jedem anderen Tag der Woche von den Bewohnern belebt werden. Dem Wohnzimmer sollte deshalb ein lebensfördernder Platz im Haus zugesprochen werden. Hier haben Sie es in der Hand, die Kraft und die Qualität der Herzlichkeit und der Liebe in einem Miteinander und Füreinander für den einzelnen und für die Gemeinschaft im Raum zu stärken. Des weiteren sollte dieser Raum die Möglichkeit bieten, sich erholen und entspannen zu dürfen. Auch für die Gemeinschaft mit Gästen oder Mitgliedern der Familie, die zu Besuch kommen, sollte das Herz des Hauses genügend Raum und Weite bieten, damit sich alle dort einfinden und wohlfühlen können.

An welchem Platz im Gesamtorganismus wird das Herzzentrum verwirklicht?
Welche Größe wird diesem Raum zugesprochen?
Wie weit und offen soll sich dieser Raum präsentieren?
Wie viele Menschen können sich in diesem Raum versammeln?
Wie wird die Atmosphäre im Raum sein?

Welche Inhalte (Möbel, Boden, Farben, Licht) werden diesem Raum Werte verleihen?

Welchen liebevollen und herzlichen Begegnungswert wird dieser Raum ausstrahlen?

Was wird das zentrale Thema dieses Raumes sein: ein Fernseher, ein Familienbild, ein wertvolles Möbelstück, ein Kaminofen, das Gespräch in der Gemeinschaft?

Denken Sie bei der Planung Ihres Wohnzimmers an eine Gemeinschaft von Menschen, die sich an einem bestimmten Platz im Haus versammeln, um in vertrauter Atmosphäre Gespräche zu führen, sich auszutauschen, miteinander diese Gemeinschaft zu beleben und jedem die Möglichkeit zu geben, sein Wesen wahrhaftig zu offenbaren.

Das Wohnzimmer sollte allen die Möglichkeit bieten, nicht nur am Sonntag, sondern auch an allen anderen Tagen der Woche, einen Ort der Ruhe, der Erholung und der Begegnung mit anderen zu genießen und zu erfahren. Dieser Ort sollte so geplant und gestaltet werden, daß es für alle, die diesem Raum begegnen, ein »Herzplatz« für Körper, Geist und Seele wird.

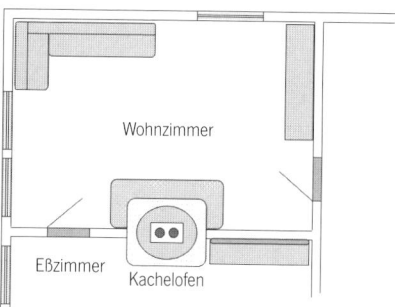

Abb. 50: Planungsskizze eines Wohnzimmers

Das Schlafzimmer –
Intimität, Partnerschaft und Erholung

Dieser Raum steht symbolisch für Beziehung und Partnerschaft. Diese betrifft nicht nur die intime Beziehung mit dem Lebens- oder Ehepartner, sondern erweitert sich auch auf die Beziehung zu Familienmitgliedern, Verwandten, Bekannten, Freunden und zum Leben selbst. Das Schlafzimmer ist der Ort der lebendigen, vertraulichen und persönlichen Begegnung. So, wie hier die Beziehung gelebt und dem Partner begegnet wird, so lebt man im übertragenen Sinne auch die Art und Weise der Beziehung und der Begegnung zu allem und jedem im Leben.

Das Schlafzimmer ist der Raum, dem nicht nur das Thema der Beziehung und Partnerschaft innewohnt, sondern auch der Fortpflanzung, der Empfängnis, um neues Leben entstehen zu lassen. An diesem heiligen Ort wird der Impuls für neues Leben gespendet. In diesem Raum der Liebe, der Erregung und der Leidenschaft sind wir berufen, den Akt der Schöpfung und Erschaffung neuen Lebens fortzuführen. In diesem »Garten Eden« können wir unsere Schöpferkraft nackt und entblößt, wahrhaftig und einzigartig zum Ausdruck bringen. Diese von der Schöpfung geschenkte Gabe ist uns Menschen als Aufgabe mitgegeben, um uns selbst in unseren Nachkommen wiederzuerkennen. Der Akt der Fortpflanzung ist die aktive Phase, die in diesem Raum gelebt und erfahren wird. Jedoch soll auch die Phase der Ruhe und Entspannung für Körper, Geist und Seele in der Planung berücksichtigt werden. Hier soll Raum sein, um Erholung zu erfahren, der Raum, seine Träume als lebendige Reise zu erleben, und der Raum der Ruhe, um der Seele die Möglichkeit zu geben, während des Schlafes auf Wanderschaft zu gehen. Denn in der Nacht, so die Mythologie, geht die Seele auf Reisen, damit sich Körper und Geist von der Aktivität des Tages erholen kann.

Wie soll das Thema der Sexualität in diesem Raum gelebt und erfahren werden?

Wie werden die Betten im Raum stehen? Zueinander oder voneinander entfernt?

Auf welche Art und Weise soll man dort dem Partner begegnen können?
Kann dieser Raum Geborgenheit, Sicherheit, Liebe und Vertrauen vermitteln?
Hat dieser Raum die wahre innere und räumliche Größe, um den Akt der Schöpfung auszuführen?
Welches Mobiliar soll diesen Raum erfüllen?
Wird hier Raum für Ruhe, Erholung und Träume geschenkt?
Hat die Seele die Möglichkeit, hier auf Reisen zu gehen?
Wie hell und vital soll die Ausstrahlung dieses Raumes sein?
Ist dieser Raum frei von störenden Einflüssen wie Strahlungszonen, elektrischen Geräten, Internet und Telefon?

Das Schlafzimmer sollte in seinem Raumvolumen so geplant werden, daß genügend Atemluft für zwei erwachsene Personen während einer Nacht vorhanden ist. Diesem Raum sollte deshalb so viel Größe gegeben werden, damit die Möglichkeit besteht, auch ohne das Öffnen der Fenster ausreichend Sauerstoff für eine Nacht zur Verfügung zu haben. Denn oft wird diesem Raum nicht so viel Aufmerksamkeit und Größe zugestanden, wie sie für einen gesunden und erholsamen Schlaf erforderlich wären und den Träumen genügend Raum böten, sich zu entfalten.

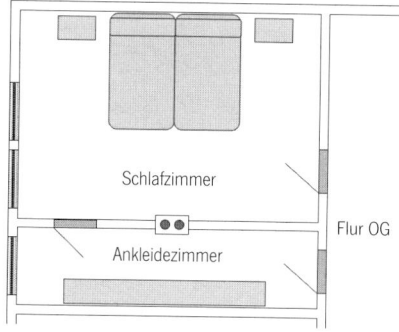

Abb. 51: Planungsskizze eines Schlafzimmers

Das Kinderzimmer –
die Kraft des Wachstums und Entwicklung

Dieser Raum steht symbolisch für die Zellen in unserem Organismus. Sie erneuern und vermehren sich regelmäßig. Das Wachsen des gesamten Organismus' ist bei Kindern sehr deutlich zu sehen. Dieses Wachstum überträgt sich über das Kinderzimmer oder einem Raum, der die Qualität des Wachstums und der Entwicklung zum Thema hat, in den Lebensraum Haus. Auch ein Hobbyraum kann uns diese Kraft und Qualität in unser Leben einbringen. Denn hier wird das ausgelebt, was Spaß macht und uns Kind sein läßt. In diesem Raum werden aus Ideen neue Dinge geboren, entwickelt und vollendet. Auch ein Fitnessraum repräsentiert diese Themen. Durch Bewegung und Training wächst und steigert sich unsere Kondition und körperliche Leistungsfähigkeit.

Ob Kinderzimmer, Hobby- oder Fitnessraum, sie alle stehen im übertragenen Sinne für unseren Fortschritt, unser Wachstum und unsere Entwicklung – auf spielerische und leichte Weise.

Falls Sie keinen so gearteten Raum in Ihrem Lebensraum aufnehmen, können Sie diesen natürlichen Wachstumsbereich in einen anderen für Sie stimmigen Raum integrieren. Ein Bild oder ein Gegenstand aus Ihrer Kindheit kann Sie an diese unbeschwerte Zeit der persönlichen Entwicklung erinnern. Dieser symbolische »Kinderbereich« kann Ihnen als unbegrenzte und sorgenfreie Wachstumsquelle zur Verfügung stehen.

An welchem Platz soll dieser Raum in den gesamten Organismus integriert werden?

Welche Größe und wie viel Aufmerksamkeit werden diesem Raum im Haus geschenkt?

Wie werden Sie diesen Raum gestalten?

Wie wird er eingerichtet sein, und welche Kraft und Qualität kommt dort zum Wachsen?

Auf welche Art und Weise sollen Ideenreichtum, Wachstum und persönliche Entwicklung zum Ausdruck gebracht werden?

Wie viel Neues (Ideen und Projekte) soll im Leben entstehen und aufgenommen werden?

Kinder sind in ihrem Wesen kreativ, intuitiv, sie handeln aus ihren Gefühlen heraus und reagieren spontan und instinktiv. Die Thematik der Kreativität und Intuition, die Verspieltheit und ein grenzenloses Vertrauen werden diesem Bereich zugeschrieben. Diese Kräfte können auch Sie in Ihren Organismus Haus einbringen und so einen Entwicklungsraum in Ihrem Leben schaffen. Dieser Bereich ist die Quelle von Wachstum, Veränderung, Entwicklung, Intuition, Selbstfindung und wahrer Identität. So ist es möglich, die eigene Leichtigkeit im Leben neu zu entdecken und uns daran zu erinnern, wie es ist, mit den Augen eines Kindes zu sehen.

Ein Kinderzimmer beinhaltet sehr viele Aufgaben, und diese erfordern ein hohes Maß an Flexibilität. Schlafen, spielen, schreiben und lernen sind die Themen dieses Raumes, die alle in diesem einen Raum vereint werden sollen. Wir Erwachsenen haben es hier etwas leichter. Denn wir verfügen über ein Schlafzimmer, ein Wohnzimmer, ein Büro oder Schreibzimmer und vielleicht sogar über einen Hobby- und Fitnessraum.

Daher sollte der Planung eines oder mehrerer Kinderzimmer besondere Aufmerksamkeit geschenkt werden. Denn hier wohnen die Aktivität (Spielen und Lernen) sowie die Passivität (Schlafen und Ruhen) in einem Raum. Aus diesem Grund wäre es vorteilhaft, wenn in Kinderzimmern diese Bereiche durch optimale Positionierung und Gestaltung

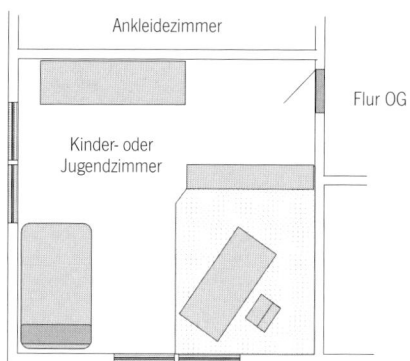

Abb. 52: Planungsskizze eines Kinderzimmers

voneinander »getrennt« werden. Der Schlaf- und Ruhebereich kann ebenso wie der Schreibtisch und Lernbereich individuell im Hinblick auf die Bedürfnisse des Kindes geplant und später gestaltet werden. In Abb. 52 sehen Sie den Schreibtischbereich, der z. B. durch einen anderen Bodenbelag einen eigenen »Raum« im Kinderzimmer bildet.

Der Arbeitsraum – Irdisches Schaffen und materielle Werte

Ob Sie in Ihrem zukünftigen Haus ein Büro oder einen Hauswirtschaftsraum planen, beide werden als Arbeitsraum bezeichnet. In jedem dieser Räume werden Tätigkeiten begonnen, verwirklicht und zum Abschluß gebracht. Sowohl der Büroraum als auch der Hauswirtschaftsraum sollten so geplant werden, daß eine klare Struktur und Anordnung der Mittel (Möbel und Geräte), die gebraucht werden, gewährleistet ist. Beide Räume sollten im gesamten Organismus so integriert und so gestaltet sein, daß sie den Arbeitsablauf und die Tätigkeit selbst wohlwollend unterstützen. Dabei wird das Büro oder Schreibzimmer dem geistigen Bereich und der Hauswirtschaftsraum dem körperlichen Bereich zugeordnet. Beiden Räumen sollte ein entsprechender Platz in Ihrem Haus zuteil werden, damit Sie diese auch effektiv nutzen und selbst den größten Nutzen daraus ziehen können.

Von daher wäre es vorteilhaft, wenn der Hauswirtschaftsraum im Erdgeschoß oder im Kellergeschoß geplant und verwirklicht wird. Denn die ausgeführten Tätigkeiten sind sehr »irdisch« und von praktischer Natur. Hier wird gewaschen, gereinigt, gebügelt, geflickt und genäht. In diesem Raum befinden sich auch oft Kühl- und Gefriergeräte, um Nahrungsmittel zu bevorraten. Ebenso finden sich hier häufig verschiedene Dinge für den Haushalt wie Werkzeug, Reinigungsmittel und -geräte, Erste Hilfe Kasten usw. Kurzum, hier wird eine sehr nützliche Art der Versorgung für die Familie sichergestellt. Das mütterliche Prinzip kommt hier zum Ausdruck, und diese Qualität wird der Wesenskraft von Mutter Erde zugeschrieben. Planen Sie für diesen Raum am besten auch ein Waschbecken und eine Zugangsmöglichkeit in den Außenbereich, den Garten mit ein. Dann haben Sie die Möglichkeit, frisches Obst und Gemüse aus dem Garten hier zu waschen und für den Verzehr zu verarbeiten. Ebenso können Sie diesen Raum in der kalten Jahreszeit nutzen, um Blumen und Zimmerpflanzen umzutopfen sowie andere Tätigkeiten ausführen, die Abfall, Unrat, Staub und Schmutz erzeugen.

Der Büroraum, der die geistige Aktivität unterstützen soll, sollte, wenn es möglich ist, im Ober-oder Dachgeschoß geplant und verwirklicht werden. Um hier die Kraft des Geistes, das Denken, zu fördern. Ein klarer Kopf und ein freies Denken werden begünstigt, wenn man den Überblick behält und klare Sicht hat. Aus diesem Grund wäre es stimmig, einen Büroraum in den oberen Etagen zu planen. Falls Sie dieses Büro hauptberuflich nutzen und durch Ihre Tätigkeit die Familie materiell versorgt und dadurch der Lebensunterhalt sichergestellt wird, wäre es empfehlenswert, diesem so wichtigen Raum einen entsprechenden und hochwertigen Platz im Haus sowie eine gebührende Größe zu schenken.

Sind diese Räumlichkeiten oder einer von ihnen geplant?
Welchen Platz im Haus und welche Größe wollen Sie ihnen geben?
Wie wichtig sind diese Räume für die Familie?
Welche Inhalte und Werte sollen diese Räume besitzen und ausstrahlen?
Wie sollen der Arbeitsablauf und die Qualität der Tätigkeit sein, die man dort ausübt?
Wie viel Stauraum (Regale, Schränke, Truhen usw.) sollen diese Räume beinhalten?
Wird das Büro haupt- oder nebenberuflich genutzt, oder reicht Ihnen ein Schreibzimmer?
Welche Tätigkeiten sollen im Hauswirtschaftsraum erledigt werden?
Wie konzentriert und effektiv soll man jeweils dort arbeiten können?

Ob Büro oder Hauswirtschaftsraum, beide Räumlichkeiten sollten von ihrer Position im Haus, wie auch in Größe und Form so geplant werden, daß ein anregendes und effektives Handeln und Arbeiten unterstützt wird. Ebenso sollten Lichtqualität und Lichtmenge, die den Raum erhellt, beachtet werden. Natürliches Tageslicht sollte beide Räumlichkeiten erfüllen, damit Sie nicht schon während des Tages auf künstliches Licht angewiesen sind. Selbst wenn sich der Hauswirtschaftsraum im Kellergeschoß befindet, können Sie hier mit entsprechenden Lichtschächten und Fenstern förderlich einwirken.

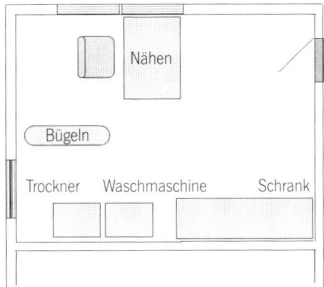

Abb. 53: Planungsskizze eines Hauswirtschaftsraumes

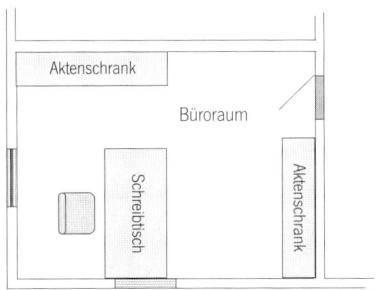

Abb. 54: Planungsskizze eines Büroraumes

Die Speisekammer –
Aufbewahrung und Lagerung

Dieser Raum dient der Vorratshaltung von Lebensmitteln, die wir als Nahrung zu uns nehmen. Dieser Versorgungsraum mit Nahrungsmitteln, die wir zum Leben brauchen, und auch solche, die wir bloß genießen, vermittelt uns die Sicherheit, daß wir auf Reserven zurückgreifen können und uns diese jederzeit zur Verfügung stehen. Im übertragenen

Sinne steht dieser Raum symbolisch für das Fettpolster des gesamten Organismus des Hauses. Von diesem Polster können wir bei Bedarf zehren, es garantiert uns ein Überleben in schwierigen Zeiten des Mangels. Diese Speise- und Vorratskammer kann uns aber auch zeigen, wie sicher oder wie unsicher, wie vertrauensvoll oder wie mißtrauisch und ängstlich wir im Leben stehen und diesem begegnen. Die Größe dieses Raumes im Verhältnis zum gesamten Lebensraum Haus sowie seine Fülle oder Überfülle spiegeln uns die eigene Sicherheit, das Selbstvertrauen, den Selbstwert und den Umgang mit allen Werten des Lebens wider.

Planen Sie so einen Vorratsraum für Ihr Haus, Ihren Organismus?
Welche Größe wollen Sie diesem Raum schenken?
Wird dieser Raum direkt an die Küche angegliedert sein?
Wie wird der Zugang zu diesem Raum geplant und verwirklicht?
Wie viel natürliches Tageslicht schenken Sie diesem Ort der Versorgung?
Welche Formgestalt werden Sie diesem Vorratsraum verleihen?
Was genau und wie viel planen Sie dort zu lagern und zu bevorraten?
Wie werden die Lagerbedingungen sein? (trocken, hell, dunkel, kühl)
Kann man diesen Raum durch ein Fenster lüften und belüften?
Wird es möglich sein, die Vorräte gut sortiert zu überblicken und zu organisieren?
Welchen Faktoren werden diesem Raum bei der Planung beigemessen: Ernährung und Gesundheit oder Mißtrauen und Mangeldenken?

Schenken Sie diesem Raum eine Größe und eine Form, mit der Sie und Ihre Familie sich wohl und authentisch fühlen. Planen Sie Regale oder Schränke mit ein, in denen Sie den Vorrat gut lagern und aufbewahren können. Lassen Sie durch ein Fenster Tageslicht in diesen Raum, und stellen Sie dafür die Lebensmittel, die Dunkelheit für ihre Haltbarkeit brauchen, in einen geschlossenen Schrank oder eine Truhe. Die Speisekammer oder der Vorratsraum sollte idealerweise an die Küche anschließen. Hier haben Sie die Möglichkeit, neben den normalen Vorräten an Lebensmitteln und Getränken auch gekühlte und gefrorene Nahrungsmittel in Kühl- und Gefriergeräten zu lagern. Überlegen Sie bereits bei der Planung dieses Vorratsraumes, was und wieviel letztendlich darin Platz finden und gelagert werden soll. Seien Sie sich bewußt, daß es sich um Reserven handelt, die hier lagern, und diese sollten regelmäßig verbraucht und erneuert werden. Dieser Raum spiegelt Ihnen den Umgang mit den Werten des Lebens und das vertrauensvolle Geben und Nehmen im Leben wider.

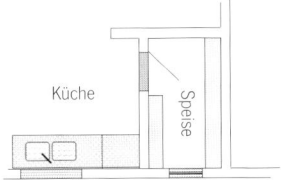

Abb. 55: Planungsskizze einer Speisekammer

Das Bad – Ort der Belebung und Reinigung für Körper, Geist und Seele

Das Badezimmer steht symbolisch für die innere und äußere Reinigung unseres Körpers. In diesem Raum können wir uns von unserem »Schmutz« trennen, der an uns haftet und uns belastet. Diesen Schmutz lösen wir auf der sichtbaren Ebene von uns und geben ihn mit Hilfe des Wassers und eines reinigenden Mittels (Seife) an die Erde ab. Durch diese Reinigung erfahren wir nicht nur Frische und Sauberkeit unseres Körpers, sondern auch für unseren Geist und unsere Seele. Hier können wir uns von dem grauen Schleier, der sich während des Tages durch Arbeit, Freizeit und sonstigen Aktivitäten an unserem Körper bildet, befreien. Durch diese Befreiung von Altem und Verbrauchtem fühlen wir uns frisch und rein. Aus diesem Grund ist ein Badezimmer auch ein Ort der Entlastung und Erholung vom sichtbaren wie unsichtbaren »Schmutz« des Alltags. An diesem Ort können wir ein »Bad nehmen« und so die Spannungen des Tages auf der seelischen Ebene lösen und an das Wasser abgeben. Denken Sie bei der Planung des Badezimmers daran, daß dieser Raum der erste ist, dem Sie morgens bei Tagesbeginn und der letzte dem Sie abends vor dem Schlafengehen begegnen.

127

Welche Größe wollen Sie Ihrem Ort der inneren und äußeren Reinigung geben?

Welche Gewichtung schenken Sie diesem Raum zur Erholung und Entspannung von Körper, Geist und Seele?

In welcher räumlichen und energetischen Atmosphäre wollen Sie den Tag beginnen?

Auf welche Art und Weise wollen Sie morgens durch den Raum empfangen und begrüßt werden?

Durch welche Energie wollen Sie abends vor dem Schlafengehen verabschiedet werden?

Was für Inhalte (Waschbecken, Dusche, Badewanne...) und Werte (Qualität der Materialien) wird dieser Raum bekommen?

Wie viel Freiraum und Bewegungsfreiheit soll Ihnen dieser Raum bieten?

Wollen Sie eine Sitz- oder Liegefläche zum »Abschalten« mit einplanen?

Wird es Platz für Pflanzen geben, die dem Raum natürliche Frische verleihen?

Was werde ich als erstes sehen, wenn ich diesem Raum begegne?

Mit wie viel Tageslicht soll der Raum durchflutet werden?

Denken Sie bei der Planung des Badezimmers daran, daß Sie hier einen Ort schaffen können, an dem Sie die Seele baumeln lassen und den Alltag vergessen können. Die Grundgedanken von Wellness, Vitalität und Wohlempfinden können Sie zur Bereicherung dieses Raumes beim Konzept mit einfließen lassen. Denn dieser Raum sollte Ihnen nicht nur zur Reinigung dienlich sein und seinen Zweck erfüllen, sondern ein Ort sein, der alle Ihre Sinne berührt und Sie in Urlaubsstimmung bringt. Dieser Raum darf wirklich »fremd« und anders sein, um Sie so in eine andere Stimmung zu versetzen. Folglich wäre es sinnvoll diesen Raum gedanklich nicht schon bei der Planung mit Wandfliesen bis unter die Decke zu bekleiden, sondern die Möglichkeit der Farbgestaltung in Betracht zu ziehen. Bedenken Sie, daß eine komplett gefliste Wand nicht mehr über die Atmungsaktivität verfügt wie eine, die über den Verputz noch atmen kann. (Mehr dazu bei der Gestaltung der Räume.)

Auch das Licht spielt in diesem Raum eine große und bedeutende Rolle. Ein Bad sollte mindestens ein Fenster haben, um dadurch das natürliche Tageslicht empfangen und aufnehmen zu können. Auch dieses Raumwesen will, wie alle anderen, etwas sehen und erkennen können und als lebendiger Organismus erkannt werden. Für das elektrische Licht ist es sehr schön, wenn Sie in diesen Raum indirekte und warme Lichtquellen integrieren. In Verbindung mit einer farbigen Wandgestaltung können Sie hier eine wahre Oase des Wohlgefühls und der Entspannung schaffen.

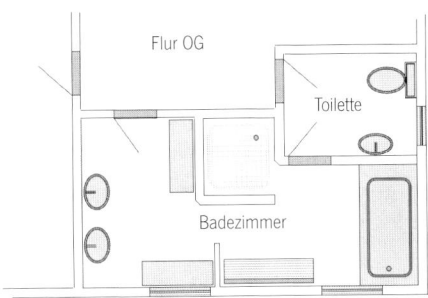

Abb. 56: Planungsskizze eines Bades

Die Toilette –
Raum der Befreiung und der Loslösung

Das »stille Örtchen« im Haus ist der Raum, an dem die Nahrung, die aufgenommen und für den Körper aufgeschlossen wurde, losgelassen und verabschiedet wird. Auf körperlicher Ebene steht dieser Raum für den Enddarm und den After des Menschen. An diesem Ort bringt man die Dinge zum Ausdruck, die sich während der Verdauung und Nährstoffabgabe an den Organismus im Menschen gebildet haben. Dieses Endprodukt ist im Inneren und durch das Innere des Körpers gebildet worden und erscheint uns als intimes und persönlich geschaffenes Gebilde im Außen. Ohnegleichen ist dieses Produkt, und seine Erscheinung eine sehr individuelle Ausdrucksform unseres Wesens und der Art, wie wir Dinge aufnehmen und wie wir sie verwerten und auch wieder freigeben.

129

Im übertragenen Sinne steht dieses Ausscheidungsprodukt für Aufgaben und persönliche Angelegenheiten. Diese wurden in früherer Zeit nach draußen getragen und nicht im Inneren des Hauses vom Körper gelöst. Man suchte dazu den stillen Ort abseits des Hauses auf und »drückte« sozusagen außerhalb des gesamten Organismus' seine persönlichen Dinge aus sich heraus. Hier war man mit seinen intimen Angelegenheiten allein auf sich gestellt und konnte nicht auf die gesamte Wesenskraft des Hauses und seine Unterstützung bauen. Seit der Verlegung des stillen Örtchens in das Innere des Hauses wird auch den persönlichen und intimen Angelegenheiten eines jeden Familienmitgliedes die Aufmerksamkeit der Gemeinschaft geschenkt und die Möglichkeit gegeben, seine »Probleme« und Lebensfragen im Gespräch mit den anderen zu lösen. Aus diesem Grund sollte auch dieser Raum eine förderliche und unterstützende Größe im Haus bekommen.

Welche Raumgröße wollen Sie dem persönlichen Ausdruck eines jeden Mitglieds der Familie zur Verfügung stellen?

Wie und in welcher Umgebung wollen Sie die intimen Angelegenheiten zum Ausdruck bringen?

An welcher oder welchen Stellen wollen Sie diesen stillen Ort im Haus integrieren?

Wie viel kreativen Freiraum soll Ihnen dieser Raum des persönlichen Ausdrucks schenken und wie wohl wollen Sie sich darin fühlen?

In welchem Umfeld wollen Sie das Produkt Ihrer Verdauung ausscheiden und loslassen?

Welche Unterstützung kann Ihnen der Raum durch Größe, Form und Licht dabei zuteil werden lassen?

Wo und wie wollen Sie sich in Zukunft von den Dingen, die Sie belasten, erleichtern?

Diese Erleichterung des persönlichen Ausdrucks und das Loslassen von bestimmten Dingen des Lebens, sollte in einer vertrauensvollen Atmosphäre geschehen können. An diesem Ort verrichten Sie »Ihr Geschäft« und sind dabei auf sich allein gestellt. Allerdings mit der Unterstützung des gesamten Organismus, in den dieser Raum eingebettet und integriert ist.

Gewähren Sie daher diesem Raum im Haus nicht nur einen verstandesgemäß praktischen Platz, sondern auch eine Lage, an der dieser Raum sich wohlwollend und unterstützend mit der Kraft des gesamten Organismus verbinden kann.

Es wäre förderlich, wenn die Toilette so geplant wird, daß ein Fenster den Raum erhellt, so daß er mit der Außenwelt visuell kommunizieren kann.

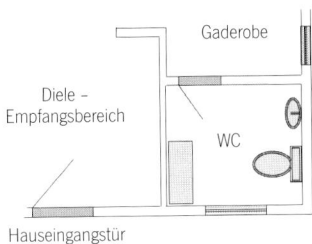

Abb. 57: Planungsskizze einer Toilette

Die Treppe – die Vereinigung der Ebenen

Die Treppe ist die verbindende Säule des Hauses, das Rückgrat des gesamten Organismus', das die unteren mit den oberen Ebenen verbindet. Die Wirbelsäule ist der tragende Teil des gesamten Skeletts des Hauses. Sie hat körperlich gesehen eine zentrale und stabilisierende und, auf den Raum übertragen, auch eine kommunikative Funktion. Im menschlichen Körper ist die Wirbelsäule ein Teil des Knochengerüstes. Deshalb wäre es sinnvoll, auch die Wirbelsäule des Hauses, die Treppe, zu einem Teil des gesamten Gerüstes des Hauses werden zu lassen. Denn das Gerüst (das Skelett) des Hauses sind die Wände, und genau aus demselben Material sollte auch die Treppe beschaffen oder sie sollte zumindest direkt mit ihr verbunden sein. Bei uns Menschen besteht die Wirbelsäule aus den gleichen Bausteinen wie das Knochengerüst und ist mit diesem verbunden.

Welche Größe und Form wollen Sie der Wirbelsäule Ihres Hauses geben? An welcher Position im Gesamtraum wollen Sie sie haben?

Wie stabil und tragend und aus welchem Material soll die Treppe beschaffen sein?

Wie sollen der Gesamteindruck und das Erscheinungsbild der Treppe im Raum wirken?

Was für eine Lebendigkeit und organische Kraft soll die Treppe vermitteln?

Auf welche Art und Weise wollen Sie die Ebenen des Hauses erreichen können?

Wie leicht wollen Sie verschiedene Dinge über die Treppe transportieren und tragen können?

Wie viel Raum bietet Ihnen dabei die Treppe und wie viel Raum schenken Sie ihr im gesamten Organismus?

Über die Treppe gelangen Sie von einer Ebene des Hauses in eine andere. Sowohl von oben nach unten als auch von unten nach oben. Somit ist die Treppe des Hauses ein Übergang und eine Verbindung von Erde und Himmel. Durch diesen Wechsel von einer Ebene auf eine andere findet für den Menschen eine räumliche, aber auch sinnliche Raumwahrnehmung und Bewußtseinsempfindung statt. Wenn Sie sich vom Erdgeschoß in das Obergeschoß oder Dachgeschoß begeben, sollten Sie sich dabei wohl und sicher fühlen. Beim Hinabsteigen in das Kellergeschoß, in das Unterbewußte des gesamten Organismus, beschleicht die meisten Menschen ein Gefühl der Beklemmung, des Unwohlseins, der Unsicherheit und der Angst. Dies können Sie vermeiden, indem Sie diesem »Kellerabgang« bei der Planung und später bei der Gestaltung die gleiche Aufmerksamkeit schenken wie allen anderen Räumlichkeiten des Hauses.

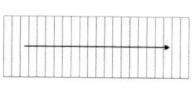

Abb. 58: Darstellung einer einläufigen geraden Treppe

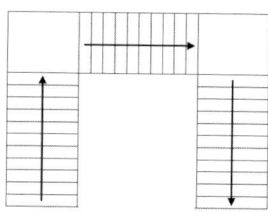

Abb. 59: Darstellung einer dreiläufigen Umlauftreppe mit zwei Viertelpodesten

Der Keller – der große Raum
der unbewußten Lebensthemen

Die Kellerräume stehen symbolisch für das Unterbewußte, das Verdrängte und das, was wir in unserem Leben nicht mehr sehen wollen. Vieles, von dem wir uns bewußt oder unbewußt trennen wollen, wird hier gelagert. Daher auch der Ausspruch: »Da liegen noch ein paar ›Leichen‹ im Keller.« Hier handelt es sich in der Regel um Themen und Dinge, die wir verdrängen und die uns belasten. Jedoch können wir vieles davon nicht loslassen und uns wirklich davon trennen, da es noch ein Teil unseres Lebens ist oder sein will. Daher sind die Räume unseres Unterbewußtseins eine Art Zwischenstation oder ein Übergangsraum von Dingen unseres Lebens, von denen wir uns einerseits befreien, aber andererseits noch nicht ganz lassen können.

Wie viel Raumgröße wollen Sie Ihrem Unterbewußtsein geben?

Soll ein solcher Raum überhaupt existieren?

Wenn ja, wie werden die einzelnen Räume dann dort unterteilt und wie viele wird es von ihnen geben?

Wie soll der Weg vom Erdgeschoß in das Untergeschoß gestaltet werden?

Von welchem Raum im Erdgeschoß wollen Sie das Untergeschoß erreichen können?

Wie hell und lichtdurchflutet sollen sich diese unteren Räume präsentieren?

Was für Aufgaben und Inhalte werden diese Räume übernehmen?

Wie viel Platz planen Sie für verdrängte Dinge Ihres Lebens ein, um Sie zwischenzulagern?

Sollen diese Räume reine »Kellerräume« werden oder ein beabsichtigter Teil des Gesamtorganismus' Ihres Lebensraumes?

Wie offen und lebendig wollen Sie diese Räume vor Bezug des Hauses gestalten?

Was wollen Sie über Ihre Sinne wahrnehmen, wenn Sie später diesen Räumen begegnen?

Oft wird aus Kostengründen auf einen Keller verzichtet und das Haus gleich auf dem Fundament errichtet. Bewußt oder unbewußt will man frei sein von den Dingen, die einen belasten. Andererseits bietet ein fehlender Keller keinen Platz, um Altes und nicht mehr Benötigtes zu sammeln und zu horten. Das Haus bietet sozusagen keinen Platz mehr für Vergangenes, sondern die Wohnräume sind direkt, über das Fundament, mit der Erde verbunden. Für die Planung Ihres Hauses gibt es, wie bei so vielen anderen Dingen im Leben, Aspekte, die für einen Kellerraum, und auch welche, die dagegen sprechen.

Sollten Sie keine wirklich praktische Nutzung der Kellerräume als Hobby-, Vorrats-, Hauswirtschafts- oder Überwinterungsraum für bestimmte Dinge, die frostsicher gelagert werden müssen, haben, ist es zu überlegen, ob ein solcher Raum wirklich geschaffen werden soll. Denn nur, um Platz zu haben, um im Laufe der Jahre allerlei Dinge für die Nachwelt zu sammeln, sorgt in der Regel dafür, daß dieser Raum irgendwann überfüllt ist und zu einer Last wird. Stellen Sie sich einmal vor, Sie bewohnen dieses Haus zehn Jahre und würden dann, aus welchen Gründen auch immer, ausziehen. Alles, was sich bis dahin im Keller angesammelt hat, wird dann aus praktischen Gründen meist nicht mehr mitgenommen und deshalb entsorgt. Aus diesem Grund ist es vorteilhaft, wenn man sich von Anfang an selbst fragt, ob denn ein Keller wirklich gebraucht und wie er genutzt wird.

Wenn Sie allerdings die Räumlichkeiten des Kellers wirklich nutzen und diese eine praktische und sinnvolle Aufgabe innerhalb dieses Gesamtorganismus' übernehmen, dann ist es durchaus nützlich, wenn Sie mit dem Fundament einen Kellerraum errichten. Dann wird Ihr Haus von einer anderen und für Sie förderlich wirkenden Kraft getragen. Denn die Räume des Kellers sollten nicht als »Kellerräume« angesehen werden, sondern als Bestandteil des gesamten Organismus' und als solcher entsprechend geplant und belebt werden. Diesen Lebensräumen im Untergeschoß sollte dieselbe Aufmerksamkeit bei der Planung und Gestaltung zuteil werden wie allen anderen Lebensräumen. Hier ist es wichtig, sich bereits bei der Planung Gedanken zu machen über Raumgröße, Raumhöhe, Fenster, Beleuchtung, Türen und vor allem über die Nutzung der jeweiligen Räume. Diese Räumlichkeiten sollten eine »Wohlfühlatmosphäre« ausstrahlen, damit wir ihnen gerne begegnen. Es sollte Ihnen Freude machen, dieser Ebene des Hauses zu begegnen, und sie sollte daher auch später in die Gesamtgestaltung mit einbezogen werden.

Garage, Carport – Raum der Fortbewegung und Unabhängigkeit

Dieser Raum befindet sich zwar außerhalb des Hauses, ist aber dennoch ein wichtiger Teil unseres Gesamtorganismus'. Sehr oft wird daher die Garage oder der Carport baulich direkt mit dem Haus verbunden. Hier geben wir unserer psychischen Freiheit und unserer emotionalen Unabhängigkeit Raum. Innerhalb dieses Raumes befinden sich unsere Fortbewegungsmittel, die uns auf körperlicher Ebene grenzenlos und selbstständig werden lassen. Durch sie sind wir auf beruflichen und privaten Reisen unabhängig von anderen, und sie ermöglichen uns eigenständige Erfahrungen und ein Kennenlernen neuer Horizonte. Der Inhalt dieses Raumes zeigt uns, wie wichtig uns Eigenständigkeit, Selbstständigkeit und Selbstbestimmung ist und auf welche Weise sich dieses Denken nach außen darstellt.

Die Garage oder der Carport ist der Raum, der den materiellen und für jedermann sichtbaren Wesenskräften (Automobil, Motorräder, Fahrräder usw.) einen Platz bietet, an dem sie behütet und geschützt sind. Die Erscheinungsform dieses Raumes zeigt uns, wie wichtig und wertvoll diese Fortbewegungsmittel für die Bewohner sind und welches Gewicht auf sie gelegt wird. Denn je mehr Wert ein Mensch auf etwas Bestimmtes legt, desto besser und intensiver wird dieses behütet.

Wollen Sie so einen Raum erschaffen und wenn ja, welche Größe und Wert werden Sie diesem dann zuteil werden lassen?
Welchen Raum wollen Sie Ihrer Mobilität und Unabhängigkeit bieten?
Welche »Automobile« wollen Sie dort unterbringen?
Welchen materiellen Wert wollen Sie schützen, und wie wichtig ist Ihnen dieser?

Was soll zusätzlich in diesem Raum gelagert und untergebracht werden? Wie wichtig ist Ihnen dieser Raum und seine nach außen hin gezeigte Präsenz?

Heutzutage erkennt man einen großen Wandel, was die Raumschaffung und den dadurch entstehenden Schutzraum der eigenen Mobilität und Selbständigkeit angeht. So werden vermehrt Carports oder einfache Unterstände für die Fahrzeuge gebaut, um diese vor Regen, Hagel, Schnee und Eis zu schützen. Ein »Ummanteln« mit Mauerwerk wird häufig nicht mehr in Betracht gezogen. Auf der einen Seite zwar aus Kostengründen, aber unbewußt auch, weil sich das Wertedenken bezüglich Garagen gewandelt hat.

Ob Sie für sich eine Garage, einen Carport oder nur einen einfachen Unterstand für Ihr Auto oder Ihre sonstigen Fahrzeuge planen, hängt zum einem davon ab, wie wichtig Ihnen der Inhalt dieses Raumes ist, und zum anderen, wie Sie diesen Raum an den gesamten Organismus angliedern wollen. Organisch gesehen ist es nicht der eigentliche Raum, der die psychische Freiheit symbolisch darstellt, sondern vielmehr das, was sich in ihm befindet. Das heißt, dieser Inhalt kann genauso ohne einen eigenen Raum wirken und Ihnen zur Verfügung stehen. Denn ein Automobil bietet Ihnen Raum und Platz zum Sitzen und zum Wohlfühlen. Es ist ein für sich eigenständiger und mobiler Raum, der sich durch Sie fortbewegen kann.

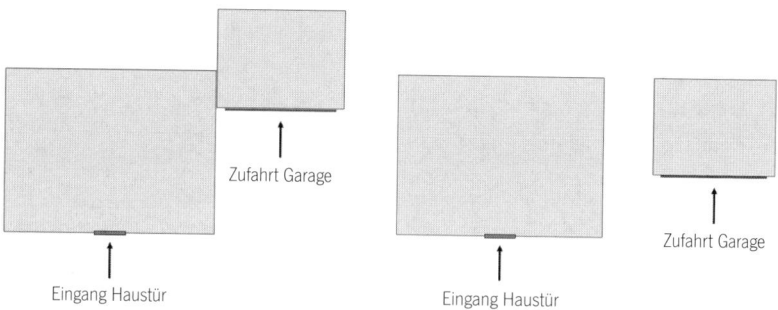

Abb. 60: Planungsskizze eines Hauses mit angrenzender Garage

Abb. 61: Planungsskizze eines Hauses mit freistehender Garage

Wenn Sie eine Garage oder einen Carport schaffen wollen, ist es wichtig, daß dieser in Form, Größe und Erscheinung stimmig an das Haus angepaßt wird. Es sollte auf der einen Seite kein übernatürliches und monumentales Bauwerk werden, das das Haus in den Hintergrund rücken will, aber auch keine gebrechliche Notbehausung, die beim kleinsten Sturm in sich zusammenfällt. Vielmehr sollten Wohnhaus und Garagenraum eine Einheit bilden und als ein Gesamtorganismus erkannt werden.

Bei der Planung ist zu berücksichtigen, daß die Garagenzufahrt nicht direkt an der Haustür vorbeiführt. Auch sollte vermieden werden, die Garage unmittelbar vor der Haustür zu plazieren. Die nebenstehenden Planskizzen zeigen ein optimales Zusammenspiel von Haus und Garage.

Der Wintergarten – die Ausdehnung des angrenzenden Raumes

Der Wintergarten ist kein Raum, der eine eigene organische Zuordnung besitzt. Er ist vielmehr eine Erweiterung des Lebensraumes, an dem er angeschlossen ist. Sollten Sie z.B. einen Wintergarten planen, der Ihr zukünftiges Wohnzimmer erweitert, erweitern Sie damit das Herzzentrum Ihres Lebensraumes. In vielen Häusern erweitert dieser Raum das Wohn- oder Eßzimmer oder beide gemeinsam. In einem Wintergarten wird in der Regel durch seine großen Fensterflächen viel Licht in den Raum gebracht und eine sichtbare Weite und Aussicht erschaffen. Es ist sozusagen eine besondere Art von Wellness-oder Entspannungsraum. Durch ihn erfahren wir nicht nur Raumerweiterung, sondern auch eine Quelle an natürlichem Licht, das den Raum erhellt. Ein Wintergarten kann im wahrsten Sinne des Wortes ein kleiner Garten Eden im Lebensraum werden, der uns auch in der kalten Jahreszeit als Oase zum Krafttanken zur Verfügung steht.

Wenn Sie so einen Raum planen, welche Größe wollen Sie ihm geben? An welchen Raum soll er anschließen und ihn erweitern?

Als was soll der Wintergarten genutzt werden? (Erholung, Gemeinschaft, Wohnraum)

Wie viele Pflanzen wollen Sie in diesem Raum einbringen?

Soll dieser Raum nur zu einer bestimmten Jahreszeit für Sie von Nutzen sein oder das ganze Jahr über als erweiterter Lebensraum zur Verfügung stehen?

Wie planen Sie das Verhältnis von Fenster und Wand in diesem Raum?

Durch welche Lichtqualität und Himmelsrichtung wollen Sie diesen Raum bereichern?

Die Planung und Integrierung eines Wintergartens in den Gesamtorganismus Haus verlangt sehr viel Feingefühl. Denn Sie erweitern nicht nur Ihren Lebensraum mit viel Glas, sondern öffnen den gesamten Raumkörper des Hauses in eine bestimmte Himmelsrichtung. Diese Öffnung wirkt auf zweierlei Hinsicht. Zum einen wird durch sie viel Licht- und Lebensenergie empfangen und zum zweiten kann sich die Energie innerhalb des Raumes nicht wirklich halten, da die Fensterflächen nicht dazu taugen, die Raumenergie zu sammeln.

Dies mag jetzt widersprüchlich klingen, ist es aber nicht. Denn die Energie, die von außen empfangen wird, fließt über den Wintergarten weiter in den Raum hinein und verteilt sich dort in den einzelnen Räumen. Die Energie, die im erweiterten Raum, dem Wintergarten selbst entsteht oder über und durch das Innere des Hauses empfangen wird, kann sich dort aufgrund der großen Glasflächen, die meist bis zum Boden reichen, nicht sammeln und dadurch dem Raum wie auch dem Menschen nicht zur Verfügung stehen. Aus diesem Grund wird ein Wintergarten, der auf drei Seiten mit Glas, das bis zum Boden reicht, ausgestattet wurde, die Energie im Raum nicht so halten können wie ein »normaler« Raum mit Fenstern. Daher ist zu empfehlen, einen solchen Raum nur in einem stimmigen Verhältnis von Glas- und Wandflächen im bzw. am Haus zu integrieren.

Für ein besseres Verständnis finden Sie nachfolgend einige Skizzen, die Ihnen diese Thematik verständlich darstellen sollen.

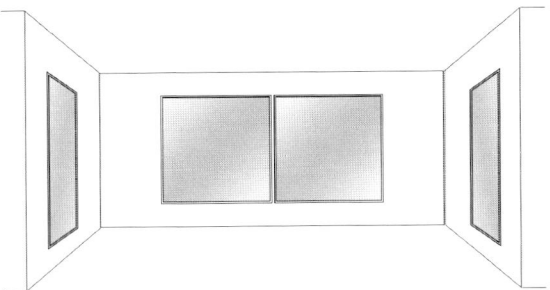

Abb. 62: Planungsskizze eines Wintergartens als Innenraumansicht

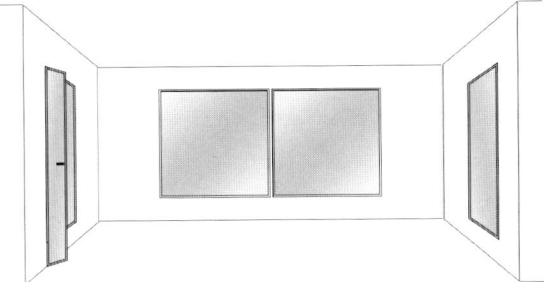

Abb. 62a: Planungsskizze eines Wintergartens als Innenraumansicht mit optionaler Tür für den Zugang zum Garten oder Terrasse

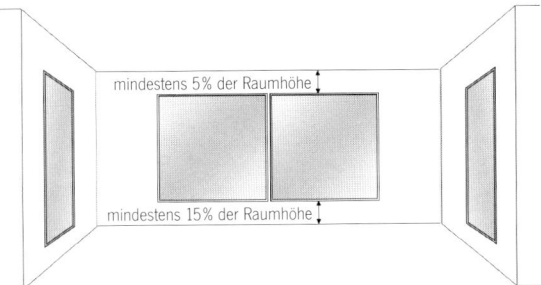

Abb. 62b: Diese Abbildung zeigt Ihnen die mindestens verbleibende Wandfläche bis zum Beginn der Fensterfläche, ausgehend von der gesamten Raumhöhe des Wintergartens im bezugsfertigen Raum, einschließlich des Bodenaufbaus.

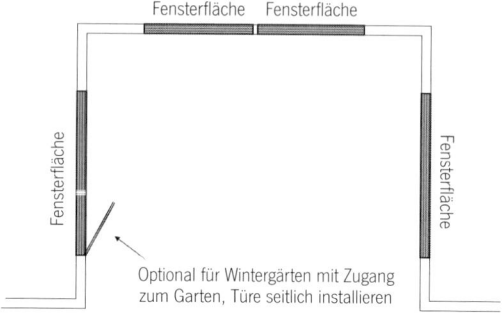

Abb. 63: Planungsskizze eines Wintergartens als Grundrißansicht

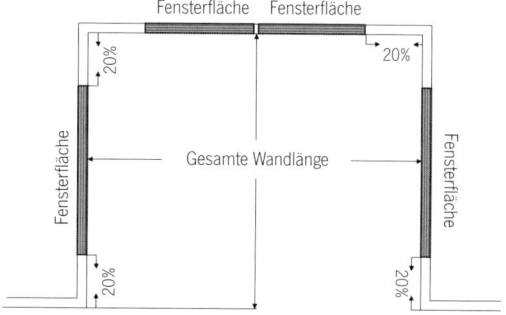

Abb. 63a: Diese Abbildung zeigt Ihnen die *mindestens* zu verbleibende Wandlänge bis zum Beginn der Fensterfläche, ausgehend von der gesamten Wandlänge einer Seite des Wintergartens.

Das Dach – die Krönung unseres Hauptes

Das Dach ist der Ausklang des gesamten Hauskörpers und zugleich der Abschluß seiner Erbauung. So, wie das Fundament den Beginn und die Verbindung zur Erde darstellt, so bildet das Dach und seine Erscheinung den Abschluß des Körpers und stellt zugleich die Verbindung zum Himmel dar. Dieses Dach ist symbolisch der Hut unseres Hauptes, welches uns und das Haus vor Witterungseinflüssen schützt. Seine Größe, Beschaffenheit und Erscheinungsform zeigt uns, wie wir unser

140

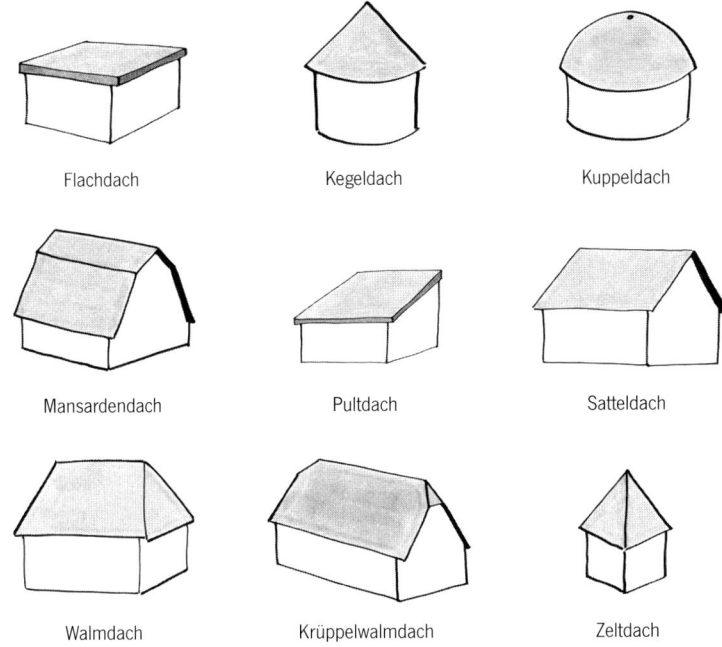

Flachdach   Kegeldach   Kuppeldach

Mansardendach   Pultdach   Satteldach

Walmdach   Krüppelwalmdach   Zeltdach

Abb. 64: Verschiedene Dachformen

Haupt nach außen darstellen und schützen wollen. Dieser Schutz wirkt im übertragenen Sinne wie eine natürliche Erhebung in der Landschaft, etwa eines Berges. Am Ende solch einer Erhöhung ist es immer die »Bergspitze«, die energetisch gesehen mit dem Himmel Kontakt aufnimmt. Das Dach bildet sozusagen den krönenden Abschluß, und diese Krone verbindet sich mit den kosmischen Kräften, um diese auf den Hauskörper zu übertragen.

Welche Dachgröße und Dachform wollen Sie Ihrem Haus geben?
Wie weit soll das Dach über den Hauskörper hinausragen?
Aus was für Materialien wollen Sie diese »Krone« schaffen?
Wie stabil und tragend soll das Dach gefertigt werden?
Welche Lasten und Aufgaben hat es zu übernehmen?
Sollen Dachfenster die Sicht gen Himmel ermöglichen?
Wie viel Licht soll den Raum unter dem Dach erhellen?

Sicherlich gibt es je nach Region unterschiedliche bauliche Vorgaben, an die Sie sich halten müssen. Dennoch haben Sie bei der Planung und Gestaltung Ihres Daches auch einige Freiheiten, die Sie nutzen sollten. Erkundigen Sie sich vorab, welche Dachformen, Neigungen und Bedachungsmaterialien für Sie möglich sind. Aus diesen Möglichkeiten können Sie für Ihr Haus einen krönenden Abschluß schaffen und dieses neue Wesen im Stadt- und Landschaftsraum stimmig erscheinen lassen. Achten Sie vor allem darauf, daß dieser »Hut« stabil und sicher beschaffen ist und nicht bei Wind und Sturm Schaden erleidet oder gar davonfliegt. Auch hier lassen sich Stabilität und eine angenehme Erscheinung kombinieren.

Der Dachboden – die geistige Verbindung mit der Welt und der Schöpfung

Dieser Raum repräsentiert unseren Geist und unser Denken. Er ist das Überbewußtsein unseres Hauses, welches hier wohnen und sich entwickeln kann. Der Raum unterhalb des Daches ist die direkte Verbindung und im übertragenen Sinne die Öffnung zu den kosmischen Kräften. Hier vereinigt sich unser Geist mit den geistigen Kräften des Universums. Dies ist der Ort, an dem wir der geistigen Schöpfungskraft begegnen und dem Himmel ein Stück näher sind. Dieser Raum steht für freies Denken, geistige Tätigkeit und spirituelles schöpferisches Handeln.

Wie wollen Sie den Zugang zu dieser Ebene des Hauses planen und bauen?
Wie soll sich der oberste Bereich des Hauses mit den darunterliegenden Lebensräumen im Obergeschoß und Erdgeschoß verbinden?
Als was wollen Sie den Dachboden später nutzen?
Welche Räume sollen in diesem Bereich des Hauses ihren Platz finden?
Welche Raumgröße und Raumhöhe werden die einzelnen Räume bekommen?
Wie viel Lichtöffnungen bzw. Fenster wollen Sie diesem Raum schenken?
Auf welche Art und Weise und in welcher Raumumgebung soll sich das geistige Potential des Hauses und Ihre Geisteskraft entfalten können?

Wie frei, unabhängig und grenzenlos wollen Sie mit Ihren geistigen Potentialen sein?

Unabhängig davon, wie Sie den Bereich des Dachbodens nutzen wollen, steht dieser Raum symbolisch für das geistige Prinzip Ihres Gesamtorganismus' Haus. Die räumliche Aufteilung und die jeweiligen Inhalte und Werte zeigen uns das geistige Potential der Bewohner. Diese Räume, direkt mit dem Dach des Hauses verbunden, beeinflussen unsere Visionen, die geistige Offenheit unseres Denkens und letztendlich unsere Zukunft. Denn einem zukünftigen Handeln geht immer ein geistiger Impuls voraus. Sollten Sie vorerst keine Verwendung für diesen Raum haben, wäre es zu empfehlen, wenn dieser Bereich in die Planung und spätere Gestaltung des Gesamtorganismus' Haus mit einbezogen wird. Denn so wird auch diesem Raum Leben und Aufmerksamkeit geschenkt. Wichtig wäre hier bereits von Anfang an für entsprechend gute Lichtverhältnisse über Fenster und Lampen zu sorgen. Ebenso sollte ein Bodenbelag vorhanden sein, damit Sie diesem Bereich gerne und jederzeit begegnen können.

Wenn Sie bestimmte Räumlichkeiten, wie z. B. ein Büro, einen Kreativ-, Meditations- oder Seminarraum, im privaten Haus integrieren wollen, dann wäre diese Ebene des Hauses dafür sehr gut geeignet.

Die Stromleitungen – die Wege der Nervenreize und Empfindungen im Lebensraum

Die Stromleitungen sind die Energie- und Nervenbahnen des Hausorganismus. Sie versorgen jede Ebene und jeden Raum mit Energie und sind ein verbindendes Raumelement mit einem zentralen Gehirn. Diese Nerven- und Energiebahnen liegen unter der Haut des Hauses, dem Verputz. Genau so, wie bei uns Menschen diese Bahnen nicht sichtbar sind, sollten diese auch im Lebensraum »unsichtbar« in der Wand, der Decke und evtl. im Boden integriert sein. Denn diese Bahnen stehen fortwährend unter Strom und entfalten Ihre Energie für uns sicht- und spürbar, wenn Sie über einen Impulsgeber aktiviert werden. Die Gehirnzentrale sorgt dafür, daß alle Energie von dieser einen Stelle ausgeführt, kontrolliert, reguliert und geschützt wird. Diese Schaltzentrale ist sozusagen die Kommandostelle, an der alle Informationen des gesamten Organismus' hineinfließen.

Wie vital wollen Sie ihr Nervensystem im Hauskörper verteilen und organisieren?

Wird jeder Raum gleichermaßen berücksichtigt und ausgestattet?

An welchem Ort im Haus soll sich das zentrale Gehirn, die Sicherungszentrale befinden?

Wie planen Sie die Verlegung der Nervenbahnen: in direkter Berührung mit der Haut oder gut geschützt in Leerrohren, die zwischen der Haut und dem Gerüst des Hauses integriert sind?

Wie viel Licht- und Stromquellen benötigen Sie und wie viele davon wären optimal?

An welchen Stellen im Haus wollen Sie Licht und Strom beziehen?

Wie leicht lassen sich diese Quellen erreichen und aktivieren?

Welche Räume wollen Sie zusätzlich absichern und vielleicht zu bestimmten Zeiten freischalten?

Denken Sie bei der Planung auch an die Zukunft und wie sich dieser Bereich entwickeln wird?

Welche Leistungsanforderung wird in den nächsten 15 bis 30 Jahren von diesen Nerven- und Energiebahnen und seinem Gehirn gefordert?

Könnten Sie jederzeit und kostengünstig die Leistungskapazität ausbauen?

Die Energieversorgung mit Strom ist neben der Wasser- und Wärmeversorgung eine der wichtigsten Installationen im gesamten Hausorganismus. Wichtig ist, bei der Planung jeden Raum gleichermaßen zu berücksichtigen. Denn auch im menschlichen Körper sind zur Informationsversorgung und als Schutzmechanismus die Nervenbahnen gleichmäßig von Kopf bis Fuß verteilt. Daher ist es wirkungsvoll, lieber ein paar Leitungen und ein paar Steckdosen und Lichtschalter sowie zukünftige Lichtquellen mehr zu installieren, um später nicht mit Provisorien in Form von zusätzlichen Lampen und Kabelsträngen leben zu müssen. Außerdem wird oft die Absicherung über die Sicherungszentrale unterschätzt. Auch hier gilt, lieber ein paar Absicherungsmöglichkeiten mehr, als zu wenig. Wenn es Ihnen möglich ist, können Sie auch jede einzelne Ebene des Hauses mit einer separaten Schaltzentrale absichern. Ebenso empfiehlt sich eine Netzfreischaltung im Schlafzimmer oder Kinderzimmer während der Nachtruhe. Bezüglich der Schlafräume wäre es sehr sinnvoll, wenn Steckdosen vom Schlafenden mindestens 1 bis 1,5 Meter entfernt sind. Auch die Stromkabel sollten nicht hinter dem Bett vorbei, unter dem Verputz oder in der Wand verlaufen.

Bei der Stromversorgung des Wohnzimmers empfiehlt es sich, mehrere Stellen in Betracht zu ziehen, wo Sie später den Fernseher und die Stereoanlage plazieren wollen. Denn sehr oft kommt es doch anders, als man denkt, und meterlange Kabelstränge und Mehrfachstecker sind die Folge. Das gilt auch für andere Räume, in denen Sie sich nicht ganz sicher sind wie bestimmte Strom- und Lichtabnehmer (Computer, Telefon, Fax, Fernseher, Christbaumbeleuchtung, Aquarium usw.) im Raum integriert sein werden.

Selbst wenn einige Anschlüsse nach Bezug unbenutzt bleiben und es mehr Zeit- und Materialaufwand bei der Installation bedeutet, ist das in jedem Fall besser, als wenn nachträglich meterlange Kabelstränge benötigt werden, die offen im Lebensraum herumliegen. Auch das zukünftige Reinigen mit dem Staubsauger sollten Sie in die Planung mit einbeziehen. Denn es ist sehr »nervig«, wenn das Kabel des Staubsaugers nicht ausreicht und schon beim Staubsaugen mit Verlängerungskabeln gearbeitet werden muß.

Elektrizität ist eine der stärksten Energieformen, die wir Menschen zur Verfügung haben. Diese Energie kann uns anregen, aber auch aufregen und unsere Nerven belasten. Denn wenn ein Mensch nur noch »Rot« sieht, steht er im wahrsten Sinn des Wortes unter Strom und seine Nerven sind kurz vorm Explodieren. Aus diesem Grund ist eine sichere und saubere Verlegung der Stromkabel, ihre Anordnung im Raum, funktionsfähige Lichtquellen und Steckdosen und eine gut ausgelegte Absicherung und Leistungskapazität der Schaltzentrale eine wichtige und gute Voraussetzung für ein nervenberuhigendes Wohlbefinden.

Die Heizung – die energetische Versorgung des gesamten Organismus'

Das Heizungssystem steht organisch für die Körperatmung und den Kreislauf des Gesamtorganismus' Haus. Die Zirkulation dieses Kreislaufsystems sorgt dafür, daß alle Organe im Körper gleichmäßig mit Energie versorgt werden. Das erwärmte Wasser oder die erwärmte Luft, je nach Heizungssystem, ist im übertragenen Sinne das Blut, welches den gesamten menschlichen Körper mit Nährstoffen und Energie versorgt. In früherer Zeit war die Feuerstelle das zentrale Organ im Lebensraum. Von hier aus wurde das Leben im Haus mit Wärme und Nahrung versorgt. Heutzutage gibt es eine solche zentrale Stelle in den meisten Lebensräumen nicht mehr. Auffallend ist aber, daß ein offener Kamin, ein Kachelofen oder ein freistehender Holzofen durch seine Erscheinung und Funktion diese Rolle übernimmt. Denn ein Feuer hat, unabhängig von der Jahreszeit, immer noch die größte Anziehungskraft auf den Menschen. Es ist die Kraft des Feuers und seiner Glut, welche den Menschen seit Anbeginn in seinen Bann zieht und fasziniert. Ob im Sommer bei hohen Temperaturen oder im Winter bei Eiseskälte – zu jeder Jahreszeit ist die Kraft des Feuers bezaubernd und lockend.

Daher wird in vielen Häusern und Wohnungen oft so eine »Feuerstelle« im Wohnzimmer, dem Herzen des Hauses errichtet. Dies fördert nicht nur das Wohlbefinden, sondern auch die Gemeinschaft mit den Menschen, die sich davor versammeln.

In welchem Raum wollen Sie eine »Feuerstelle« erschaffen?

Wie zentral soll dieses Feuer im Raum plaziert werden, damit man sich dort versammeln kann?

Welchen Begegnungswert soll der offene Kamin oder der Kachelofen vermitteln?

Welches Hauptheizungssystem wird das gesamte Haus mit Wärme versorgen?

Wo wird das Herz, die Zentrale dieser Heizung im Haus zu finden sein?

Bekommt dieser Raum genügend Frischluft, damit das Herz optimal arbeiten kann?

Mit welchem Brennstoff wollen Sie dieses Herz versorgen?

Soll die Wärme durch den Boden oder über Heizkörper den Raum durchdringen?

Wie leicht können das erwärmte Wasser und die erwärmte Luft im Lebensraum zirkulieren?

Wie wirtschaftlich und effektiv ist die Leistung des gesamten Heizungssystems?

Für welches Heizungssystem Sie sich auch entscheiden, es sollte einwandfrei funktionieren und jeden Bereich Ihres Lebensraumes gleichermaßen mit Energie und Wärme versorgen können. Hier spielt nicht nur die Leistung der Heizung eine Rolle, sondern auch die optimale Funktionalität und Verbindung des Kamins. Auch er hat einen wesentlichen Einfluß auf die Verbrennungsleistung des Feuers im Ofen.

Eine Wärmeerzeugung durch natürliche Energie wie Sonne oder Holz ist natürlicher und lebendiger als das Verbrennen von Erdgas oder Heizöl. Denn die Sonne erwärmt durch ihre Strahlen über Kollektoren das Wasser, und dieses wiederum bringt uns diese natürliche Wärme in den Lebensraum. Ebenso erzeugt ein Ofen, der mit Holz befeuert wird, eine direkte und energetisch wertvollere Wärme als ein Gas- oder Ölbrenner. Denn hier werden all unsere Sinne angeregt und stimuliert. Wir fühlen die Wärme, wir sehen das Feuer, wir hören das Knistern des Holzes, wir spüren das Holz beim Schüren des Ofens, und wir nehmen den natürlichen Duft des Holzes über unsere Nase auf.

Die Wärmeversorgung des Lebensraumes durch Holz oder die Kombination von Sonnenenergie und Holz ist für mich die vitalste und energetisch stimmigste Weise, ein Haus und seine Bewohner mit Wärmeenergie zu versorgen. Eine zentrale Feuerstelle durch einen Holzofen erwärmt nicht nur den Raum, sondern auch die Herzen der Menschen, die sich um dieses Feuer versammeln.

Wenn Sie die Möglichkeit haben, so ein Heizungssystem in Ihrem Lebensraum Haus zu integrieren, machen Sie sich unabhängig von konventionellen Energien und können auf sehr natürliche Art und Weise Ihre Räume mit Wärme und Wohlgefühl bereichern.

Die Wasserleitungen – der Weg des Lebenselixiers von der Quelle bis zum Kessel

Das Wort Lymphe leitet sich ab vom lateinischen Wort »lympha«, das »klares Wasser« bedeutet. Das Lymphsystem ist neben dem Blutkreislauf das wichtigste Verbindungs- und Transportsystem von Nährstoffen im Körper. Die Wasserleitungen für Bad, Küche, WC, Hauswirtschaftsraum und Heizung stehen stellvertretend für das Lymphsystem des Organismus' Haus. Da der menschliche Körper zu etwa 70 % aus Wasser besteht, spielt der Transport, die Leitungsführung und die Versorgung des Wassers von der Quelle bis hin zum empfangenden Gefäß eine sehr wichtige Rolle. Dabei ist die Quelle heutzutage der Hauptwasseranschluß, von dem aus das Haus und seine Bewohner mit diesem Lebensquell versorgt werden. Das Gefäß sind die Wasserbecken in Bad, WC und Küche, die Waschmaschine, der Boiler und die Wand- oder Fußbodenheizung. Früher wurde das Wasser entweder von einer nahegelegenen Quelle oder von einem Brunnen geholt, zum Kochen verwendet und die Familie mit Trinkwasser versorgt. Das Waschen der Wäsche wurde in der Regel außerhalb des Hauses in einem Bottich durchgeführt. Heutzutage brauchen wir nur den Wasserhahn aufzudrehen, um in den Genuß dieses Lebenselixiers zu kommen. Da früher das Wasser von der Quelle meist von Hand zum Haus getragen werden mußte, war es vorteilhaft, wenn kurze Wege dies erleichterten. Diesen Vorgang können wir auf unsere gegenwärtigen Bedürfnisse übertragen, indem wir den bereits sehr langen Weg, den das Wasser z.B. vom Trinkwasserspeicher bis zum Haus zurückgelegt hat, verkürzen. Aus diesem Grund ist es sinnvoll, wenn vom Hauptwasseranschluß aus kurze Leitungswege durch das Haus führen.

Wissen Sie woher Ihr Wasser kommt und welche Qualität es hat?
Welchen Weg muß es bis zu Ihrem Haus zurücklegen?
An welcher Stelle des Hauses wird das Wasser zur Trink- und Brauchwasserversorgung empfangen?
Wie und auf welchen Weg wird es weitergeführt?

Wie viel Biegungen und Abzweigungen müssen installiert werden, um das Wasser an seinen jeweiligen Bestimmungsort im Haus zu führen?

Welche Leitungsrohre führen das Wasser im Haus: Kunststoff oder Kupfer?

Welche Räume werden mit Wasser versorgt?

Wie viele Versorgungsanschlüsse brauchen Sie?

Wie effektiv ist die Wasserversorgung im Organismus Haus geplant?

Über welche Armaturen und Gefäße, Wasch- und Spülbecken, Wannen, Boiler, Heizkörper wird das Wasser empfangen, gesammelt und wieder abgegeben?

In der Regel werden heutzutage alle Räumlichkeiten mit warmem Wasser über das Heizungssystem beheizt und versorgt. Daneben fließt dieses lebenswichtige Element als Trink- und Brauchwasser in die Räume: Hauswirtschaftsraum, Bad, Toilette und Küche. Wenn es Ihnen möglich ist, planen Sie die Verlegung der Wasserleitungen so, daß keine Leitung in den Wänden der Schlafräume oder, besser gesagt, in der Wand verläuft, an dem sich ein Bett befindet. Denn Wasserleitungen haben ein ähnliches Strahlungsfeld wie eine Wasserader; zwar nicht so stark, aber in Körpernähe des Schlafenden kann es sich entsprechend unvorteilhaft auswirken. Auch sollte ein Bett nicht in unmittelbarer Nähe eines Heizkörpers stehen, da auch er ein Strahlungsfeld erzeugt, das sich unvorteilhaft auf den Schlaf und die Erholung auswirken kann.

Ebenso ist darauf zu achten, daß die Zuwasserleitung für das Trinkwasser in Küche und Bad nicht in unmittelbaren Kontakt mit der Abwasserleitung von Toilette und Badewasser kommt. Denn das verunreinigte sollte nicht den gleichen Weg nehmen wie das Wasser, das Ihnen als Nahrungsmittel dient. Sehr oft werden aus wirtschaftlicher und baulicher Sicht manche Zu- und Abwasserleitungen im Haus in derselben Wand geführt, weil sich z. B. das Bad mit Toilette über der Küche befinden.

Sie sollten in jedem Fall vermeiden, daß sich die Wasserinstallation der Küche in derselben Wand befindet, in der auch die Leitungen des Bades und der Toilette installiert sind. Daher sollte sich eine Toilette oder ein Badezimmer aus vitalenergetischer Sicht nie über der Küche befinden, da dann die abwasserführenden Rohre des Bades oder der Toilette (körperliche Reinigung) über die Wand an der Küche (Nahrungsmittelzubereitung und Trinkwasser) direkt vorbeigeführt und daher energetisch miteinander verbunden werden. Die Erfahrung hat gezeigt, daß ohne großen Mehraufwand bei Planung und Kosten eine vitalenergetische Leitungsführung im Haus überall realisierbar ist. Hier kann sich eine gute Planung der Wasserinstallationen förderlich auf die energetische Wasserqualität und das Wohlbefinden der Bewohner auswirken. In Kapitel 7 sehen Sie einen Grundrißplan der Ihnen eine vitalenergetische Lösung leicht nachvollziehbar darstellt.

Seien Sie sich bewußt, daß das Wasser ein sehr kostbares und wichtiges Lebenselement ist. Dieses Lebenselixier braucht der menschliche Körper, um seine Lebensfunktionen aufrechtzuerhalten. Ohne Wasser kann auf unserer Erde und letztendlich für uns selbst kein Leben gewährleistet werden. Lassen Sie dieses Wissen ganz bewußt und von Anfang an in die Planung Ihres Hauses mit einfließen. Denn das Wasser ist das flüssige Gold unseres Lebens. Wie Sie die Energie Ihres Wassers über einen »Lebensquell« einfach und praktisch steigern können, erfahren Sie in Kapitel 9.

Das Lüften – die Atemwege und das »Luftholen« des Hauses

»Das brauche ich wie die Luft zum Atmen«, ist eine bekannte Redewendung, die uns die Wichtigkeit dieses lebenserhaltenden Elements verdeutlicht. Denn atmen heißt leben, und wenn Sie bewußt atmen und Ihren Körper mit frischer Luft erfüllen, dann nehmen Sie das Leben bewußt in vollen Zügen auf. Stellen Sie sich einmal vor, Sie befinden sich in einem Raum, der Ihnen nur noch für wenige Minuten Luft zur Verfügung stellt. Durch Ihren Überlebensinstinkt getrieben, werden Sie versuchen, irgendwie an frische Luft zu kommen. Nur dieses eine lebenswichtige Element ist für Sie jetzt noch wichtig, um zu überleben.

Auf der anderen Seite ist es für die meisten Menschen eine Selbstverständlichkeit, zu atmen, ohne sich bewußt zu machen, was Sie da eigentlich tun und wie wichtig dieses Lebenselement für sie ist. Genau aus diesem Grund wird die »Atmung« unseres Körpers »Lebensraum« in den meisten Fällen sehr vernachlässigt.

Denn auch Ihr Haus besitzt einen Körper, so wie Sie, und dieser will genauso wie Sie auf- und durchatmen können, um zu leben. Und Sie als Mensch können dafür sorgen, daß der Körper des Hauses mit frischer Luft zum Atmen versorgt wird. Denn in der heutigen Zeit sind die Raumkörper Haus und Wohnung sehr luftdicht und luftundurchlässig gebaut. Verstärkt wird das ganze durch perfekt isolierte Fenster und Wände. Vorbei sind die Zeiten, wo der Wind vorne zum Haus hereinpfiff und hinten wieder hinaus. Aus wirtschaftlicher Sicht sinnvoll, aber in vielen Räumen entstehen Probleme mit der Schimmelbildung. Denn der Raum kann einen eigenständigen Atmungs- und Feuchtigkeitsaustausch nicht mehr durchführen. In solchen Räumen finden Pilze und Bakterien ideale Lebensbedingungen. Verstärkt wird das ganze dann noch durch die Feuchtigkeit in den Räumen, die durch Atemluft, das Baden und Waschen sowie das Kochen entsteht.

Mit regelmäßigem Lüften der Räume schenken Sie nicht nur Ihrem Raumkörper Luft zum Atmen, sondern auch sich selbst. Durch das Öffnen der Fenster und Türen laden Sie die frische Luft und das Leben selbst in Ihre Räume ein. Es erfolgt ein Austausch von verbrauchter Atemluft mit neuer und frischer Lebensenergie, dem Lebenselement Luft. Das regelmäßige Lüften fördert die Gesundheit und das Wohlbefinden der Räume und seiner Bewohner. Ganz nebenbei sorgt es bei korrekter Handhabung dafür, daß Schimmelpilze und Bakterien keinen Nährboden für ihre Entwicklung bekommen.

Wie planen Sie die Lüftung Ihres Hauses?

Wie viele Lüftungsmöglichkeiten durch Fenster und Außentüren schenken Sie dem Raumkörper Haus?

Welche Lüftungs- und Austauschkraft wird sich durch ihre Lage im Haus ergeben?

Wie schnell und effektiv wird die Lüftung im Haus erfolgen können? Wollen Sie das Lüften selbständig in die Hand nehmen oder sich belüften bzw. beatmen lassen?

Werden Sie also selbständig atmen und selbst bestimmen wie und wann gelüftet wird?

Eigenständiges Lüften bedeutet eigenständiges Atmen, und dieses Handeln gibt Ihnen die Kraft, selbständig zu leben. Sie entscheiden darüber, wann und wie viel Leben Sie aufnehmen und empfangen wollen.

Beachten Sie bei der Planung der Öffnungen (Fenster und Türen) Ihres Hauses nicht nur den Lichteinfall, sondern auch ein effektives und förderliches Belüften Ihres Lebensraumes. Achten Sie auf die Hauptwindrichtungen auf Ihrem Grundstück und wie Sie diese für die Lüftung und den Luftaustausch Ihres Raumkörpers sinnvoll nutzen können. Dies können Sie bereits bei der Grundstücksbegehung herausfinden, um diese Erkenntnisse später in die Planung mit einfließen zu lassen.

Die Fenster – die alles sehenden Augen und der Blick nach außen und innen

Die Fenster des Hauses sind organisch gesehen die Augen des Gesamtorganismus' Lebensraum Haus. Sie stehen für die sichtbare und energetische Verbindung von Innenraum und Außenraum. Durch die Fenster können wir nicht nur einfach sehen, sondern auch erkennen und unsere Umgebung visuell wahrnehmen. Ebenso nimmt das Haus als lebendiges Wesen durch diese Öffnungen seine Umgebung wahr und überträgt die empfangenen Informationen in den Innenraum. Genauso verhält es sich bei uns Menschen. Wir sehen und erkennen, und dadurch erhalten wir Informationen, die uns körperlich, geistig und seelisch nähren und berühren. Wenn wir durch ein Fenster schauen, ist es so, als würden wir ein Bild betrachten, das uns ein Motiv in der unmittelbaren Umgebung des Hauses als Thematik darstellt. Es ist ein

Anblick, der sich ständig verändert; die Jahres- und Tageszeiten und die unterschiedlichen Wetterbedingungen schenken dem Haus und seinen Bewohnern ganz unterschiedliche Stimmungsenergien. Um die für Sie stimmige Fensterform und Größe zu bestimmen, können Sie dies auf dem Grundstück bereits vor Beginn der eigentlichen Planungsphase erkunden und durch die meditativen Raumreisen zusätzlich visualisieren und kombinieren. Nehmen sie hierfür ein weißes DIN A3-Blatt zur Hand und schneiden Sie mit einer Schere ein Quadrat mit etwa 15 cm Seitenlänge in der Mitte des Blattes aus. Nun nehmen Sie dieses Blatt und halten Sie es mit ausgestreckten Armen in Augenhöhe vor sich und blicken hindurch. Dies entspricht in etwa einer Fenstergröße von 100 cm Seitenlänge im Quadrat und einem Abstand von Ihnen zum Fenster von etwa drei Metern.

So haben Sie die Möglichkeit, bereits mit den Augen Ihres zukünftigen Hauses zu sehen, und müssen sich nicht überraschen lassen. Eine ähnliche Vorgehensweise wird oft von Regisseuren benutzt, indem sie beide Hände oder Finger zu einem Bildausschnitt formen, um so einen ersten Eindruck zu gewinnen, wie die Szene als Bildprojektion auf der Kinoleinwand zur Wirkung kommt.

Abb. 65: Der Blick durch das Modellfenster aus Papier in der Größe 15 x 15 cm

Abb. 66: Über die Hände den simulierten Sichtbildausschnitt betrachten

Natürlich können Sie jetzt mit unterschiedlichen Fenstergrößen und -formen experimentieren und so eine für Sie und das Haus stimmige Form und Größe bestimmen.

Praxistip:

Wenn der Rohbau des Hauses vollendet ist und die Fenster gesetzt werden, ist es hinsichtlich der Energiekosten mitentscheidend, in welcher Tiefe sie eingebaut werden. Je weiter außen die Fenster in den Wänden gefaßt sind, desto mehr sind sie in der kalten Jahreszeit der eisigen Luft und dem kalten Wind ausgesetzt. Hier sind sie der Kälte näher, und der Innenraum verliert Wärme. Wenn Sie die Fenster also weiter in den Innenraum rücken, dann fließt mehr kalte Luft an der Fensteroberfläche vorbei. Ein wertvoller und einfacher Beitrag, um Energiekosten zu senken.

Die Fensterbank im Inneren des Raumes wird dann allerdings etwas schmaler. Aber auch dies kann man ausgleichen, indem man sie in den Raum hineinragen läßt, wenn man auf eine bestimmte Größe der Fensterbänke Wert legt.

Die Wände – die tragenden Säulen und die Gestaltungskraft des Raumes

Die tragenden Säulen eines Hauses stehen symbolisch für das sichtbare Mauerwerk des Hausgrundrisses. Dieses sollte an den vier Ecken und im jeweiligen mittleren Bereich der Seitenwände für die tragende und stabilisierende Kraft des Gesamtorganismus Haus sorgen. Das heißt, in diesen Bereichen sollte das Mauerwerk vom Boden bis zur Decke durchgehend verwirklicht werden. Nebenstehende Abbildungen verdeutlichen Ihnen diese Thematik.

Große Glasflächen, die über eine ganze Hausseite oder sogar über die Ecken verlaufen, bilden nicht die energetische Kraft eines Mauerwerks, das einem Stockwerk oder dem Dach darüber Stabilität und Tragkraft verleiht. Instinktiv lehnt sich ein Mensch an eine Mauer an und nicht an eine Glasfläche. Denn intuitiv spürt er, daß ihm dieses Glaselement nicht wirklichen Halt, Sicherheit und Rückendeckung bietet.

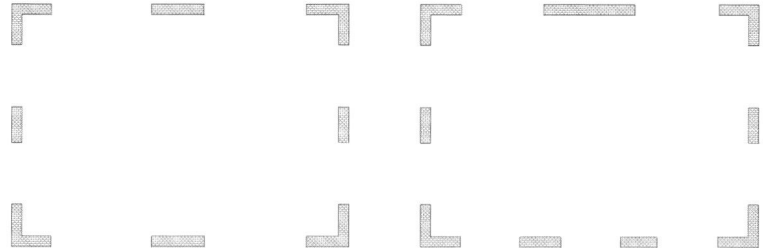

Abb. 67: Diese Abbildung zeigt Ihnen eine Grunddarstellung der »acht Hauptpfeiler« eines Hausgrundrisses, die eine optimale und ausgewogene Stabilität gewährleisten. Diese Darstellung kann Ihnen als Anregung für die Planung der Wand- und Fensterflächen für Ihr Haus dienlich sein.

Abb. 68: Diese Abwandlung der ersten Grunddarstellung kann Ihnen als Anregung für Ihre Grundrißplanung nützlich sein, wenn Sie z. B. die Haustür mittig auf der Längsseite des Hauses positionieren wollen.

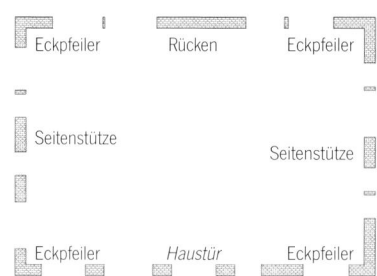

Abb. 69: Hier sehen Sie die Grundrißdarstellung der Außenwände eines Erdgeschosses. Wichtig wäre bei der Planung die Stabilität über die »acht Hauptpfeiler« zu beachten und so weit als möglich stimmig in das Gesamtkonzept zu integrieren.

Abb. 70: Diese Abbildung zeigt Ihnen einen auf der hinteren Seite des Hauses instabilen Grundriß. Auf der einen Seite fehlt die tragende Kraft eines Eckpfeilers, auf der anderen Seite ist nur ein kleiner Eckpfeiler positioniert, der das obere Stockwerk und das Dachgeschoß tragen soll. Außerdem wird der klein bemessene Rücken des Hauses durch den fehlenden und den zu kleinen Eckpfeiler zusätzlich in seiner Kraft geschwächt.

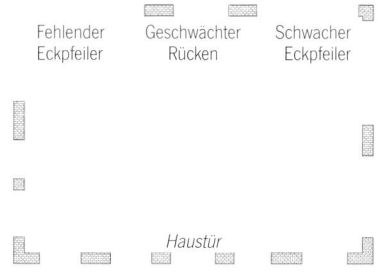

7. Das Erstellen eines Grundrißplanes und seine lebendige Erscheinung

Nun möchte ich Ihnen den möglichen Beginn einer ersten Gesamtplanerstellung darstellen, um Ihnen den Einstieg in diese raumplanerische Phase zu erleichtern.

Fangen Sie am besten mit dem Mund und Rachenraum des Hauses, dem Eingangsbereich an, und zeichnen Sie erst einmal nach und nach jeden Raum im Erdgeschoß ein. Gehen Sie dabei wie bei einer Raumreise vor und bewegen Sie sich mit Ihrem Stift von Raum zu Raum. Setzen Sie sich dabei nicht unter Druck, denn Sie müssen jetzt ja nicht gleich einen fertigen Eingabeplan für die Baugenehmigung erstellen. Fürs erste gilt es, alle für die Familie gewünschten Räume in den Formplan zu integrieren und zu plazieren. Konzentrieren Sie sich ausschließlich auf die einzelnen Räume und lassen Sie die Position der Fenster und Wasseranschlüsse vorerst unbeachtet. Das würde Sie nur in Ihrem schöpferischen Wirken einschränken.

Wenn Sie die erste Planung vom Erdgeschoß vollendet haben, gehen Sie in das Obergeschoß und integrieren Sie Ihre Räume auch in dieser Ebene des Hauses.

Wenn Sie alle Ihre Räume im Haus integriert haben, können Sie jetzt die Fenster in jedem Raum positionieren und in den Grundrißplan Ihres Hauses einzeichnen. Achten Sie von Anfang an darauf, daß die Fensterpositionen von Erd- und Obergeschoß ein stimmiges Gesamtbild bei der äußeren Erscheinung des Hauses bilden. Denn die Fenster sind die Augen des neuen Wesens, das Sie erschaffen. Denken Sie vor allem an den Eingangsbereich, an das Gesicht des Hauses. Plazieren Sie, wenn möglich, die Fenster so, daß optisch wirklich ein Gesicht entsteht, das jedem und allem freundlich und wohlwollend begegnet und es willkommen heißt. Das muß aber nicht zwangsläufig bedeuten, daß die Fenster immer exakt in gleicher Flucht (Erd- und Obergeschoß) angeordnet werden müssen.

Nachfolgende Abbildungen können Ihnen dies verdeutlichen.

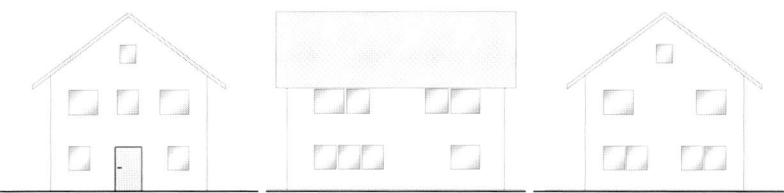

Abb. 71: Diese Abbildung zeigt Ihnen eine mögliche Fenster- und Haustürpositionierung auf der Eingangsseite eines Hauses.

Abb. 72: Hier sehen Sie die mögliche Fensterpositionierung einer Hausseite

Abb. 73: Hier eine mögliche Positionierung der Fenster auf der Rückseite eines Hauses

Nachdem alle Fenster für Sie stimmig plaziert worden sind, können Sie zum nächsten Schritt übergehen. Denn jetzt gilt es, das Haus in seiner äußeren Erscheinung darzustellen und diese Wesensgestalt auf dem Papier zum Leben zu erwecken. Vorlage hierfür ist der Grundrißplan von allen Geschoßflächen, den Sie bereits fertiggestellt haben. Beginnen Sie am besten mit der Eingangsseite, dem Gesicht des Hauses. Ob Sie dabei mit dem Dach, den Außenumrissen, der Eingangstür oder mit den Fenstern beginnen, bleibt Ihnen überlassen.

Förderlicher ist es, wenn Sie sich auf diesen gestalterischen und planerischen Schritt einstimmen. Nehmen Sie hierzu die Zeichnungen aus den Reisen zum äußeren Erscheinungsbild Ihres Hauses. Erinnern Sie sich noch, welches Bild oder welche Bilder vor Ihrem inneren Auge erschienen sind? Können Sie sich an diese noch klar und deutlich erinnern?

Zeichnen Sie vielleicht am Anfang erst einmal freihändig, und wenn Sie einen stimmigen Hauskörper und ein kraftvolles und freundliches Erscheinungsbild Ihres Hauses geschaffen haben, können Sie beginnen, dieses maßstabsgetreu mit Lineal und Geodreieck exakt auf Papier zu bringen.

Die maßstabsgetreuen Pläne des Grundrißplanes und der Außenansicht Ihres Hauses sind eine wichtige Voraussetzung für eine wirklichkeitsgetreue Bildung Ihres neuen Hauskörpers, den Sie gemeinsam mit Ihrer Familie erschaffen haben.

Lebendige Raumplanung und seine Verwirklichung

Wenn Sie die Raumplanung zeichnerisch fürs erste abgeschlossen haben, können Sie zum nächsten Schritt übergehen. Lassen Sie Ihren zukünftigen Lebensraum Wirklichkeit werden und erwecken Sie ihn zum Leben. Hier können Sie, wie in der Architektur üblich, die zeichnerische Darstellung zur Gestalt formen, indem Sie ein Modell Ihres Hauses maßstabsgetreu nachbauen.

Vielleicht werden Sie denken, was für eine verrückte Idee, und dann dieser Aufwand. Allerdings werden von vielen öffentlichen Bauwerken erst Modelle angefertigt, um vom Gebäudeplan ein wirklichkeitsgetreues Abbild betrachten zu können. Dieses Modell zeigt Architekten und Bauherren die wahre Erscheinungsform, die Lichtverteilung durch die Fenster, die Schattenseiten und dunklen Winkel des Raumes und die Ausrichtung auf dem Grundstück, und zu guter Letzt schenkt es dem Betrachter die Möglichkeit, das neue Wesen Haus bereits vor der Realisierung in Gestalt und Erscheinung wahrzunehmen. Dies können Sie mit stabiler Pappe und Klebstoff realisieren oder, wenn Sie handwerklich geschickt und entsprechend ausgerüstet sind, auch mit den Materialien Holz oder Ton. In jedem Fall ist ein maßstabsgetreues Modell Ihres Hauses empfehlenswert. Es ist von Vorteil, wenn Sie dabei selbst Hand anlegen, denn damit sind Sie von Anfang an am Verwirklichungsprozeß dieses neuen Wesens beteiligt und können miterleben, wie es Form und Gestalt annimmt.

Bauen Sie dieses Modell auf jeden Fall stabil, damit Sie anschließend damit arbeiten und es über längere Zeit betrachten können. Es sollte nicht schon bei kleinen Berührungen in sich zusammenfallen oder in seiner Form entstellt werden. Es wäre für bestimmte Tests am Modell vorteilhaft, wenn Sie das ganze Hausmodell so herstellen, daß Sie das Dach vom Obergeschoß und das Obergeschoß vom Erdgeschoß leicht lösen können, ohne daß die Stabilität des Modells darunter leidet.

Das Licht in den Räumen

Nachdem Sie Ihr Modell fertiggestellt haben, können Sie bereits mit dem ersten Versuch beginnen. Nehmen Sie Ihr Modell und bringen Sie es ins Freie. Halten Sie es entweder einfach in der Hand und achten Sie darauf, daß es horizontal ausgerichtet ist, oder stellen Sie es auf einen Sockel, der sich auf Augenhöhe befindet, damit Sie bequem in das Modell hineinblicken können. Richten Sie das Modell auf jeden Fall so aus, wie es auch in Wirklichkeit auf dem zukünftigen Grundstück steht. Das bedeutet, der Hauseingang sollte exakt in die Himmelsrichtung zeigen, wie es auch später auf dem Grundstück der Fall ist. Dabei ist zu beachten, daß Sie die Himmelsrichtung nicht ungefähr schätzen, sondern mit einem Kompaß vorher genau bestimmen. Alles andere würde von vornherein das Ergebnis verfälschen.

Jetzt können Sie durch die Fensteröffnungen den Lichteinfall im Inneren des Hauses sehen und erkennen, wie sich das natürliche Tageslicht im Raum verteilt und dieses erhellt. Machen Sie diesen Test am besten bei Sonnenaufgang, vormittags, zur Mittagszeit, nachmittags und am Abend bei Sonnenuntergang. So haben Sie die verschiedenen Lichtqualitäten aller Sonnenrichtungen berücksichtigt.

Außerdem können Sie anhand der unterschiedlichen Sonnenstände genau erkennen, welche Außenbereiche am Haus zu welcher Tageszeit in der Sonne liegen. Dadurch können Sie feststellen, an welchen Positionen es sinnvoll ist, eine Terrasse, einen Freisitz, einen Balkon oder Wintergarten zu realisieren. Falls Sie die Möglichkeit haben, den gesamten Hauskörper nach der Sonne auszurichten und seine Flucht nicht durch baurechtliche Vorgaben festgelegt ist, können Sie die Kenntnis der Licht- und Schattenbereiche in die Ausrichtung des Gesamtkörpers mit einbeziehen.

Betrachten Sie auch die Räume der Nordseite und wie diese durch das Licht des Tages erfüllt werden. Es ist zwar richtig, daß die Sonne nie im

Norden steht, dennoch schenkt auch die Nordseite einem Haus Tages-licht und läßt es in die Räume dringen. Ein Hauswesen mit nur einem oder gar keinem Fenster auf der Nordseite will und kann nicht alle Kräfte der Haupthimmelsrichtungen erkennen und wahrnehmen. Falls sich z. B. die Eingangstür ohne ein weiteres Fenster im Norden befindet, nimmt das Haus die Kraft (Nahrung) aus dem Norden auf, ohne sie erkennen zu können.

Das wäre ungefähr so, als würden Sie Ihre Nahrung mit geschlosse-nen Augen aufnehmen.

Wie bereits beschrieben wurde, ist die Eingangsseite eines Hauses auch das Gesicht dieses Wesens, das sich der Welt zeigen und sehen und gesehen werden will. Auch ein »Nordgesicht« will Tageslicht aufneh-men und seine Umgebung wahrnehmen. Denn »die Augen essen mit«, wie ein bekanntes Sprichwort sagt. Und die Speise des Hauses ist unter anderem die Aufnahme der Lebensenergie durch Mund (Haustür) und Augen (Fenster).

Eine Veranschaulichung:
Bei Vorträgen wird mir immer wieder die Frage gestellt: »Aber die Ener-gie kommt doch auch zu den Fenstern herein!?« Diese Frage wird vor allem von Menschen gestellt, die auf der Rückseite ihres Hauses einen großen Wintergarten oder viel Glasfläche haben. Daß auch hier die Energie aufgenommen wird, ist richtig. Aber zum ersten kann sich die Gesamtenergie in diesen Räumen nicht wirklich sammeln und halten, weil die tragende und haltende Kraft einer Mauer fehlt. Und zum zwei-ten wird meiner Erfahrung nach die Hauptenergie, also die »körperliche« Hauptnahrungsquelle, immer durch den Mund des Hauses, die Haupt-eingangstür ins Haus geführt. Sie nehmen ja Ihre körperliche Nahrung, Speis und Trank, auch durch den Mund auf und nicht über die Augen.

Was Sie über die Fenster aufnehmen, ist die geistige und seelische Nahrung. Denn, wie Sie wissen, lebt der Mensch nicht nur vom Brot allein. Und so ist es auch bei einem Haus. Die Fenster und Glasflächen nehmen die Energie der Landschaft und der Umgebung auf und nähren das Haus und seine Räume dadurch auf geistiger und seelischer Ebene. Aus diesem Grund sollte auch jeder Raum ein Fenster bekommen, damit er auf diesen Ebenen genährt wird. Denn das Haus kommuniziert über die Fenster mit seiner Umgebung auf der geistigen Ebene und der Ausblick nährt es auf der seelischen.

Wenn Sie z. B. in einem Café einen Tisch am Fenster aufsuchen, tun Sie das nicht ohne Grund. Zum einen wollen Sie sich durch die kulinarischen Köstlichkeiten auf körperlicher Ebene nähren und zum anderen durch den schönen und interessanten Ausblick nach draußen auch auf seelischer Ebene. Durch das Gespräch und den Gedankenaustausch mit Ihrer Begleitung nähren Sie Ihre geistige Ebene.

8. Der Beginn des Bauens – vom ersten Spatenstich bis zum Richtfest

Nachdem der Grundrißplan des Hauses fertiggestellt ist und Sie mit Hilfe Ihres Modell dem neuen Wesen bereits Gestalt gegeben haben, kommen wir jetzt zur Verwirklichung, zur Erbauung Ihres neuen Hauswesens. Die erste Phase beginnt mit dem Legen des Fundaments für das Haus und schließt mit dem Richtfest ab. Hierbei ist es wichtig zu erwähnen, daß der Bauherr oder die Bauherren diese Entstehungs- und Entwicklungsphase Ihres Hauses von Anfang an persönlich begleiten sollten und zwar unabhängig davon, ob der Bau des Hauses an einen Bauleiter oder Architekten übertragen wurde oder nicht. Denn es ist Ihr neues Wesen, das Sie ins Leben rufen.

Die Vorbereitung des Grundstücks auf die Bauphase

Am Tag vor dem Aushub des Fundaments wäre es gut, wenn Sie Ihr Grundstück auf den Beginn der Bauphase vorbereiten. Mit dieser Vorbereitung stimmen Sie sowohl das Grundstück als auch sich selbst auf den Beginn dieser Phase ein. Zu welcher Tageszeit Sie dies machen, spielt keine Rolle. Wichtig wäre, daß alle Familienmitglieder anwesend sind und an dieser Begegnung teilnehmen. Sie dürfen dabei gerne eine »Dankesgabe« für Ihr Grundstück mitnehmen. Hierzu würde sich Tabak gut eignen. Dies ist eine Pflanze, die auf allen Kontinenten dieser Erde angebaut wird. Auch eine Kerze (am besten eine rote) sollte dabei sein, die Sie bei der Begegnung entzünden können.

Wenn Sie Ihr Grundstück besuchen, bleiben Sie am Grundstücksbeginn stehen und kommen Sie erst einmal an. Begrüßen Sie dieses Stück Erde, gedanklich oder in Worten, wie einen guten Freund. Anschließend schreiten Sie über die Grenze und begeben sich in seine Mitte. Falls mehrere Personen anwesend sind, können Sie an dieser Stelle einen Kreis bilden. Stellen Sie nun in der Mitte die Kerze auf und entzünden Sie sie als Gastgeschenk. Sie können nun dieses Stück Erde gedanklich oder sprachlich auf die bevorstehende Bauphase einstimmen. Wenn Sie die Kommunikation sprachlich vornehmen, legen Sie vorher fest, wer es übernimmt und was dabei gesprochen wird. Wichtig ist hierbei, daß Sie nicht als flehender Bittsteller auftreten, sondern als geschwisterlicher Begleiter und als Mensch dieser Erde. Bevor Sie beginnen, schließen Sie Ihre Augen und atmen ruhig ein und aus. Verbinden Sie sich mental mit der Erde und erkennen Sie sie als Urmutter allen Lebens an. Warten Sie in aller Ruhe ab, welche Reaktion Sie über Ihre fünf Sinne von Mutter Erde geschenkt bekommen. Wenn Sie bereit sind für den Dialog, beginnen Sie zu sprechen.

Mutter Erde, wir danken dir für diese Begegnung.
Wir freuen uns, bei dir zu sein, in deiner Mitte.
Du bist die Quelle und die Kraft, die Leben schenkt.
Alles geht aus dir hervor und nährt uns Menschen.
Von den Früchten und Schätzen aus deinem Körper
werden wir versorgt, belebt, gestärkt und genährt.
Du gibst uns Halt und Sicherheit durch deine Macht.
Du schenkst uns das Leben, und wir danken dir dafür.
Auch wir spenden einem neuen Wesen das Leben,
das wir aus deinen Schätzen erschaffen und erbauen.
Hier auf deinem Körper wollen wir es errichten.
Wir bitten dich um diesen Ort, um unserem neuen Wesen
einen Platz auf dieser Erde zu geben.
Schenke diesem Lebenshaus Halt und Beständigkeit
und begleite unser aller Wirken mit deiner Kraft und Güte
von heute bis in alle Ewigkeit.
Zum Dank überreichen wir dir eine Gabe, die aus
dir hervorging und von uns veredelt wurde.
Diese edle Pflanze wollen wir dir schenken als Symbol unserer Dankbarkeit,
wir bringen sie ein in deinen Leib, in deinen nährenden Körper.

Wenn der neue Tag lebendig wird, werden wir beginnen, auf und in dir zu
  erschaffen
ein neues Wesen, das aus dir heraus entsteht und ein Teil
deines Körpers und unseres Lebens wird.
Laß uns gemeinsam erbauen und gestalten,
vereint mit allen Kräften, verbunden in Liebe für eine neue Zeit,
die uns mit dir eins werden läßt.
Dir Mutter Erde danken wir für diese Begegnung.

Dies ist eine wunderbare Möglichkeit, Ihr Grundstück und sich selbst auf die beginnende Bauphase einzustimmen. Selbstverständlich dürfen Sie auch hier Ihre eigenen Worte wählen. Machen Sie sich entweder vorher Gedanken darüber, was Sie sprechen wollen, oder lassen Sie Ihren Wortfluß während der Begegnung frei fließen und sprechen Sie die Worte, die Ihnen in der Zeit dieser Begegnung über Ihre innere Wahrnehmung in den Sinn kommen.

Anschließend nehmen Sie ihre Dankesgabe und geben jedem anwesenden Familienmitglied den gleichen Teil davon. Hier wäre es gut, wenn die Person, die gesprochen hat, ihre Gabe an der Stelle in die Erde gibt, von der aus sie gesprochen hat. Alle anderen Mitglieder der Familie dürfen sich eine für sie stimmige Stelle auf dem Grundstück suchen, um ihre Gabe an Mutter Erde zu übergeben. Nehmen Sie etwas Erde mit Ihren Händen und bilden Sie auf der Oberfläche eine kleine Mulde, etwa in der Größe Ihrer Handfläche. Dann legen Sie Ihre Gabe hinein und bedecken sie wieder mit Erde. Bleiben Sie auch hier in Gedanken ganz in Verbindung mit diesem Stück Erde und danken Sie für diese Begegnung. Verweilen Sie ruhig noch einige Zeit an dieser Stelle und finden Sie sich dann alle gemeinsam wieder an der Stelle ein, wo die rote Kerze steht.

Tauschen Sie sich über diese Begegnung und über Ihre persönlichen Empfindungen aus. Es ist sicherlich sehr interessant, was jeder einzelne wahrgenommen hat und was er oder sie gefühlt hat und jetzt fühlt.

Lassen Sie die Kerze brennen und auch dort stehen, wo sie ist. Es ist ein Gastgeschenk, das Sie dieser Erde geschenkt haben. Gastgeschenke nimmt man nicht wieder mit nach Hause.

Der erste Spatenstich
und die Erschaffung des Fundaments

Es wäre sinnvoll, wenn der Bauherr den ersten Spatenstich selbst tut. Dies kann unmittelbar vor Beginn der Aushubarbeiten geschehen oder am Tag vorher. Natürlich sollten Sie dann die Begegnung und Vorbereitung des Grundstücks mit der Familie entsprechend früher ausführen.

Selbstverständlich dürfen alle Mitglieder der Familie anwesend sein, wenn der Bauherr den ersten Spatenstich tut. Allerdings ist dies im Alltag nicht immer so leicht umzusetzen, es sei denn, man will es und plant ganz gezielt diesen Tag ein, was auch empfehlenswert wäre.

Seien Sie sich bewußt, daß dies der wirkliche Beginn des Bauens und Erschaffens Ihres neuen Hauswesens ist, das Sie für viele Jahre bzw. Jahrzehnte begleitet und Ihrem Leben Halt, Sicherheit, Geborgenheit und Raum zum Leben schenkt. An diesem Tag beginnen Sie mit etwas wirklich Neuem, Einzigartigem und sehr Persönlichem, das Ihr Leben und die Art zu Wohnen, Ihr ganzes Sein und Wirken zukünftig gestalten, beeinflussen und verändern wird.

Es ist ein Beginn, ein Anfang und der erste große Schritt in eine neue Lebensphase.

>   »Und jedem Anfang wohnt ein Zauber inne,
>   der uns beschützt und der uns hilft zu leben.«
>
>   Hermann Hesse

Diese Handlung wird oft bei öffentlichen Bauten von Repräsentanten der Stadt, der Gemeinde, des Landes oder sonstigen Vertretern des öffentlichen Lebens ausgeführt. Hier wird zwar auf der einen Seite verdeutlicht, daß es sehr wichtig ist, diesen ersten Spatenstich zu vollziehen, auf der anderen Seite ist den meisten Ausführenden nicht bewußt, um was es hier wirklich geht. Vielmehr spielt es eine Rolle, ob die Medien anwesend sind, um diesen Akt der Handlung auch wirksam in Zeitung und Fernsehen zu präsentieren. Denn sonst würde man dem Grundstück vorher und während des Spatenstichs mit einem anderen Bewußtsein begegnen; ebenso bei der Grundsteinlegung, die nach dem Spatenstich erfolgt.

Abb. 74: Ein geschmückter Spaten

Für diesen wirklich wichtigen Akt sollten Sie vorher einen neuen Spaten erwerben, der Ihnen für diese bedeutende Handlung stimmig und wertvoll erscheint. Diesen Spaten dürfen Sie gerne »schmücken«, um ihn besonders herauszuheben. Dieses »Herausheben« gibt Ihrem Spaten Bedeutung und Einzigartigkeit, und Sie bereiten sich durch das Schmücken und Gestalten dieses Werkzeugs auf die Handlung und diesen Tag des ersten Spatenstiches vor.

Begeben Sie sich für die erste »Öffnung« der Erde zum Mittelpunkt des zukünftigen Fundaments des Hauses. An dieser Stelle angekommen, richten Sie sich nach Süden blickend aus. Verbinden Sie sich geistig, seelisch und körperlich mit diesem Grund und Boden und der Wesenheit von Mutter Erde. Danken Sie für dieses Stück Erde, das Ihnen anvertraut wurde, und bleiben Sie einige Zeit in dieser Verbindung. Setzen Sie nun den Spaten an und führen Sie diesen mit Herz, Hand und Fuß in die Erde hinein. Heben Sie die Erde heraus und legen Sie diese auf der linken Seite (Osten) der Erdöffnung ab. Den zweiten Aushub legen Sie auf der rechten Seite (Westen), den dritten auf der Ihnen gegenüberliegenden (Süden) und den vierten auf der von Ihnen zugewandten Seite (Norden) ab. Nehmen Sie jetzt mit der Hand ein wenig von der Erde des Ostens und tun Sie sie wieder in das Loch hinein; ebenso ein wenig von der Erde des Westens, des Südens und des Nordens. Durch diese Vorgehensweise beziehen Sie die Kräfte der vier Himmelsrichtungen und die Kräfte der vier Elemente des Lebens von Beginn an mit ein und verdeutlichen, daß alles, was aus der Erde erschaffen wird, auch wieder zu ihr zurückkehrt.

»Es war der erste Spatenstich, es war der erste Spatenstich,
es lag die Erde in Krumen, zerfallen vor meinem Fuß.«

Franz Kafka

Anschließend begeben Sie sich zu den jeweiligen Ecken des zu schaffenden Fundaments. Setzen Sie auch hier den Spaten an und heben Sie jeweils ein Stück Erde heraus und legen Sie es daneben. Nachdem die Handlung des »ersten Spatenstichs« ausgeführt ist, nehmen Sie Ihren Spaten und legen Sie ihn seitlich am Grundstück ab. Dieser Spaten wird, nachdem der Aushub für das Fundament erfolgt ist, mit der vorderen Spatenfläche nach unten in die Mitte dieser Erdöffnung gelegt und der Erde übergeben. Das heißt, der Spaten liegt dann unter dem Fundament des Hauses, in dessen Mitte. Denn von dieser Mitte ausgehend haben Sie mit Ihrem Aushub, dem ersten Spatenstich begonnen und die vier Himmelsrichtungen und vier Elemente mit einbezogen. Dieser Spaten ist dann das Symbol dieses Aktes und dieser Kräfte und ruht in dieser Erde und unter dem Haus.

Der Grundstein – seine Inhalte, sein Wert und Nutzen

Der »Stein«, den Sie als Grundstein wählen, kann ein aus Beton gegossener, ein aus Ton geformter Hohlkörper oder ein natürlich gewachsener Stein sein, der durch Bearbeitung mit einer Öffnung bzw. Aushöhlung versehen wird. Diese wird dann mit einer Abdeckung aus dem gleichen Material und mit Mörtel verschlossen.

Ebenso können Sie einen Ziegelstein als Grundstein vorbereiten, der als Baumaterial für Ihr Haus verwendet wird. Auch in diesem wird eine Aushöhlung integriert, in der die Siegelhülle eingebettet wird. Dieser »Grundstein« muß nicht zwingend direkt auf dem Fundament als erster Stein aufgestellt werden. Hier haben Sie die Möglichkeit, je nach Baufortschritt, sehr flexibel

Abb. 75: Ein vorbereiteter Grundstein aus Ziegel in einer bereits aufgerichteten Wand des Untergeschoßes eines Hauses.

die Position des Grundsteins zu bestimmen und zeitlich diesen zu setzen. Denn sehr oft ergibt es sich in der Bauphase dann oft anders als man es plant. Wie Sie in der vorstehenden Abbildung sehen, ist hier für den Grundstein ein Ziegel vorbereitet worden, der in einer der bereits aufgerichteten Kellerwände integriert worden ist.

Natürlich ist es auch möglich, die Siegelhülle in eine Art Podest, mit den Steinen, die beim Bau des Hauses verwendet werden, einzumauern. Hier wird durch die besondere Form und Größe der Platz des Grundsteins sichtbar hervorgehoben.

Weiterhin haben Sie die Möglichkeit, die Siegelhülle in das Fundament selbst, in eine vorher eigens ausgeschalte Öffnung hineinzugeben. Anschließend wird diese mit dem Material des Fundaments versiegelt und darauf mit dem »ersten Stein« der Bau des Hauses begonnen.

Mehr dazu auf Seite 173 »Eine stimmige Stelle für den Grundstein«.

Die Größe dieses Grundsteins können Sie frei bestimmen, ebenso seine Form. Denn es kommt darauf an, was Sie alles in diesen Grundstein hineinlegen wollen bzw. welche Größe die Siegelhülle oder Dokumentenkapsel z. B. aus Kupfer haben soll. Was Ihnen wichtig ist und welche Information von diesem Grundstein aus in das Fundament übertragen werden soll, bestimmt letztendlich die Größe und Form dieser Siegelhülle.

Sehr oft wird die aktuelle Tageszeitung der Region mit einbezogen, auf Grund des aktuellen Datums und zur Dokumentation der Zeit und ihrer Ereignisse. Allerdings würde ich vorher überprüfen, welche Ereignisse, Sensationen, Einmaligkeiten und Botschaften in diesem Papier veröffentlicht sind. Welche Worte und Nachrichten informieren Ihren Grundstein? Sind es erfreuliche oder beängstigende, historische, kulturelle, politische, sportliche oder wirtschaftliche Informationen? Welche Kraft steckt in ihnen, und wie wirken diese Botschaften auf Sie? Denn aus diesen Worten strömt eine Kraft, die sich in den Grundstein und somit auch auf die energetische Kraft Ihres Hauses überträgt. Sofern Sie aus der Tagespresse etwas in den Grundstein einbringen wollen, können Sie bereits bei Beginn der Planungsphase Ihres Hauses beginnen, verschiedene Artikel aus dieser Zeit zu sammeln, die für Sie persönlich und für Ihr Haus von Bedeutung sind und förderlich, kraftvoll und segensreich wirken. Dies hat den Vorteil, daß vom Beginn der Planung bis zum Erschaffen des Fundaments die Zeit dokumentarisch und geschichtlich als Botschaft verewigt wird. Überprüfen Sie, ob diese Vorgehensweise für Sie persönlich und für Ihr Haus stimmig ist. Schriften, egal welcher Art, erfüllen und bereichern die geistig-spirituelle Ebene des Inhaltes dieses Grundsteins.

Weiter kann jedes Familienmitglied etwas von sich in den Grundstein hineingeben, das es als wichtig und wertvoll erachtet. Dies kann ein Gedicht, ein Schmuckstück, etwas Selbstgebasteltes oder ähnliches sein. Dieses Einbringen und Schenken von etwas Persönlichem berührt und erfüllt die seelisch-emotionale Ebene des Grundsteins, seines Inhaltes und informativen Wirkens.

Die körperlich-materielle Ebene wird durch den Stein und die Siegelhülle selbst dargestellt und verkörpert. Dies wird durch einen wirklich wertvollen natürlichen Stein, der entsprechend bearbeitet worden ist, erfüllt. Wenn ein Hohlkörper aus Ton oder Beton gewählt wird, wäre es gut, wenn einige Geldmünzen oder eine Goldmünze als materieller Inhalt hineingegeben werden, um diese Ebene im wahrsten Sinn des Wortes zu bereichern.

Sehr bereichernd und historisch wertvoll ist auch ein Foto vom Grundstück und seiner Umgebung vor der Bebauung, welches natürlich auch datiert sein sollte. Hier wird die sichtbare und optische Ebene berührt und historisch für die Nachwelt dargestellt.

Abb. 76 Eine Siegelhülle für den Grundstein

Das bedeutendste und wichtigste Dokument des Grundsteins ist allerdings die Grundsteinurkunde. Dies ist eine schriftliche Verfassung bzw. geschichtliche Dokumentation der vorausgegangenen Ereignisse in Bezug auf Grundstückauswahl, Planung, Finanzierung und Genehmigung des Hauses sowie der Vorbereitung der Grundsteinlegung und Erschaffung des Fundaments. Eine dokumentarische Zusammenfassung über die gegenwärtigen politischen, kirchlichen und wirtschaftlichen Persönlichkeiten Ihres Landes, Ihrer Stadt und Ihrer Region kann in diesem Dokument ebenfalls niedergeschrieben werden. Auch die Nennung des Architekten und aller beteiligten Personen und Behörden, die bis zum Tag der Grundsteinlegung mitgewirkt haben, können hier mit Name, Titel und Funktion verewigt werden; natürlich auch die Bauherren selbst und alle Familienangehörigen, die an diesem Haus mitgewirkt haben und künftig darin wohnen werden.

Zum Abschluß sollten Sie einen Segens- oder Weihespruch verfassen, in dem Sie um Segen, Schutz und Glück für Grundstück, die Bauphase und das Haus selbst bitten. Dieses Dokument ist meines Erachtens mit das Wichtigste, was von Ihnen in den Grundstein eingebracht und in ihm verewigt werden kann. Aus diesem Grund sollte man die Wichtigkeit und Bedeutsamkeit dieses Dokuments durch die handschriftliche Verfassung und ein entsprechend hochwertiges Papier hervorheben.

Nachfolgend gebe ich Ihnen ein Beispiel für eine solche Grundsteinurkunde, die Sie gerne als Vorlage oder Inspiration für ein eigenes Werk verwenden können.

Grundsteinurkunde
des Wohnhauses von Familie Baumann in Ursensollen

Am 15ten des Monats Mai im Jahre 2009 wird der Grundstein für das Haus von Familie Baumann in der Gemeinde Ursensollen des Landkreises Amberg-Sulzbach im Freistaat Bayern gelegt und von Pfarrer Rupert Meyer geweiht.

Die Bauherren dieses Wohnhauses sind Johannes und Magdalena Baumann, das von Architekt Franz Müller aus Neustadt am Ammerberg geplant wurde.

Die Regierungsgeschäfte der Bundesrepublik Deutschland leiten gegenwärtig Bundespräsident Horst Köhler und Bundeskanzlerin Angela Merkel. Amtierender Ministerpräsident des Freistaates Bayern ist Horst Seehofer, Landrat des Landkreises Amberg-Sulzbach ist Richard Reisinger und erster Bürgermeister der Gemeinde Ursensollen ist Franz Mädler.

Das Bauprojekt wird zum größten Teil durch die Bendmann Bank AG, der zu verbleibende Betrag durch das Eigenkapital der Familie Baumann finanziert. Ferner wird durch die Eigenleistung der Familie Baumann der Bedarf an Fremdkapital entsprechend verringert. Die Baugenehmigung erfolgte durch die Gemeinde Ursensollen und durch das Landratsamt Amberg-Sulzbach, und diese wurde am 5. Dezember 2008 erteilt.

Die ersten Entwürfe dieses Hauses wurden von Johannes und Magdalena Baumann und ihren beiden Kindern, Sohn Paul und Tochter Lara erstellt. Hier wurden alle Bedürfnisse eines jeden Familienmitglieds berücksichtigt. Nach langer Planungsphase besprach man sich mit dem Architekten Franz Müller und beauftragte ihn, einen eingabefertigen Grundrißplan zu erstellen.

Das Grundstück mit der Flurnummer 3/125 der Gemarkung Ursensollen wurde bereits im Oktober 2008 erworben. Der erste Spatenstich erfolgte am Mittwoch, dem 15. April 2009. Am darauffolgenden Tag wurde auch mit den Aushubarbeiten begonnen, die am 17. April 2009 vollzogen waren. Die Vorbereitung zum Erschaffen des Fundamentes erfolgte in der letzten Aprilwoche. In der ersten Woche des Monats Mai wurde die Ausschalung für den Grundstein gebildet, damit dieser am heutigen Tage gesetzt werden kann. Eingeladen wurden zu diesem Tag der erste Bürgermeister der Gemeinde Ursensollen, Franz Mädler, der Pfarrer Rupert Meyer, der Architekt Franz Müller und Verwandte und Freunde der Familie Baumann.

Dem Brauch der Grundsteinlegung folgend sind dieser Urkunde verschiedene Artikel und Berichte der Tageszeitung aus der Zeit der Planung des Hauses bis zum heutigen Tag beigelegt. Weiterhin sind einige Geldmünzen unserer europäischen Gemeinschaftswährung enthalten, ein Foto dieses Grundstücks vor der Bebauung, eine Postkarte der Gemeinde Ursensollen, ein Foto der katholischen Pfarrkirche St. Vitus sowie persönliche Geschenke der Familie Baumann, die in den Grundstein mit eingegeben werden.

Dieser Grundstein wird am heutigen Tage als erster Stein dieses Hauses gesetzt. Er bleibt in diesen Mauern als sichtbares Symbol mit all seinen Inhalten der Nachwelt erhalten.

Möge dieser Stein der wahrhaftige Beginn dieser schöpferischen Phase des Erbauens und Errichtens sein. Begleitet von segensreicher Kraft sollen alle Menschen, die an diesem Werk sich einbringen, mit Rechtschaffenheit und schöpferischen Handlungen erfüllt sein. Zum Wohle des neuen Raumes, der Menschen, die darin wohnen, und allen, die diesem Raum begegnen.

Diese Urkunde wurde versiegelt und unterzeichnet in den Grundstein gelegt.

Ursensollen, den 15. Mai 2009

Bauherr Johannes Baumann   *Bauherrin Magdalena Baumann*

Architekt Franz Müller   *1. Bürgermeister Franz Mädler*

Pfarrer Rupert Meyer

Bedenken Sie, daß dies alles den Wert des Grundsteins bereichert, informiert und entsprechend aufwertet. Dieser Grundstein ist der durch Sie verwirklichte und zu »Fleisch« gewordene Impuls, der durch diesen ersten baulichen, symbolischen und rituellen Akt über den Fundamentkörper oder als erster gesetzter Stein des Hauses eingebracht wird und diesen aufgrund seiner Inhalte auf körperlicher, geistiger und seelischer Ebene energetisch begleitet.

All diese Ebenen informieren später nicht nur das Fundament, sondern den gesamten Verlauf der Bauphase und letztendlich das Haus selbst, das auf ihm errichtet wurde. Es ist zu empfehlen, alle Dokumente und Beigaben einige Tage vor der Erschaffung des Fundaments fertigzustellen und in die Siegelhülle zu geben. Sie können sie an einen für Sie stimmigen Platz in Ihrem derzeitigen Lebensraum legen und sich so auf den Tag der Grundsteinlegung einstimmen. Den Deckel Ihrer Siegelhülle würde ich nur aufsetzen, damit sie eventuell noch etwas für Sie Wichtiges dazugeben können.

Gleichzeitig besorgen Sie sich einen entsprechenden Stein oder Hohlkörper aus Beton, den Grundstein selbst, in den die Siegelhülle dann hineingelegt wird. Dieser Hohlkörper wird, nachdem Sie Ihre Siegel-hülle hineingelegt haben, mit Mörtel verschlossen und anschließend als »erster Stein« auf das Fundament des Hauses gesetzt.

Die Grundsteinlegung – Bedeutung und Wirkung

Neben der gegenwärtigen Bedeutung der Grundsteinlegung und der Informationen, die das zu erbauende Gebäude so mit auf den Weg bekommt, sind die durch Sie verfaßten Niederschriften und Dokumen-tationen, die für die Nachwelt hinterlassen werden, von historischem Gewinn. Denn wenn viele Jahrhunderte oder Jahrtausende später Ihre Siegelhülle gefunden wird, haben Sie einen wichtigen und wertvollen Beitrag zur zukünftigen geschichtlichen und archäologischen Forschung beigetragen. Darum kann man eine Grundsteinlegung, versehen mit entsprechenden Dokumenten und persönlichen Schriften als großes geschichtliches Erbe betrachten. Sie vererben der Menschheit ein Stück Geschichte unserer gegenwärtigen Zeit. Entscheiden Sie selbst, ob Sie sich verewigen und der Nachwelt dieses Geschenk hinterlassen wollen.

Durch das Vorbereiten und Dokumentieren der Schriften und die Geschenke, die Sie in die Siegelhülle hineingeben, schreiben Sie sozusa-gen Geschichte.

Die Bedeutung und Wirkung des Grundsteins bezieht sich aber nicht nur auf den zukünftigen Lebensraum Haus, sondern dieser verbindet sich mit der Örtlichkeit und der natürlichen Umgebung, in der sich das Haus befindet. Durch die Dokumente, die sich im Inneren des Grund-steins befinden, wird von den örtlichen Gegebenheiten, in die der Haus-körper eingebettet ist, berichtet.

Diese Informationsenergie fließt unsichtbar und feinstofflich in den Ort und die natürliche Umgebung Ihres Hauses und Ihres Grundstücks.

Eine stimmige Stelle für den Grundstein

Es gibt viele mögliche Stellen, den Grundstein im Gebäude zu veran-kern. So wird bei manchen Bauten der Grundstein in die Fundament-platte versenkt oder in das Mauerwerk des Erdgeschoßes, da dieses zum

Zeitpunkt der Grundsteinlegung bei vielen Bauvorhaben bereits errichtet ist. Das heißt, bei manchen Neubauten wird der Grundstein fast schon zu spät gelegt und erfüllt in diesem Zusammenhang nicht mehr seine eigentliche Bedeutung des »ersten« Steins. Denn, wie der Name schon sagt, sollte dieser Stein der erste sein, der mit diesem Grund und Boden und dem Gebäude, das darauf entsteht, verankert und verbunden wird.

Wenn Sie ein Haus ohne Kellerräume bauen, können Sie den Grundstein auf einer für Sie stimmigen Stelle als ersten Stein auf das Fundament setzen. Dieses Fundament trägt das Haus und ist direkt in und mit der Erde verbunden. An diesem Grundstein werden alle weiteren Steine angegliedert und ausgerichtet. Das Haus beginnt, auf der Grundlage dieses ersten Steins zu wachsen.

Außerdem kann dieser Grundstein zu einem sichtbaren Symbol werden, das alle Bewohner und Gäste an den Tag der Grundsteinlegung erinnert, wenn er so in das Fundament eingebracht wird, daß eine Seite davon nach außen hin sichtbar bleibt. An dieser Außenseite können Sie dann eine Gedenktafel aus Metall anbringen, die mit dem Datum der Grundsteinlegung versehen ist. Selbstverständlich kann diese Schriftplatte auch aus Stein gemeißelt oder aus Beton gegossen sein.

Wenn Sie ein Haus mit Kellerräumen bauen, können Sie Ihren Grundstein auch an der Stelle in das Fundament einsetzen, an der sich der darunterliegende Spaten befindet.

Natürlich dürfen Sie auch eine andere, für Sie stimmige Position des Grundsteines wählen. Setzen Sie allerdings den Grundstein als erstes, denn er sollte der erste Stein sein, an dem sich alle anderen Steine anschließen.

Falls Sie ein Haus aus Holz oder in Holzständerbauweise errichten oder eine andere Position für den Grundstein bestimmen wollen, können Sie diese bereits beim ersten Spatenstich über Ihre Wahrnehmung ausfindig machen. Begeben Sie sich hierfür auf das Grundstück und stellen Sie sich Ihr Haus bildhaft vor, wie es bereits vollendet vor Ihnen steht. Gehen Sie dabei um das Haus herum und betrachten Sie vor allem die Verbindung vom zukünftigen Fundament zum Mauerwerk des Erdgeschosses. Lassen Sie sich führen und denken Sie dabei an den Grundstein, der eine stimmige Stelle sucht, um dort eingebettet zu werden. An der Position, wo Sie Kraft, Standfestigkeit und Standhaftigkeit spüren und wirklich fest verwurzelt sind, können Sie den Grundstein für Ihr Haus setzen.

Sollten Sie beim Rundgang um Ihr zukünftiges Haus keine stimmige Position ausmachen können, begeben Sie sich in die Mitte des Hauses bzw. seines Grundrisses und gehen dort in die Wahrnehmung. Vielleicht werden Sie hier die Information bekommen, daß der Grundstein in der Mitte des Hauses eingebettet sein will. Dies bedeutet, daß Sie den Grundstein in die Bodenplatte des Hauses einbringen sollen, unabhängig davon, ob ihr Haus mit oder ohne Kellergeschoß gebaut wird.

Der Tag der Grundsteinlegung

Es wäre zu empfehlen, wenn es Ihnen möglich ist, diesen bedeutenden Tag im Kreise Ihrer Familie und gemeinsam mit Freunden und Bekannten zu begehen. Bedenken Sie, dies ist der erste Stein, den Sie setzen, und somit der Baubeginn Ihres Hauses. Diese ehrenvolle Handlung sollte man mit einer Feier nach dem Akt der Grundsteinlegung krönen.

Sprechen Sie dies vorher mit der ausführenden Baufirma ab und machen Sie sich einen Zeitplan. Ebenso können Sie mit der Baufirma abklären, an welcher Stelle Sie den Grundstein setzen wollen und wie man den Hohlkörper an dieser Stelle des Fundaments am besten einbringt und verankert. Die Grundsteinlegung selbst kann dann mit Unterstützung der Baufirma erfolgen.

Für den Akt der Grundsteinlegung sollten Sie sich einen sogenannten »Grundsteinhammer« beschaffen. Wenn Sie diesen dann, ähnlich wie Ihren Spaten, gestalten, schmücken oder einfach besonders erscheinen lassen, geben Sie ihm einen besonderen Wert und bereiten sich selbst auf geistiger und seelischer Ebene auf diesen Akt vor.

Bevor der Grundstein gesetzt wird, kann der Bauherr oder die Bauherrin alle Anwesenden vor sich versammeln lassen und durch eine kleine Rede auf den eigentlichen Akt einstimmen. Sehr schön und stimmig ist es natürlich, wenn jemand aus der Familie oder dem Freundeskreis dies durch eine musikalische Darbietung oder Gesang begleiten könnte.

Bevor der Bauherr oder die Bauherrin die Siegelhülle verschließt und in den Grundstein legt, sollte er oder sie vor allen Anwesenden die Grundsteinurkunde verlesen.

Auf diese Weise wird die Bedeutung dieses Tages, der Handlung und des Grundsteins sowie des gesamten Bauvorhabens nochmals hervorgehoben und der Wert dieses Steins und seiner Inhalte herausgestellt. Anschließend können alle Anwesenden auf diesem Dokument als Zeitzeugen diesen bedeutenden Tag durch ihre Unterschrift bekunden.

Das Versiegeln der Siegelhülle können Sie mit Naturharz oder Siegelwachs vornehmen. Vermeiden Sie es, diesen Metalldeckel durch eine Hartlötung rundherum zu schließen und abzudichten. Denn durch die

 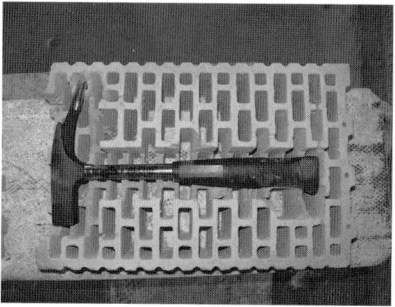

Abb. 77: In dieser Abbildung sehen Sie die Siegelhülle, die im Grundstein mit Quarzsand eingebettet wird. Vor dem Schließen des Grundsteins wird dieser mit Quarzsand aufgefüllt.

Abb. 78: Der Grundsteinhammer eingebettet in einen vorbereiteten Ziegel, der den Abschluß des Grundsteins bildet und mit ihm bedeckt wird

Abb. 79: Das Verschließen des Grundsteins in einer Wand im Untergeschoß des Hauses

Hitzeentwicklung kann es passieren, daß Ihre Dokumente verglühen und der Nachwelt dadurch nur ein Häufchen Asche hinterlassen wird. Sie würden Archäologen, die vielleicht tausend Jahre später an dieser Stelle Ausgrabungen machen, nur vor ein großes Rätsel stellen, was denn die Erbauer dieses Hauses mit der Asche im Grundstein bezwecken wollten.

Nach dem Einbringen der Grundsteinurkunde und aller anderen Inhalte in die Siegelhülle können Sie diese schließen und versiegeln. Nun können Sie die Siegelhülle in den Grundstein hineingeben und die Öffnung anschließend mit Mörtel verschließen. Jetzt kann der Grundstein gesetzt und im Fundament des Hauses durch das Anklopfen mit dem Grundsteinhammer verankert werden. Dieses »Anklopfen« ist im übertragenen Sinne mit dem Anklopfen eines Dirigentenstabes zu vergleichen, in dem der Orchesterleiter die Aufmerksamkeit aller auf sich vereint und somit den Auftakt der musikalischen Darbietung eröffnet. Ausführender sollten auf jeden Fall die Bauherren sein, die durch einen Maurer oder den Chef der Baufirma sowie den Architekten begleitet werden können. Der Grundsteinhammer wird auf den Grundstein gelegt und mit eingemauert.

Du, mein Fels, der erste bist
für dieses unser aller Heim,
deine Kraft die stärkste ist,
zum Wohle eines jeden Steins.

Du zeigst uns klaren Neubeginn,
gibst uns vor das erste Wort,
durch dich erkennen wir den Sinn
für unser Haus an diesem Ort.

Wir danken dir für deine Kraft,
für dein Wirken und dein Sein,
senkten dich nun auch ganz sacht
in den Rumpf des Fußes ein.

Du begründest und tust Kunde
durch deine wahrhaft' Grundsteinkraft
von diesem Tag und dieser Stunde
und aller menschlich' Schöpfermacht.

Wir danken für den ersten Schritt,
erbitten Glück und gut Gelingen,
auf daß jeder Griff und jeder Tritt
uns möge freudig Tagwerk bringen.

Dieses Gedicht dürfen Sie, wenn der Grundstein gesetzt wurde und eingemauert wird, begleitend zu dieser einbindenden Handlung sprechen. Hier vertiefen, bereichern und beschließen Sie den Akt der Grundsteinlegung mit einem krönenden und begleitenden Schlußwort.

Anschließend können sich die Bauherren bei allen Anwesenden für die Begleitung dieser Handlung bedanken und sie mit einer Feier oder einem kleinen Umtrunk festlich beschließen.

Die Begleitung des neuen Wesens in den einzelnen Entwicklungsstufen

Die allermeisten Bauherren werden aus verschiedenen Gründen bei der Erschaffung des Bauwerks, der einzelnen Geschosse und der zukünftigen Lebensräume meist nicht selbst Hand anlegen können. Wichtig und wertvoll wäre allerdings eine Begleitung der Bauherren während der ganzen Zeit bis hin zum Errichten des Dachstuhls. Am stimmigsten ist natürlich, wenn Sie es so einrichten könnten, daß Sie als Bauherr jeden Tag auf der Baustelle erscheinen und sich sehen lassen bzw. Ihrem Haus begegnen und Ihre Aufwartung machen. Es geht nicht darum, daß Sie von den Handwerkern gesehen werden, sondern von Ihrem Haus.

Sicherlich ist es förderlich, wenn Sie auch zu Zeiten auf die Baustelle kommen, wenn dort gearbeitet wird und die Handwerker anwesend sind. Denn dadurch werden Sie als verantwortungsvoller Begleiter und Bauherr wahrgenommen. Es sollte auch hier die Begegnung und der gemeinsame Dialog von Bauherren und Handwerkern wirklich gelebt werden. Erkundigen Sie sich dabei über den Verlauf und das bisher Geleistete. Bringen Sie Ihre Anerkennung gegenüber allen, die Ihr Haus erschaffen, auch in Worten zum Ausdruck. Gerne gesehen sind natürlich Getränke und Brotzeiten als Geste des Dankes für die bisher verrichtete Arbeit. Denn die Handwerker sind diejenigen, die in Ihrem Auftrag Ihr Haus errichten. Je öfter Sie sich als Bauherr und Auftraggeber zu erkennen geben, desto mehr werden Sie von den Handwerkern erkannt. Diese Erkenntnis vermittelt den Handwerkern wichtige »Informationen«, die Sie mehr und mehr im Sinne des Bauherren wirken lassen.

Am besten sollten die Bauherren von der Grundsteinlegung an bei jedem erschaffenen Abschnitt (Fundament, Keller, Erdgeschoß, Ober- und Dachgeschoß) am Tag des Beginns und am Tag der Vollendung persönlich anwesend sein und wenn möglich mit Hand anlegen. Denn mit jeder Ebene, die neu erschaffen und vollendet wird, erhebt sich nicht nur räumlich gesehen das Haus von der Erde, sondern es beginnt mehr und mehr zu wachsen, Gestalt anzunehmen und durch seine Erscheinung sein wahres Wesen zu zeigen. Auch bei der Errichtung bzw. dem Mauern oder Gießen der Treppe, sofern eine solche geplant ist, und beim Setzen des Kamins sollten die Bauherren dabei sein; wenn auch nicht unbedingt die ganze Zeit bis zum Abschluß, aber nach Möglichkeit beim Beginn, dem ersten Impuls.

Eine sehr wirkungsvolle Begleitung ist auch die feinstoffliche Begegnung mit den einzelnen Abschnitten und Übergängen von einer Ebene zur nächsten. Hier können Sie in den frühen Morgen- oder in den Abendstunden, wenn kein Betrieb herrscht, in aller Ruhe geistig oder sprachlich die Übergänge, die Phasen des Wachstums und der Entstehung der einzelnen Räume begleiten und feinstofflich unterstützen und die neuen Räume und Ebenen willkommen heißen.

Sie können hierfür ein für Sie stimmiges und förderliches Räucherwerk nehmen und mit einer Schale die erschaffenen Räume und Ebenen des Hauses im Leben begrüßen und zugleich die neuen noch nicht sichtbaren Räume und Ebenen begrüßen und willkommen heißen. Laden Sie diese zukünftigen Ebenen und Räume auf der seelisch-emotionalen Ebene ein, sich mit der Materie der bereits erschaffenen

Räumlichkeiten zu verbinden und gemeinsam zum Wohle für Mensch und Raum zu wirken. Danken Sie auch für den bisherigen Verlauf des Bauens und bitten Sie für einen gesunden, kraftvollen und segensreichen Fortgang für alle Beteiligten, für die Menschen wie auch für das Wesen Haus, das durch eine Gemeinschaft von Menschen geschaffen wird.

Das Aufrichten des Dachstuhls und der letzte Nagel

Wenn alle Wände gebaut und alle Räume erschaffen wurden, folgt das Aufrichten des Dachstuhls. Er bildet das Grundgerüst für die nachfolgende Bedachung mit Dachziegeln, Stroh, Schiefer oder Metall. Beides zusammen bildet die Krone Ihres Hauses.

Die Dachkonstruktion bestimmt, zusammen mit dem Grundriß des Hauses, die Erscheinung, Formgebung und Ausstrahlung des Daches, sie bildet den krönenden Abschluß der Bauphase. An dem Tag, an dem der Dachstuhl errichtet bzw. fertig aufgerichtet wird, sollte der Bauherr oder die Bauherrin selbst anwesend sein, um den »letzten Nagel« einzuschlagen und damit den symbolischen Schlußpunkt für die Errichtung des Hauses zu setzen. In der Regel wird dieser letzte Nagel am Tag der Richtfestfeier geschlagen, und der Bauherr steht zusammen mit dem Zimmermeister oder Zimmergesellen auf dem Dachboden, um diesen Akt auszuführen.

Dieses Einschlagen des letzten Nagels symbolisiert auf kraftvolle und laut hörbare Weise den Abschluß der Erbauung des Hauses und die sichere Vollendung des aufgerichteten Dachstuhls.

Der Richtbaum und das Richtfest

Nach dem Errichten des Dachstuhls ziehen die Zimmerleute ein mit bunten Bändern oder Tüchern geschmücktes Bäumchen auf, das von den Bauherren zuvor geschmückt wurde. Sehr wertvoll ist das Schmücken

Abb. 80: Der Richtbaum

des Richtbaumes mit den Bändern in den Farben Rot für das Element Feuer, Grün für das Element Erde, Gelb für das Element Luft und Blau für das Element Wasser. An der Spitze des Richtbaumes können Sie die Landesfarben Ihres Bundeslandes oder Kantons mit einbinden, um so symbolisch das Land, in dem dieses Haus errichtet wurde, zu repräsentieren.

Dieser Richtbaum wird dann an der Stelle des Dachstuhls angebracht, wo er von allen und von weither am besten gesehen wird. Denn mit dem Anbringen dieses geschmückten Bäumchens wird Stadt und Land und all seinen Bewohnern kundgetan, daß die Errichtung dieses Hauses abgeschlossen ist. Außerdem bildet das Aufrichten des Richtbäumchens und das Schlagen des letzten Nagels den Abschluß der Erschaffung des Hauskörpers, das mit dem Setzen des Grundsteins begonnen wurde. Der Hauskörper ist jetzt vollendet, und Stadt und Land wurden um ein neues Haus bereichert. Dieses Ereignis sollte zusammen mit allen beteiligten Handwerkern, dem Architekten sowie Freunden und Bekannten der Bauherren gebührend gewürdigt und gefeiert werden.

Nachdem vom Bauherren der letzte Nagel eingeschlagen wurde, spricht der Zimmermann den Richtspruch für das Haus und erhebt anschließend das Glas auf das Wohl des Hauses und der Bauherren, verbunden mit dem Dank für einen guten Verlauf der bisherigen Bauphase. Dann wirft er das Glas zu Boden, so daß es zerspringt. Diese glückbringenden Scherben werden später auf verschiedene Weise und an unterschiedlichen Stellen im oder am Haus mit eingeputzt. Meist sagen die Zimmerleute den Bauherren, wie und wo die Scherben und der Fuß des Glases ins Haus mit eingebunden werden können. Damit soll sich das Glück auf das Haus und seine Bewohner übertragen und dem weiteren Verlauf der Bautätigkeit Glück und Segen schenken.

Das Richtfest oder die Hebefeier wird von den Bauherren ausgerichtet, die so allen Handwerkern ihren Dank zum Ausdruck bringen. Es ist eine gute Gelegenheit für die Bauherren, durch eine kleine Ansprache den Verlauf der bisherigen Bautätigkeit zu schildern und allen Beteiligten für ihr Wirken zu danken. Im Anschluß daran beginnt das Fest, das man mit Musik begleiten kann. Diese Feierlichkeit bietet neben Speis und Trank die Möglichkeit, allen Freunden, Bekannten und Nachbarn den bisherigen Verlauf der Bautätigkeit und alle erschaffenen Räumlichkeiten zu zeigen.

9. Die Bildung der Lebensquellen – Praxistips

Nachdem der sogenannte Rohbau vollendet und der Dachstuhl errichtet wurde, wird dieser eingekleidet und das Haupt des Hauses bedeckt. Die Bedachung erfolgt in der Regel mit Dachziegel, aber auch Metallblech, Stroh oder Schiefer können zum Einsatz kommen. Ebenso gibt es Grasdächer und Dachdeckungen aus Glas, Folie und Kunststoff. Sehr oft allerdings entscheidet die zuständige Behörde welche Dachform, Dachneigung und Dachdeckung das Haus bekommen soll. Wenn Sie allerdings die Möglichkeit haben, frei zu entscheiden, wäre es sehr wichtig, wenn Sie bereits bei der Planung des Hauses nicht nur die Dachform, sondern auch die Dachdeckung mit einbeziehen. Hier können Sie Ihrem Haus eine wirklich stimmige Kopfbedeckung mit auf seinen Lebensweg geben, die nicht nur das Haus, sondern auch seine Bewohner schützt und passend gekleidet begleitet.

Nach Abschluß der Dacharbeiten ist das Haupt des Hauses gekrönt und die geistige Ebene, der geistige Raum Ihres neuen Wesens erschaffen worden.

Nun folgt die Installation der wichtigen Lebensquellen Wasser, Wärme und Strom. Hier möchte ich Ihnen einige Tips geben, die sich leicht verwirklichen lassen.

Der Lebensquell Wasser – die Quelle allen Lebens

Das Element Wasser ist neben dem Element Luft das wichtigste Lebenselixier für alles Leben auf unserer Erde. Alles menschliche, tierische und pflanzliche Leben ist aus diesen beiden Elementen begründet worden. Daher sollte man dem Element Wasser und seiner Installation im Gesamtorganismus Haus ganz besondere Beachtung schenken. Die für mich wichtigste und erste Grundregel lautet hier: Je kürzer der Weg von der Quelle zum Gefäß, desto besser!

Das bedeutet, da das Wasser bis zu Ihrem Haus, wie schon erwähnt, einen weiten Weg zurückgelegt hat, muß dieser nicht noch im Haus unnötig verlängert werden.

Aus energetischer Sicht gibt es für mich bei der Installation dieses Lebenselixiers drei Kategorien: das erste Wasser, das zweite und das dritte.

Das erste Wasser soll den Menschen nähren, das zweite ihn reinigen und das dritte für Sauberkeit sorgen.

Dazu eine Veranschaulichung:
Stellen Sie sich einmal bildlich einen Fluß und eine Gruppe von Menschen vor, die sich dort niedergelassen haben, um eine Siedlung zu gründen. Der Fluß ist in diesem Fall ein sehr wichtiges Lebenselixier, denn er bietet Wasser zum Trinken und zur Nahrungszubereitung (Küche), aber auch um sich zu reinigen (Bad und Toilette), die schmutzige Wäsche zu waschen (Waschmaschine) und andere Dinge des Lebens zu säubern (Wirtschaftsraum). Von der Fließrichtung des Flusses ist jetzt abhängig, wo das erste Wasser entnommen wird. Das erste Wasser wird zur Nahrungszubereitung und zur Trinkwasserversorgung verwendet. Dann kommt die Stelle, an der sich die Menschen baden und reinigen; anschließend die Stelle, um ihre Kleidung zu waschen, und ganz zum Schluß wird das Wasser entnommen, das für die Säuberung verschiedener anderer Dinge und Materialien verwendet wird.

Wie Sie bereits im Kapitel Lebensraumplanung bei der Beschreibung der Wasserinstallationen gelesen haben, ist es sinnvoll, die Räume der Trinkwasserentnahmestellen (erstes Wasser) von den Räumen des zweiten (Bad, Toilette) und dritten Wassers (Wirtschaftsraum) zu »trennen«. Der Weg des ersten, zweiten und dritten Wassers ist daher sinnvoller Weise bereits bei der Planung des Hauses zu berücksichtigen.

Die eigene Quelle schaffen

Auch wenn heutzutage so gut wie niemand mehr sein Trinkwasser aus der eigenen Quelle oder aus dem eigenen Brunnen entnehmen kann, haben Sie doch die Möglichkeit, sich eine solch persönliche »Lebensquelle« zu schaffen; und zwar an der Stelle, wo die Hauptwasserleitung in das Haus hineingeführt wird. Vor dem Fundament des Hauses können Sie einen Brunnen bauen, durch den die Hauptleitung führt und ins Haus gelangt. In diesem Brunnen befindet sich zwar kein sichtbares Wasser, aber es entsteht ein Raum, der gefüllt werden darf und so die Hauptwasserleitung ummantelt. Diese Raumfüllung bzw. das verwendete Material informiert und energetisiert das Wasser, das durch dieses hindurchfließt. Am besten eignet sich hier eine Mischung aus Kiesel, Sand, Quarzsand und edlen Steinen wie z.B. Rosenquarz und Bergkristall.

Den Brunnen selbst können sie aus vorgefertigten Brunnenringen oder durch Ziegel schaffen. Der Durchmesser des Brunnens darf eine Größe von 80 bis 100 cm betragen, und seine Tiefe sollte so angelegt sein, daß die Hauptwasserleitung nach unten und oben von einer mindestens 50 cm dicken Kiesel-, Sand- und Edelsteinfüllung umgeben ist. Die Brunnenposition und ihre Form und Füllung kann so geplant und realisiert werden, wie in der nachfolgenden Abbildung zu sehen.

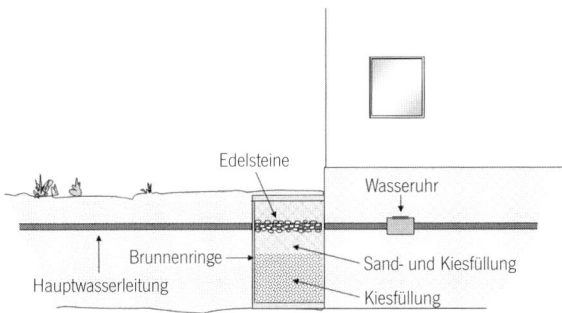

Abb. 81: In dieser Abbildung sehen Sie die Position des »Brunnens« am Haus sowie die Formgebung und seine Füllung

Der Hauptbestandteil dieser Brunnenfüllung besteht aus Kiesel und Sand. Die Edelsteine sollten höchstens die gleiche Größe wie die Kiesel haben, lieber etwas kleiner sein, damit Sie sie direkt am Hauptwasserrohr und in seiner unmittelbaren Nähe leicht verteilen und das Rohr besser ummanteln können. Für eine Länge von etwa 100 cm würden rund 25 Edelsteine reichen, um das Rohr zu ummanteln und das darin fließende Wasser zu informieren.

Hier erfüllt der Brunnen selbst die körperliche Resonanzebene, bietet dem durchfließenden Wasser einen wirklich natürlichen und energiereichen »Flußbettkörper« und bildet sozusagen eine Brücke zwischen der Quelle und dem empfangenden Gefäß. Die geistige Resonanzebene wird bei der Erschaffung des Brunnens durch Sie selbst, den Schöpfer, erfüllt. Während der Planung, Bildung, Gestaltung und Füllung Ihres Brunnens bringen Sie Ihre geistigen Impulse in die Verwirklichung mit ein und erfüllen diesen »Schöpfungsraum« mit Ihrem Bewußtsein. Das »Wie«, das »Warum« und das »Wofür« wird durch Ihr Denken und Handeln beantwortet und begleitet die Realisierung. Die seelische Ebene wird von Ihrer inneren Einstellung zum Thema dieser Handlung erfüllt. Gestärkt wird diese Ebene vor allem durch Ihre innigste Herzenskraft und Ihre emotionale Leidenschaft und Liebe, die diesem Brunnen von Beginn an Leben einhaucht. Durch diese emotionale Schöpfungskraft wird dieser Lebensquelle, die durch Ihre Hände, Ihren Geist und Ihr Herz erschaffen wurde, ihre Aufgabe übertragen und ihrer Bestimmung übergeben.

Während der Füllung mit den Edelsteinen können Sie gerne ein für Sie stimmiges Gebet oder einen Segen sprechen. Hier haben Sie die Möglichkeit, Ihre Handlung durch die Worte, die Sie sprechen oder singen, wirkungsvoll zu verstärken. Denn es ist nicht nur entscheidend, was wir tun, sondern auch wie und auf welche Art und Weise es getan wird. Entscheiden Sie selbst, wie Sie mit dem Bau des Brunnens beginnen und wie Sie diesen vollenden und abschließen.

Die Wärmeenergie – der Kreislauf des Organismus

Wenn Sie über die Art Ihrer Heizung frei entscheiden können, wäre es von Vorteil, sich soweit als möglich von Öl, Gas oder Strom unabhängig zu machen. Nutzen Sie die Kraft der Natur und informieren Sie sich über Solar-, Holz- oder Erdwärmesysteme, mit denen Sie Ihre Wärme erzeugen können. Eine stimmige und natürliche Kombination ist die Solarwärme in Verbindung mit einer Holzheizung. Selbstverständlich sollte hierbei die Versorgung mit Holz gewährleistet sein, um den Bedarf an zusätzlicher Wärme und Warmwasser auch im Winter zu decken.

Praxistip:

Bei der Solarenergiegewinnung ist außerdem darauf zu achten, in welchem Winkel zur Sonne die Solarmodule montiert werden. Das bedeutet, daß Sie hier den Einstrahlwinkel der Sonne optimal nutzen sollten. In der Regel sind die Solarmodule zur Erzeugung von Wärmeenergie direkt am Dach montiert und liegen somit im gleichen Winkel wie die Dachneigung es vorgibt. Hier haben Sie eine hohe Leistungsausbeute im Sommer, wenn die Sonne hoch am Himmel steht. Allerdings verringert sich im Winter durch den veränderten Einstrahlwinkel der Sonne die Leistung um einiges. Daher wäre es ratsam, die Solarmodule in einem steileren Winkel zu montieren, um im Winter einen optimalen Einstrahlwinkel der Sonne zu haben. Damit können Sie die Energieaufnahme enorm steigern. Denn in der kalten Jahreszeit brauchen Sie mehr Energie als im Sommer. Zwar haben Sie im Sommer nicht den optimalen Einstrahlwinkel, aber durch die hohe Sonnenkraft und den geringen Energieverbrauch verfügen Sie immer noch über einen Energieüberschuß.

In der Praxis hat sich gezeigt, daß Solarmodule, die in einem Winkel von 72 Grad montiert sind, gegenüber den Solarmodulen mit einem Winkel von 36 Grad auf einem Nachbarhaus im Winter um 50% mehr Leistung bringen. Außerdem hat es den Vorteil, daß sich bei einem steileren Winkel keine Schneedecke bilden kann, die über Nacht vereist und die Leistung tagsüber verringert.

Das Wort Energieüberschuß möchte ich in diesem Zusammenhang noch etwas näher erläutern. Es ist unsere Verpflichtung gegenüber den nachfolgenden Generationen, mit den natürlichen Ressourcen zur Energiegewinnung, die die Erde bietet, achtsam und verantwortungsbewußt zu wirtschaften. Die Sonnenenergie können wir nicht ausbeuten, sie gibt es im Überfluß. Und eben diesen natürlichen Energieüberschuß, der uns jeden Tag zur Verfügung steht, dürfen wir bei der Erzeugung von Wärme wirklich nutzen. Zum einen schickt uns die Sonne keine Rechnung und zum anderen ist es eine natürliche Energie, die unsere Räume und uns Menschen wärmt.

Informieren Sie sich bei Ihrem Heizungsinstallateur über eine sogenannte thermische Solaranlage und lassen Sie sich ein individuelles Kostenangebot unterbreiten.

Bei der Installation der Solarmodule für die Wärmeerzeugung ist aus energetischer Sicht darauf zu achten, an welcher Stelle sie aufgestellt und montiert werden. Wenn Sie die Möglichkeit haben, können Sie sie auf einem Nebengebäude oder auf der Garage montieren. Gegen eine Montage auf dem Dach des Hauses ist nichts einzuwenden, allerdings sollten die Alternativen Garage oder Nebengebäude vorher geprüft werden.

Die Stromversorgung – das energetische Nervensystem des Hauses

Für die Stromversorgung im Haus spreche ich in der Beratung immer eine Grundregel aus: Lieber eine Steckdose zu viel als eine zu wenig. Das mag vielleicht etwas gegensätzlich klingen, wenn man an Elektrosmog denkt, aber lassen Sie mich erklären, was ich damit meine. (Es wurde bereits schon einiges zu dieser Thematik im Kapitel Stromleitungen auf S. 143 geschrieben. Da mir dieses Thema sehr wichtig ist, möchte ich es hier noch einmal ergänzend vertiefen und Erfahrungen aus der Beratungspraxis aufzeigen.)

Zum einen geht es darum, jeden Raum gleichermaßen in das zukünftige Nervensystem mit einzubeziehen, um den gesamten Organismus gleichmäßig zu versorgen. Denn auch der Mensch ist in jedem Bereich seines Körpers mit Nervenzellen (Steckdose und Lichtschalter) und Nervenbahnen (Stromleitungen) versorgt, um Impulse zu empfangen und weiterzuleiten. Somit ist eine solche Stromversorgung auch im Organismus Lebensraum nur zu empfehlen.

Zum zweiten sind Sie bei einer optimalen und vorausschauenden Planung Ihrer zukünftigen Stromversorgung nicht auf Verlängerungskabel und Mehrfachsteckdosen angewiesen. Dies sind nur Provisorien, die aber als ewig bleibendes Raumgestaltungszubehör und als nerviges Übel unsere Lebensräume »schmücken« und unser Leben nicht nur begleiten, sondern auch beeinflussen. Durch eine gründliche und zukunftsweisende Planung können Sie dies vermeiden.

Als dritten Punkt möchte ich auf ein immer wiederkehrendes Problem aufmerksam machen. Es werden zwar jede Menge Plätze im Haus mit Kabeln versorgt, um daran eine Lichtquelle in Form eines Lampenschirms, Strahlers oder anderer Leuchten zu installieren, aber selbst nach Bezug des neuen Hauses schmücken diese Kabelausgänge dann immer noch die provisorischen Baulampen. Diese, mit drei farbigen Drähten und einer wunderschönen Lüsterklemme verbunden und von einer staubigen Glühbirne gekrönt, bilden dann den strahlenden Höhepunkt der Lichterzeugung im Gesamtorganismus Haus. Durch die sichtbaren Drähte dieser Lampe liegen in jedem Raum, wo sich so eine Verbindung zeigt, die Nervenbahnen, wenn auch nur ein bißchen, offen. Da der Mensch ein Gewohnheitstier ist, kann ich Ihnen aus meiner Erfahrung sagen: Wenn Sie vor Bezug Ihres Hauses keine Lampen installieren, sei es aus Zeit oder Geldmangel, dann werden Sie es nach Bezug des Hauses auch nicht tun; und zwar aus einem ganz einfachen Grund: Sie sind froh, überhaupt so weit gekommen zu sein und den Einzug endlich geschafft und überstanden zu haben. Jetzt wollen Sie erst einmal Ruhe und von Bauen und Handwerk nichts mehr hören und sehen. Das ist nicht nur menschlich, sondern auch durchaus nachvollziehbar, und ich kann dafür auch vollstes Verständnis aufbringen. Es kann Ihnen dann allerdings passieren, wie ich es immer wieder bei den Beratungen erlebe und schon beschrieben habe, daß selbst Jahre nach Bezug des eigenen Hauses immer noch in jedem Raum, ich wiederhole, in *jedem* Raum eine Baulampe als Lichtquelle installiert ist, in Flur, Kinderzimmer, Wohnzimmer, Bad, Küche und allen anderen Räumlichkeiten vom Keller bis zum Dachboden.

In einem Fall klagte die Frau des Hauses darüber, daß sie mit keiner Arbeit im Haus fertig werden würde und sie immer sehr angespannt sei. Diese Anspannung übertrug sich auch auf die Kinder. Denn sie waren zusammen mit der Mutter die meiste Zeit im Haus, der Vater nur abends und nachts, denn er mußte sich um die Firma kümmern. Die »Anspannungsursache« wurde tatsächlich mit der Installation von »richtigen« Lampen aufgehoben.

Praxistip:
Falls Ihnen die Zeit oder die finanziellen Mittel für die Lampen im Haus fehlen, die Sie gerne hätten, kann ich Ihnen folgende Vorgehensweise empfehlen: Kaufen Sie einfach günstige im Baumarkt oder ersteigern Sie sich welche im Internet. Wichtig ist, daß die hervorstehenden Kabel aus der Decke und den Wänden mit einer, wenn auch sehr einfachen Lampe versehen werden und ein entsprechender Abschluß vollzogen wird. Entscheidend ist, daß bei Bezug des Hauses keine Kabelstränge zu sehen sind. Sollten Sie die eine oder andere Lichtquelle momentan nicht brauchen, verkleiden Sie sie mit einer Schutzdose.

10. Die Baustoffe – die Elemente des neuen Lebensraumes

In diesem Kapitel beschäftigen wir uns mit den einzelnen Baustoffen, die man für den Bau eines Hauses verwenden kann oder will. Vorab möchte ich jedoch noch gerne auf ein Thema eingehen, das die meisten Bauwilligen sehr beschäftigt: die Auswahl der Gewerke und Firmen, die die Arbeiten ausführen. Die meisten Bauherren lassen sich hier von verschiedenen Anbietern beraten und holen sich entsprechende Angebote ein. Die Problematik, die dabei auftaucht, wiederholt sich ständig, und so bekomme ich in der Beratung immer wieder die gleiche Aussage zu hören: »Die sagen alle etwas anderes.« So der Kommentar vieler Bauherren, nachdem sie ihre Erkundigungen und Angebote eingeholt haben. Daraus resultiert natürlich eine große Unsicherheit, und die hemmt in der Regel die Motivation und Vorfreude der Bauherren an ihrem Vorhaben.

Als ich 1999 das erste Mal mit solch einer Situation konfrontiert wurde, als ich nämlich den Raum für mein zukünftiges Café umbauen wollte, war ich mir auch nicht sicher, welcher Handwerker und welche Materialien für das Projekt und für mich selbst am besten wären. Aus diesem Grund machte ich mich kundig, an wen ich die Aufträge vergeben könnte, indem ich mir Informationen bei Menschen einholte, die diese Firmen bereits kannten oder schon Aufträge an sie vergeben hatten. Nach meiner ersten Entscheidung für zwei Handwerker bat ich den Elektriker und den Wasserinstallateur in meine Räume, und wir sprachen den geplanten Umbau durch. Dabei war es mir nicht so wichtig, wie ihr Preis war, sondern vielmehr, ob die Chemie zwischen uns stimmte. Denn es hat wenig Sinn, einen günstigen Anbieter zu nehmen, wenn es zwischenmenschlich hinterher Probleme und Mißverständnisse gibt. Dies würde dem Arbeitsablauf, dem Ergebnis und der feinstofflichen Energie im Raum nur entgegenwirken.

Bei unserem ersten Gespräch verdeutlichte ich den beiden meinen Plan und die zukünftige Bestimmung der Geschäftsräume. Im Gespräch kamen wir dann darauf, daß für die Realisierung auch noch ein Maurer und ein Trockenbauer gebraucht würden. Daraufhin fragte ich, ob sie jemanden empfehlen könnten und machte sie gleichzeitig darauf aufmerksam, daß ich für dieses Projekt nur ein bestimmtes Budget zur Verfügung habe. Sie empfahlen mir zwei Firmen, die sich für mich als sehr stimmig herausstellten, sowohl im Zwischenmenschlichen, in der Qualität der Arbeit wie auch im Preis. Der war nämlich um vieles günstiger als ich es vorher einkalkuliert hatte. Während der gesamten Umbauphase bis zur Eröffnung des Cafés gab es nicht die kleinsten Verzögerungen oder Schwierigkeiten, weder bei den Handwerkern noch bei den benötigten Materialien. Das war sicherlich auch der Hauptgrund, warum alle Arbeiten, einschließlich der Einrichtung und Endreinigung, fünf Tage vor der Eröffnung abgeschlossen waren. Ich hatte wirklich noch »Urlaub« und konnte mich in aller Ruhe geistig und seelisch auf die Eröffnung vorbereiten.

>»Die Bilanz billiger Bauten ist verfälscht, da man alle Faktoren wie
> Unzufriedenheit und Krankheit mit einbeziehen muß.«
> Friedensreich Hundertwasser

Denn es handelt sich beim Bauen nicht nur um eine finanzielle Investition, sondern auch um den zukünftigen Lebensraum der Ihnen und Ihrer Familie, vielleicht über mehrere Generationen, Gesundheit, Wohlbefinden und Lebenskraft schenken soll.

Eine stimmige Auswahl der Gewerke, der Handwerker, der Lieferanten und ein gut ausgearbeiteter Zeitplan sind wertvolle Begleiter, um einen optimalen Ablauf und eine erfolgreiche Realisierung zu verwirklichen.

Sicherlich hat damals die feinstoffliche Begleitung einen wertvollen Beitrag dazu geleistet, da ich den einzelnen Abschnitten immer wieder neu begegnet bin und für einen segensreichen Ablauf und eine förderliche Entwicklung zum Wohle des Raumes wie auch der geleisteten Arbeiten schöpferisch tätig war.

Aus diesem Grund kann ich Ihnen eine feinstoffliche Begleitung während der Bau- oder Umbauphase nur empfehlen. Denn, wie Sie bereits wissen, sind die wesentlichen Dinge für unsere Augen unsichtbar. Aber es sind die »wesentlichen« und für mich persönlich und aus meiner Erfahrung die einflußreichsten Kräfte des Lebens.

So wie Sie von Anfang an Ihrer Planung und Verwirklichung begegnen und diese begleiten, werden Sie, entsprechend dem Resonanzprinzip, die für Sie stimmigen Menschen anziehen, die Sie in Ihrem Vorhaben mit dem gleichen Bewußtsein und Vertrauen unterstützen. Denn so wie Sie in den »Wald« oder in das Leben hineinrufen oder hineindenken, so wird es Ihnen wieder begegnen.

Das ist eine natürliche Gesetzmäßigkeit, die immer ihre Gültigkeit behalten wird.

Nun zur Auswahl der Baustoffe für Ihr zukünftiges Haus. Es gibt eine Vielzahl von verschiedenen Baustoffen und Materialien, mit denen Sie Ihren Traum vom eigenen Heim verwirklichen können. Und ich denke, es hat wenig Sinn, jetzt jeden einzelnen davon zu beschreiben und die Vor- und Nachteile aufzuzählen. Vielmehr ist es mir ein Anliegen, Möglichkeiten aufzuzeigen, wie Sie die für Sie stimmigen Baustoffe und Materialien bestimmen können.

Aufgrund Ihrer »Reisen« durch Ihr zukünftiges Haus haben Sie vielleicht schon seine Grundbaustoffe wahrgenommen. So konnten Sie womöglich schon erkennen, aus welchen Baustoffen Ihr Haus bestand: War es Ziegelmauerwerk oder Holz? Was für Bodenbeläge, Türen und Fenster konnten Sie sehen und aus was für Materialien waren diese?

Wenn Sie diese Baustoffe erkannt haben, machen Sie sich am besten auf den Weg und lernen Sie sie über Ihre Sinneswahrnehmung kennen. Denn man kann viel erzählen und schreiben über Baumaterialien, ihre Beschaffenheit und Wirkung, Vor- und Nachteile, Verarbeitungsqualitäten und Preis. Dies sind jedoch alles verstandesgeprägte Argumente, die nie Ihre emotionalen Bedürfnisse erfüllen können. Deshalb sollten Sie sich wirklich die Zeit nehmen, den Baustoff auch zu greifen, wirklich zu fühlen, seinen »Klang« zu hören, ihn zu spüren, seinen »Duft« aufzunehmen sowie seine Beschaffenheit und Farbe zu sehen. Spüren Sie sich hinein, wie es Ihnen mit diesem Material geht und wie Sie sich mit diesem Element emotional verbinden können.

Denn wenn Sie vor einer mit Lehm verputzten Wand stehen und Sie beim Sehen, Anfassen, Riechen und Fühlen ein Unbehagen empfinden, hat es wenig Sinn, sich für einen solchen Lehmputz zu entscheiden. Daher ist es ratsam, sich die verschiedenen Baustoffe in aller Ruhe zu betrachten, in die Hand zu nehmen und mit allen Sinnen wahrzunehmen. Denn jeder Mensch ist einzigartig, und diese Einzigartigkeit hat einmalige und ganz individuelle Bedürfnisse und Empfindungen, die befriedigt und erfüllt werden mögen.

Der beste Weg, um zu erfahren, in welcher baustofflichen Umgebung Ihnen im wahrsten Sinne das Herz aufgeht und Ihre Seele auflebt, ist der der Begegnung. Das bedeutet, begeben Sie sich in einen Raum oder an einen Ort, wo diese Baustoffe bereits verwendet worden sind. Denn nur auf diese Art und Weise können Sie wirklich feststellen, ob Sie sich dabei wohlfühlen und Ihnen etwas gegeben wird. An einer Baustelle oder in einem bestehenden Haus können Sie diesen Baustoffelementen wahrhaftiger und wirklichkeitsgetreuer begegnen als in einer Musterausstellung des Anbieters. Viele Bauherren lernen einige ihrer Baustoffe erst kennen, nachdem diese bereits im eigenen Haus verwendet und eingebaut worden sind. So manche Enttäuschung ist da vorprogrammiert. Aus diesem Grund empfehle ich Ihnen, Ihre persönlichen Baustoffe wirklich kennenzulernen und ihnen »sinnlich« zu begegnen.

Eine Veranschaulichung:
Stellen sie sich einmal vor, Sie haben schon lange den Wunsch, einen bestimmten Menschen kennenzulernen, den Sie bislang nur aus den Medien, Büchern oder Erzählungen kannten. Eines Tages begegnen Sie nun diesem Menschen und sind vielleicht enttäuscht, weil Sie sich ihn ganz anders vorgestellt hatten. Denn jetzt haben Sie die Wirklichkeit kennengelernt, und diese kann Ihnen eine reine Information über Bilder und Worte nie ersetzen. Für die Auswahl der Baustoffe und Materialien gilt das gleiche: Durch eine Begegnung lernen Sie all diese Elemente im wahrsten Sinne des Wortes hautnah und persönlich kennen,

um dann sicher entscheiden zu können, welche für Sie die stimmigsten sind.

Dies ist für mich einer der wertvollsten und stimmigsten Wege, seine persönlichen und individuellen Baustoffe zu entdecken.

Entscheiden sollte nicht allein der Preis, sondern die Wahrnehmung bei der Begegnung. Denn all diese Materialien erschaffen Ihren Lebensraum und werden Sie über Jahrzehnte begleiten und Ihr Leben mitgestalten.

Eine persönliche Überzeugung möchte ich allerdings trotzdem äußern:

Je natürlicher die Baustoffe und Materialien sind, desto natürlicher und gesünder wird der Körper, der Geist und die Seele des Hauses in seiner Kraft sein, den Sie erschaffen und in dem Sie zukünftig leben werden.

Die gesunde und natürliche Kraft dieses Hauses überträgt sich dann automatisch auf das Wohlbefinden und die Lebenskraft der Bewohner.

Erinnern Sie sich noch an die Beschreibungen der harmonikalen Raumplanung und den Vergleich mit der Planung und dem Bau eines Musikinstruments von Seite 93?

Beziehen Sie diese Erkenntnisse in Ihre Baustoffbegegnungen mit ein, und denken Sie dabei an die Stimmung, den Klang und die Klangfarbe, die durch die einzelnen Baustoffe erzeugt werden.

Praxisbeispiele von »Baustoffbegegnungen«

Als ich einen Hausbau geomantisch begleitete, gab ich den Bauherren den Tip, sich vor dem Verputzen der Innenwände außer dem konventionellen Zementputz ein Angebot über reinen Kalkputz erstellen zu lassen. In diesem Fall war der Kalkputz um einiges teurer als der Zementputz. Aufgrund meiner Empfehlung wurde dann nur das Badezimmer mit Kalk verputzt. Denn Kalk hat eine sehr gute Feuchtigkeitsregulierung, genauso wie Lehm. Hinzu kommt, daß Kalk einen hohen ph-Wert besitzt, der einer Schimmelbildung, insbesondere in Feuchträumen keinen Nährboden bietet. Voraussetzung ist allerdings, daß die

Wände nicht mit Fliesen verklebt werden, damit der Kalkverputz auch entsprechend atmen und wirken kann. Nachdem das Haus verputzt war und die Bauherren den Unterschied nicht nur sahen, sondern auch fühlten, sagten sie: »Wenn wir gewußt hätten, welch ein Unterschied das ist, dann wäre zumindest auch im Schlafzimmer Kalkputz verwendet worden oder am besten gleich im ganzen Haus.« Das bedeutet, wenn die beiden Bauherren diesem Baustoff vorher begegnet wären und ihn in seiner Wirkung und Erscheinung sinnlich wahrgenommen hätten, wäre wahrscheinlich das gesamte Haus mit diesem Material verputzt worden.

Auch in einem anderen Fall empfahl ich, sich über einen Kalkverputz ein Angebot erstellen zu lassen und sich näher darüber zu informieren. Hier gab es keinen Preisunterschied, und aus diesem Grund wurde das gesamte Haus mit Kalk verputzt. Bevor es gemacht wurde, gab ich die Empfehlung, mit dem Putzer zu reden, ob es möglich wäre, die Kanten und Ecken in den Räumen und an den Fensterleibungen leicht abzurunden, ungefähr in der Größe einer Daumenrundung. Dies konnte

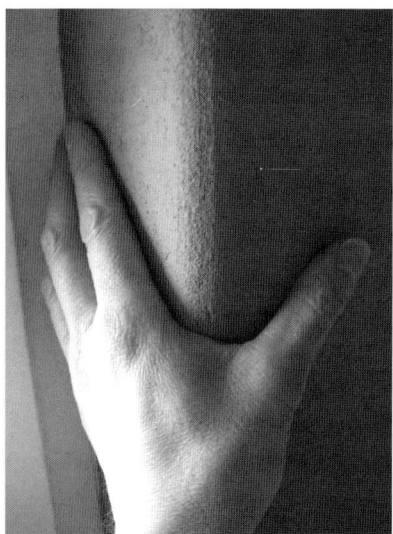 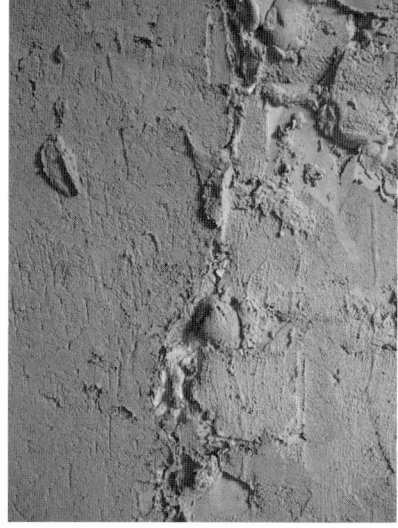

Abb. 82: Ein Abrundung statt Kante an der Fensterlaibung mit Lehmverputz

Abb. 83: Hier sehen Sie einen unmittelbaren Vergleich von Lehmverputz (links) und Zementverputz (rechts).

ohne Mehrkosten verwirklicht werden und das Gesamtergebnis des Zusammenspiels von Material und Formgebung war phänomenal.

Unabhängig davon, was für einen Verputz Sie verwenden, überprüfen Sie einmal den Gedanken, in allen Ecken und Kanten solche kleinen Rundungen zu verwirklichen. Aus meiner Erfahrung und den Rückmeldungen vieler Kunden ist dies eine »kleine« Gestaltungsarbeit mit einer sehr großen, lebendigen und wohltuenden Wirkung für Mensch und Raum.

Empfehlung:
Lassen Sie sich in jedem Fall ein alternatives Angebot über die verschieden Baustoffe und Materialien erstellen. Zum einen kostet es nichts zu fragen, und zum zweiten kann ich Ihnen aus meiner Erfahrung versichern, daß es regionale Unterschiede bezüglich des Preises gibt.

So war ich z. B. für eine Beratung in Nordrhein-Westfalen bei einem Objekt, wo alle Wände und Decken mit Lehm verputzt worden waren, aus dem ganz einfachen Grund, weil der Lehmputz gegenüber dem Zementputz um insgesamt € 3.500,00 günstiger war. Hier war nicht das Naturprodukt entscheidend sondern der Preis.

Informieren Sie sich in jedem Fall, sei es bei den Baustoffen für das Mauerwerk, bei den Bodenbelägen, Farben oder sonstigen Materialien.

Die Wahl der Materialien
für die Gestaltung der Räume

Nachdem das Haus nun errichtet ist, die Installationen eingebracht und die Wände verputzt sind, ist der nächste Schritt, die Räume dieses neuen Wesens zu gestalten. Dies kann eine leichte Tätigkeit sein, wenn jeder Raum und Flur in Weiß gehalten wird und die Räume anschließend mit Bildern, Wandstoffen, Vorhängen und anderen Einrichtungsgegenständen bekleidet werden.

Aus meiner Erfahrung hat allerdings die farbliche Gestaltung des Lebensraumes mehrere Vorteile. Zum einen spart kreative Farbgestaltung

Bilder und Fotos, was aber nicht heißen soll, daß Sie deswegen keine Bilder mehr im Raum und an den Wänden anbringen dürfen. Die Praxis hat allerdings gezeigt, daß sich nach der farblichen Gestaltung bei bestehenden Räumen auffallend weniger Bilder an den Wänden befinden als vorher.

Zum zweiten wird der Raum durch die farbliche Gestaltung individuell und stimmig gekleidet. Das bedeutet, der Raum bekommt durch seine Farbe und die Art und Weise bzw. die Form der Gestaltung ein individuelles und maßangefertigtes Kleid, das ihn entsprechend kraft- und wirkungsvoll erscheinen läßt. Das wäre so, als wenn Sie für sich selbst über eine Farb- und Stilberatung Ihre persönlichen Farben und Stilrichtungen ermitteln und anschließend bei einem Schneider und Schuster Ihre Kleidungsstücke anfertigen lassen, natürlich mit den entsprechenden Stoffen. Jetzt werden Sie denken, das ist ja alles schön und gut, aber wer soll das bezahlen? Genauso dachte ich auch immer, bis ich mich informierte und dann erkannte, daß eine Maßanfertigung gegenüber der Kleidung von sehr guter Qualität im renommierten Fachgeschäft keinen großen preislichen Unterschied ergab. Denken Sie an den Vergleich bei den Baustoffen: erst informieren und dann entscheiden.

Bei einer Farbgestaltung im Raum verhält es sich ebenso. Auch bei der Wahl der Farbmaterialien sollten Sie sich wirklich »vor Ort« informieren, ob Sie konventionelle Farben auf Dispersions-, Silikat- oder Kunstharzbasis oder Naturfarben verwenden wollen. Die allgemeine Aussage, Naturfarben sind teurer als herkömmliche Farben, ist unwahr und nicht haltbar. Nur ist dies den meisten Menschen nicht bekannt. Ich kann Ihnen Ihre Räume mit natürlichen Farben günstiger gestalten, als wenn Sie qualitativ hochwertige Dispersionsfarben verwenden würden. Dies kann ich Ihnen absolut versichern.

Zum dritten erzeugt ein Raum, der farblich stimmig und individuell gestaltet wurde, mehr Aufmerksamkeit und Energie, als wenn er einheitlich in weiß gekleidet wird. Hier muß ich allerdings hinzufügen, daß die Farbe Weiß die wichtigste Farbe bei der farblichen Gestaltung darstellt. Das heißt, entscheidend bei der Gestaltung von Räumen ist die Verhältnismäßigkeit der verwendeten Farben zu den verbleibenden Flächen in Weiß. Mehr dazu im Kapitel Farbgestaltung.

Ihr persönlicher Wahrnehmungstest für Farbmaterialien:

Wenn Sie sich bei der Auswahl der Farbmaterialien trotz Ortsbegehung und Wahrnehmung nicht sicher sind, welche Sie verwenden sollen, dann gibt es die Möglichkeit, sich über das »Fühlen« zu entscheiden. Denn, wie Sie bereits wissen, ist der Verputz die Haut Ihrer Räume. Und diese ist mit Ihrer Haut am Körper vergleichbar. Sie empfindet und fühlt im übertragenen Sinn genauso wie die Ihre. Nun nehmen Sie die verschiedenen Farbmaterialien und streichen sich diese auf die Hand und den Arm. Wie fühlen Sie sich beim Auftragen der Farben und was fühlen Sie auf Ihrer Haut? Wie ergeht es Ihnen bei einer Dispersion- oder Silikatfarbe? Wie bei einer Lehm- oder Kalkfarbe? Wie fühlt sich das Material auf Ihrer Haut an? Welchen Geruch nehmen Sie wahr? Wie leicht läßt sich die getrocknete Farbe wieder von Ihrer Haut entfernen? Wie fühlen Sie sich danach, und wie reagiert Ihre Haut darauf?

Genauso können Sie vorgehen, wenn Sie den Gedanken in sich tragen, mit Tapeten zu arbeiten. Nehmen Sie ein wenig Tapetenkleister, streichen sich diesen auf den Arm und anschließend bekleben Sie ihn mit einem Stück Tapete. Wie fühlt sich das an?

Sollten Sie sich dabei rundherum wohlfühlen, dann nehmen Sie Tapete. Falls nicht, entscheiden Sie sich für ein Material, das auch Ihnen guttut und Ihnen ein sicheres und angenehmes Wohlgefühl auf Ihrer Haut vermittelt.

Auch bei der Auswahl von Bodenbelägen wie Holz, Fliesen, Teppich usw., bei den Stoffen wie z.B. bei Vorhängen oder Polstermöbeln oder bei der Wahl Ihrer Lampen und Möbel sollte nicht nur das Auge und der Verstand entscheiden, sondern auch das Berühren und Fühlen sollte in Ihre Entscheidung mit einfließen. Denn all diese Elemente werden über ihr Material, ihre Erscheinung und Ausstrahlung sowie ihre Energie, Ihr Leben und Ihren Raum über viele Jahre hinweg begleiten, prägen und energetisch informieren.

Praxistip:

Da die Gestaltung Ihrer Lebensräume die abschließende Phase darstellt und dies auch die sichtbare Ebene ist, die Ihre Räume bzw. Wände bekleidet, wäre es zu empfehlen, wenn Sie für diesen wichtigen Abschnitt über die finanziellen Mittel verfügen, um es zum Wohle von Mensch und Raum stimmig zu verwirklichen. Denn in der Praxis zeigt sich immer wieder, daß am Ende der Bauphase dafür das nötige Geld fehlt. Deshalb kann ich eine entsprechende Rücklage vor Baubeginn für die Gestaltung Ihrer Räume mit Farben und Bodenbelägen, Stoffen, Lampen und Möbeln nur empfehlen. Denn was vor Einzug nicht verwirklicht wird, gerät nach Bezug der neuen Räume erfahrungsgemäß schnell in Vergessenheit. Außerdem besitzt man danach nicht mehr die Energie und Motivation, dahingehend etwas zu verändern, und man lebt jahrelang mit der Umgebung, die man sich vor dem Einzug geschaffen hat.

Dazu ein Beispiel aus der Praxis:
Bei einer Beratung und Gestaltung für ein privates Wohnhaus fiel mir beim ersten Termin auf, daß im ganzen Haus vom Keller bis zum Dachgeschoß in keinem einzigen Raum eine Lampe installiert war. Es waren nur die nackten Glühbirnen in der Fassung und drei Kabel zu sehen; und das ganze seit mehr als fünf Jahren! Als ich nachfragte, warum nach so langer Zeit immer noch keine Lampen installiert wurden, bekam ich folgende Antwort: »Vor Bezug konnten wir uns für keine Lampen entscheiden und wollten dies nach Einzug erledigen. Aber irgendwann sieht man es nicht mehr und dann bleibt es halt so, wie es ist.« So die Aussage des Ehepaares.

Seltsamerweise waren nach meiner Beratung innerhalb von zwei Monaten alle Räume mit Lampen versehen und ließen die Räume entsprechend stimmiger und wohlwollender erleuchten als vorher.

Dieses Beispiel ist kein einmaliges, sondern ein Phänomen, das ich in der Beratungspraxis immer wieder erlebe. Mal sind es die nicht vorhandenen Lampen, dann der fehlende Treppenbelag und das nicht vorhandene Treppengeländer, vergessene Türen, provisorische Elektro- und Wasserinstallationen um nur einige »Machen-wir-später«-Faktoren zu nennen. Hinzu kommt, daß man in den eigenen Räumen nach einiger Zeit betriebsblind wird und die Wirklichkeit nicht mehr erkennt.

11. Die Lebensräume des Hauses und ihre Gestaltungsmöglichkeiten

In diesem Kapitel beschäftigen wir uns mit der Gestaltung, also der Bekleidung der einzelnen Räume Ihres Hauses. Die genannten Gestaltungstips in Material, Farbe und Form können allerdings nur als grundlegende Empfehlungen angesehen werden, da es ohne Wahrnehmung vor Ort gar nicht möglich ist, jeden einzelnen Raum individuell zu erfassen. Denn wenn Sie den Charakter und die Einzigartigkeit eines Raumes über die Wahrnehmung erkannt haben, werden Sie merken, daß eine pauschale Gestaltungsempfehlung Ihren Lebensraum nicht maßgeschneidert bekleiden kann. Kein Raum ist wie der andere. Sie können also weder die einzelnen Räume innerhalb Ihres Hauses miteinander vergleichen, noch die von anderen Häusern mit den eigenen. Es sind Ihre Küche, Ihr Bad, Ihr Wohnzimmer und Ihr Haus. In anderen Häusern sehen diese Räume nicht nur anders aus, sie sind es auch. Durch ihre Form, Größe, Erscheinung und Wesenskraft unterscheidet sich jeder Raum so individuell vom anderen, wie es bei uns Menschen auch der Fall ist. Jeder von uns ist anders; in seiner Größe und Form, seinem Charakter, seiner Erscheinung und Sprache unterscheidet sich jeder einzelne von uns gegenüber allen anderen Menschen und ist somit ein einmaliges und einzigartiges Wesen dieser Erde. Genauso sollten Sie Ihre Räume nicht nur betrachten, sondern auch wirklich erkennen und wahrnehmen: als einzigartige und eigenständige Wesen.

Allerdings gibt es aus meiner Erfahrung eine Menge Dinge, die man z. B. bei der farblichen Raumgestaltung grundsätzlich beachten kann und auch sollte. Diese Gestaltungstips werde ich in die Beschreibung der einzelnen Räume mit einfließen lassen und Ihnen im Kapitel 12 allgemein wichtige und förderliche Hinweise aus der Gestaltungspraxis an die Hand geben. Alle genannten Tips in diesem Kapitel können für Sie eine Anregung sein. Diese sollten Sie aber nicht davon abbringen, den eigenen Bildern und Wahrnehmungen Ihrer Raumreisen zu vertrauen, um Ihre persönlichen und individuell kreativen Erkenntnisse in Ihrem Lebensraum zu verwirklichen.

Hinweis:

Die genannten Tips und verschiedenen Vorgehensweisen der Wahrnehmung für die farbliche Gestaltung der einzelnen Räume können Sie jederzeit auch auf alle anderen Räume übertragen und anwenden.

Auch die Proportionen (Wandfläche zu Farbfläche), die ich in den jeweiligen Raumbeschreibungen angebe, können Sie jederzeit auf andere Räume übertragen. Entscheiden Sie selbst, ob alle Räume Ihres Hauses in einer einheitlichen Stimmung erklingen sollen oder ob jeder Raum seine eigene individuelle Stimmung entfalten darf. Ihre innere Wahrnehmung kann Sie diesbezüglich sehr wertvoll unterstützen.

In den folgenden Beschreibungen nenne ich Ihnen zur jeweiligen Hauptfarbe immer eine entsprechende Bordürenfarbe. Dies ist eine für Sie ergänzende Information, für den Fall, daß Sie über Ihre Wahrnehmung eine Gestaltung mit Bordüre vermittelt bekommen. Was eine Bordüre oder der farbliche Abschluß unterhalb der Decke im Raum bewirkt und welchen Wert dies für den Menschen hat, beschreibe ich Ihnen im Kapitel 14 – Farbe Rot.

Der Eingang und Flur:
Das Willkommensein und die erste Begegnung

Dieser Raum repräsentiert den Empfang des gesamten Lebensraumes. Hier wird der Mensch begrüßt, ihm im übertragenen Sinne die Hand gereicht und er willkommen geheißen. Es ist der erste Raum, dem man begegnet, wenn die Schwelle des Hauses überschritten ist. Hier kann sich der Mensch orientieren und wird eingeladen, allen anderen Räumen des Hauses zu begegnen. Aus diesem Grund sollte der Eingangsbereich keine dunkle und enge Nische sein, der einem Nadelöhr gleicht, sondern vielmehr in Größe und Erscheinung den Menschen Raum schenken, um mit Körper, Geist und Seele anzukommen und sich einzustimmen auf die Begegnung mit dem Haus, seinen Räumen und deren Bewohnern.

Sorgen Sie in diesem Raum auf jeden Fall für gute Lichtverhältnisse. Sei es nun Tageslicht oder elektrisches für die Abend-, Nacht- und frühen Morgenstunden. Für diesen Raum empfiehlt sich eine entsprechend kraftvolle Deckenbeleuchtung als Lichtquelle. Denken sie bei der Auswahl der Lampe an eine Sonne, die am Himmel erstrahlt und den Raum erhellt.

Bei der Gestaltung des Empfangsraumes gilt eine Grundregel im besonderen Maße. Was sieht man als erstes, wenn man die Schwelle von außen nach innen überschreitet? Welcher Blickfang begrüßt einen sozusagen, was »sticht« einem sofort ins Auge und welche Aufmerksamkeitsenergie wird dadurch erzeugt? Wirkt es anziehend auf den Betrachter?

Dies kann ein Bild, ein Kunstobjekt oder ein Segens- oder Willkommensspruch sein, der jeden Menschen begrüßt und neugierig macht, ihm zu begegnen. Sehr oft wird ein Willkommens- oder Segensspruch über der Eingangstür angebracht. An dieser Stelle empfängt er allerdings den Menschen nicht, sondern man nimmt ihn in der Regel erst wahr, wenn man das Haus wieder verläßt. Aus diesem Grund wäre es gut, wenn dieser im Eingangsbereich so positioniert wird, daß er auch wirklich begrüßt und wahrgenommen wird.

Weiterhin spielt das Kleid, die Farben und die Art der Farbgestaltung dieses Raumes eine wichtige Rolle, um dem Empfang des Hauses Ausstrahlung zu verleihen und seine Funktion hervorzuheben. Vielleicht haben Sie durch Ihre Raumreisen schon eine klare Vorstellung davon, wie und auf welche Art und Weise Sie mit welcher Farbe oder Farben gestalterisch tätig werden wollen. Falls nicht, gebe ich Ihnen gerne ein paar Tips, die Sie in Ihre Überlegungen mit einbeziehen können. Ebenso möchte ich Ihnen eine Möglichkeit aufzeigen, wie Sie die Farben Ihrer Räume erkennen und wahrnehmen können, sofern für Sie bei Ihren Raumreisen keine Farben erkennbar waren.

Eine Möglichkeit die Farben des Raumes zu ermitteln

Stellen Sie sich an die Schwelle des Raumes, als ob Sie gerade ankommen würden, und verweilen Sie dort einige Zeit. Atmen Sie ruhig ein und aus. Werden Sie innerlich ruhig und bereiten Sie sich auf die Wahrnehmung des Raumes vor, mit der Bitte, das Kleid des Raumes in Farbe und Form zu erkennen. Betrachten Sie sich den noch leeren und unbekleideten Raum in aller Ruhe. Nun schließen Sie Ihre Augen und bitten gleichzeitig darum, daß Ihnen der Raum seine Farben offenbart und Sie diese erkennen dürfen. Bleiben Sie neutral und offen für alle Informationen, die Ihnen über Ihre fünf Sinne mitgeteilt werden. Denn es kann durchaus sein, daß Sie nicht direkt Farbe sehen, sondern vielleicht eine schmecken, z.B. in Form einer Frucht, die Ihnen auf diesem Weg die Farbe offenbart. Ebenso kann Ihnen ein Duft in die Nase strömen und so die Farbe vermitteln. Wenn Sie eine Botschaft bekommen haben, öffnen Sie Ihre Augen und wiederholen das gleiche mit offenen Augen.

Welche Informationen werden Ihnen jetzt vermittelt? Sind es die gleichen? Oder ähnliche?

Begeben Sie sich anschließend in die Mitte des Raumes und schließen Sie die Haustür. Betrachten Sie alle Seiten, Winkel und Wände, ebenso die Decke dieses Eingangsbereichs und bleiben Sie mit Ihren Sinnesantennen weiterhin auf Empfang. Seien Sie ruhig und gelassen und werden Sie wieder neutral. Dies können Sie am besten, wenn Sie die Augen schließen und sich einen schneeweißen Raum vorstellen. Sie haben nur noch dieses Weiß vor Augen und löschen sozusagen alle vorhergehenden Informationen. Öffnen Sie anschließend Ihre Augen und bitten Sie den Raum, Ihnen seine Farben zu offenbaren. Lassen Sie diesmal die Augen geöffnet und bleiben Sie mit Ihren Sinnen auf Empfang. Wenn Sie Ihre Informationen bekommen haben, wiederholen Sie das ganze nochmals mit geschlossenen Augen. Erscheinen Ihnen die gleichen Bilder und Informationen wie beim ersten Mal an der Schwelle? Wie fühlen Sie sich jetzt? Welches Raumwohlgefühl durchströmt Sie nach der Wahrnehmungsbegegnung? Welchen Farbton haben Sie gesehen? Wie eindeutig war er für Sie? Durch was hat sich Ihnen diese Farbe gezeigt: als Frucht, als Duft, als Objekt allgemein, als Bild, als direkte Farbe?

Am besten, Sie machen sich schriftliche Notizen, um das Wahrgenommene nicht zu vergessen. Diese Vorgehensweise können Sie in und für jeden Raum anwenden. Gerne können Sie aber auch mit der bereits beschriebenen Raumreise arbeiten und so jeden Raum ebenfalls individuell wahrnehmen. Auf diese Weise können Sie sein Kleid in Farbe und Form, aber auch die Möbel, Lampen, Bilder und Bodenbeläge erkennen, die den jeweiligen Raum stimmig und kraftvoll bekleiden.

Wichtig ist, daß Sie sich dafür Zeit nehmen und in aller Ruhe, ohne Streß und Hektik vorgehen.

Im Kapitel 14 werde ich Ihnen bei der Beschreibung der einzelnen Farben meine Herangehensweise für die Bestimmung des Farbenkleides eines Raumes ergänzend beschreiben.

Für den Fall, daß Sie im Eingangsbereich keine Farbe erkennen konnten, kann ich Ihnen ein paar allgemeingültige Farb- und Gestaltungsempfehlungen geben. Diese sind aus meiner Erfahrung möglich und entsprechen einer »guten« Bekleidung Ihres Raumes. Allerdings können diese eine Wahrnehmung vor Ort nicht ersetzen und daher nicht das wirklich individuelle und maßgeschneiderte Farbenkleid Ihres Raumes bilden.

Beachten Sie bei der farblichen Gestaltung des Eingangsbereiches vor allem folgendes: Je kleiner der Raum, desto flacher die Farbgestaltung der Höhe. Das bedeutet, sollte Ihr Eingangsbereich bei einer Deckenhöhe von 260 cm eine Grundfläche von 5 - 7 qm haben, dann würde ich Ihnen empfehlen, mit der Hauptfarbe 4/8 der Wandhöhe und mit der Bordürenfarbe 1/8 der Wandhöhe zu gestalten. Die restliche Wandfläche bis zur Decke bleibt weiß.

Bei einer größeren Raumfläche und vielleicht einem Fenster, das zusätzlich Licht in die Diele bringt, können Sie mit der Hauptfarbe 5/8 und für die Bordüre 1/8 der Wandhöhe farblich gestalten.

Ein Beispiel zur Veranschaulichung:
Die Raum- bzw. Wandhöhe beträgt 260 cm. 4/8 davon sind 130 cm, die in Farbe gestaltet werden. Die Bordüre erhält 1/8 der Wandfläche, das wären in diesem Fall 32,5 cm. Die Wandhöhe wird dabei immer von der

obersten Kante der Bodenleiste bis zur Decke ermittelt. Das bedeutet, die Sockelleiste, ob aus Holz, Fliesen oder Teppichboden, wird nicht in die Wandfläche bzw. ihre Höhe bis zur Decke mit eingerechnet. Denn es ist die sichtbare Wandhöhe für die Abstimmung der Farbflächen ausschlaggebend. Außerdem sollte die Bordüre nicht direkt an die Hauptfarbe angrenzen, sondern mit einem Abstand von etwa 1 cm an die darunterliegende Hauptfarbe anschließen. Nachfolgende Darstellung soll Ihnen dies veranschaulichen.

Diese Vorgehensweise dürfen Sie jederzeit auf Ihre anderen Räume übertragen, sofern Ihnen über Ihre Wahrnehmung keine anderen Informationen vermittelt wurden.

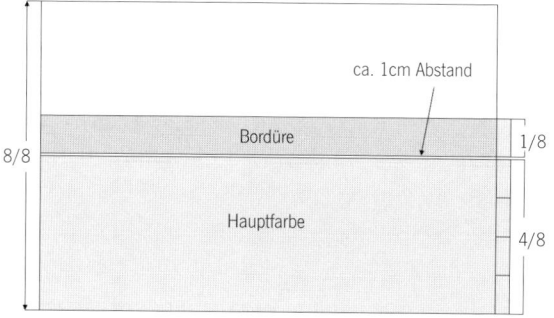

Abb. 84: Darstellung einer Wandgestaltung mit Hauptfarbe und Bordüre

Unabhängig von der Raumgröße Ihres Eingangsbereiches, sollten die Lichtverhältnisse bzw. die Leuchtkraft der elektrischen Lichtquellen den gesamten Raum sehr gut ausleuchten. Denn zum ersten lebt jede Farbe durch Licht, zum zweiten kommt durch diese Leuchtkraft die Farbe erst richtig zur Geltung und kann drittens dadurch die Energie und Wirkkraft der Farbe besser entfalten als mit einer leistungsschwachen Lichtquelle.

Das Farbenkleid für einen Eingangsbereich bzw. eine Diele kann sehr vielfältig sein. Eine allgemein stimmige Farbe bzw. Farbkombination, unabhängig von der Eingangsrichtung Ihrer Haustür, sind die Hauptfarben gelb-orange, ocker-orange, mandarin, gold-orange oder reinorange. Diese Hauptfarbe kann dann mit einer erdrotfarbenen Bordüre gekrönt werden. Diese Bordüre ist sozusagen der farbliche Abschluß der Gestaltung und zugleich eine stimmige und kraftvolle Verbindung zur Farbe Weiß im oberen Bereich der Wand und der Decke.

Die Küche:
der irdische Seelenraum für alle Sinne

In diesem Raum werden Nahrungsmittel verarbeitet, gewaschen, geputzt, portioniert und für den Verzehr zubereitet. Hier wird gekocht, gebacken und gebraten mit den Produkten, die auf der Erde gewachsen sind, aber auch solchen, die sich von ihren Pflanzen ernähren, also Rind, Schwein, Schaf, Ziege, Fisch, Huhn usw. Auf Grund dieser Tatsache kann man hier eine allgemein erdige Farbgestaltung empfehlen. Allerdings muß ich in diesem Zusammenhang auch erwähnen, daß sich durch die Wahrnehmung vor Ort nicht jede Küche in einem erdigen Farbenkleid präsentiert. Viele Küchen wurden nach der vertieften Betrachtung auch mit blauen und grünen Farbtönen gestaltet.

Im allgemeinen eignen sich aus obengenannten Gründen Farbtöne wie Ocker, Erdgelb, Terrakotta, Beige, Sand oder ein mittleres Rotbraun. Hier kommt es natürlich auch darauf an, aus welchem Material Ihre Küchenelemente bestehen und wie hell oder dunkel sie erscheinen. Hier können Sie folgende Grundregel in die Farbgestaltung Ihrer Küche mit einbeziehen: Je dunkler die Küchenelemente, desto heller und leichter

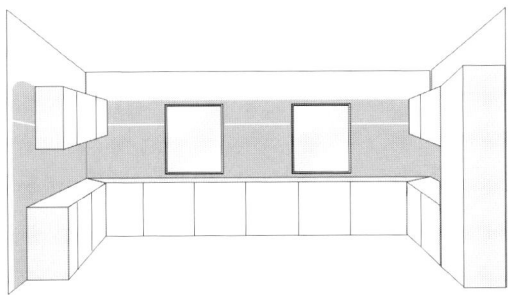

Abb. 85: Ein mögliches Farbformkonzept für eine Küche

die Farbintensität, und je heller die Küchenelemente, desto kräftiger, dunkler und intensiver können Sie mit den Farben gestalten.

Beachten Sie bei der Küche auch, daß sie nicht über den oberen Abschluß der Küchenzeile, also die Hängeschränke hinaus gestaltet wird. Die Abbildung auf Seite 207 zeigt Ihnen dies auf.

Außerdem können Sie diesen Raum mit Bildern von Früchten und der Fülle der Natur, von üppigen Kornfeldern oder Obstbäumen mit reifen Früchten bereichern. Auch Photos von Märkten, Obst- und Gemüseständen sowie Darstellungen von verschiedenen Lebensmitteln wie z. B. Kaffee, Gewürze, Tees usw. können das Thema des Raumes und die Fülle des Lebens stimmig repräsentieren.

Das Eßzimmer: aufnehmen, annehmen und gemeinsam genießen

In der Gemeinschaft zu Tisch sitzen, gemeinsam zu speisen und zu trinken, ist das Motto dieses Raumes. Sicherlich kennen Sie die Aussage: »Speis und Trank hält Leib und Seele des Menschen zusammen.« Ein Mahl in gemeinsamer Runde verbindet die Menschen mit Leib und Seele, fördert die Gemeinschaft und die familiäre Begegnung. Aus diesem Grunde ist es sinnvoll, wenn Sie Ihrem Eßzimmer während der Wahrnehmung für eine stimmige Gestaltung mit folgender Frage begegnen: Welche Größe und Form des Tisches und welches Kleid des Raumes fördern die Gemeinschaft und die familiäre Begegnung?

Dieser Raum sollte wirklich jeden einladen, Platz zu nehmen, um mit der Familie und Gästen zu speisen, zu feiern und mit allen Sinnen zu genießen.

Sollten Sie auch in diesem Raum über Ihre Wahrnehmung keine Farben erkannt haben, gibt es doch einige, die speziell diesem Raum und dem Thema der irdischen Freuden in der Gemeinschaft einen wertvollen Rahmen schenken. Da im Eßzimmer die zubereiteten Speisen der Küche verzehrt werden, überträgt sich diese erdige Qualität auch auf diesen Raum.

Die klassischen Farben, die die Qualitäten des Eßzimmers fördern, sind im allgemeinen erdige Wohlfühlfarben, wie z. B. eine Kombination aus Terrakotta-aprikot, Ocker-orange, Aprikot-orange oder Einzeltöne wie z. B. tonige oder lehmige Farben in Kombination mit einer kräftigen Bordüre als erhabenen Abschluß. Aber auch Bordüren in Form einer Stuckleiste, ob geklebt oder geputzt, können die Stimmung dieses Raumes klangvoll heben. In diesem Raum können Sie mit der Hauptfarbe 6/8 der Wandhöhe und die Bordüre in 1/12 der Wandhöhe, oder 4/6 der Wandhöhe und die Bordüre in 1/12 der Wandhöhe gestalten.

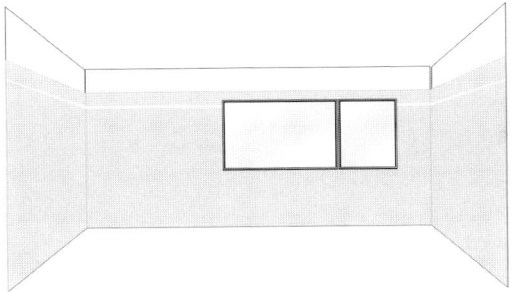

Abb. 86: Ein mögliches Farbformkonzept für ein Eßzimmer

Symbole der Einheit und Bilder der Gemeinschaft können dieses Thema im Eßzimmer ergänzen und die verbindende Gemeinsamkeit betonen. Dies kann das selbstgemalte Bild eines Kreises sein, der symbolisch das Band dieser Gemeinschaft darstellt, oder ein »Freundeskreis« aus gebranntem Ton. Bei solch einem Freundeskreis haben alle dargestellten Menschen die gleiche Größe und Gewichtung. Dieses Symbol hebt die Gleichheit und Gleichberechtigung in der Gemeinschaft hervor, wirkt über seine Erscheinung und bereichert das Thema des Raumes.

Das Wohnzimmer:
das Herz, das uns berührt und vereint

Wenn Sie diesem Raum in der inneren Wahrnehmung begegnen, nehmen Sie ihn ganz bewußt mit Ihrem Herzen wahr, um die gestalterische Präsenz seiner Herzenskraft und Qualität in ihrer Ganzheit zu erfassen. Seien Sie offen für die Bilder, Formen, Farben und Erscheinungen, die Ihnen dieser Raum offenbart und ans Herz legen will, damit Sie ihn mit diesen schmücken und bekleiden. So kann dies ein Raum der herzlichen und wahrhaftigen Begegnung sowie der familiäre und gesellschaftliche Mittelpunkt des gesamten Lebensraumes werden. Dieser Herzraum sollte durch seine Gestalt und seine Kraft aus seiner Mitte heraus zum Wohle für Mensch und Raum wirken. Aus dieser Mitte kann ein wahrer Lebensquell entspringen, der Wohlgefühl, Wärme und Geborgenheit vermittelt und Erholungsraum bietet.

Diese Eigenschaften werden durch sogenannte tragende und haltende bzw. vertrauenerweckende Farben oder Farbkombinationen am stimmigsten übermittelt. In diesem Fall können Sie mit helleren und mittleren »Brauntönen« im sandig-ockerfarbenen Bereich über bräunliche Aprikot-Töne bis hin zu kräftigen Terrakotta-Farbtönen gestalterisch tätig werden. Eine rötlichfarbene Bordüre sollte hier einen krönenden Abschluß bilden. Die Verhältnismäßigkeit von Farbe und Wand können Sie vom Eßzimmer auf diesen Raum übertragen.

Hier können Sie aber auch gerne im Goldenen Schnitt (1 : 0,618033) gestalterisch tätig werden. Angenommen, die ermittelte Wandhöhe beträgt 2,55 Meter, dann multiplizieren Sie diese Größe (255 cm) mit dem Faktor 0,618033. Somit erhalten Sie die Höhe der Hauptfarbe von 157,59 cm, gerundet 157,60 cm. Diese Größe multiplizieren Sie dreimal mit 0,618033 und erhalten somit die Höhe der Bordüre über der Hauptfarbe. Der Rechenweg sieht also folgendermaßen aus: 157,60 x 0,618033 = 97,40, 97,40 x 0,618033 = 60,197, 60,197 x 0,618033 = 37,20. Die Höhe Ihrer Bordüre beträgt in diesem Fall 37,20 cm und bildet zusammen mit der Hauptfarbe und einschließlich des Abstands zwischen den beiden Farben eine gesamte Farbhöhenfläche von 195,80 cm. Jetzt werden Sie sich sicherlich fragen, warum die Höhe der Hauptfarbe drei Mal mit dem Wert 0,618033 multiplizieren? Aus dem einfachen Grund, damit Sie zum einen eine stimmige Gesamtfarbhöhe und zum anderen auch noch einen in sich stimmigen Abstand der oberen Farbfläche zur Decke bekommen. In der Praxis hat sich gezeigt, daß die proportionale Wirkung für Mensch und Raum dadurch nicht beeinträchtigt wird.

Die genannten Farben und Farbkombinationen können Sie für Ihr Wohnzimmer verwenden, wenn Sie über Ihre Wahrnehmung keine Farbinformationen bekommen haben. Allerdings sollten Sie den Versuch wirklich unternehmen, über Ihre Wahrnehmung den wirklich individuellen »Farb-Ton« zu ermitteln. Denn, wie das Wort schon sagt, können Sie im übertragenen Sinne mit der für diesen Raum stimmigen Farbe und ihre Proportionen im Raum den richtigen Ton erklingen lassen.

So wurde z. B. ein Wohnzimmer mit den Farben Lindgrün und Lachs im stimmigen Verhältnis bekleidet. Eine sicherlich sehr ungewöhnliche Farbenkombination. Aber es war, wie sich nach der Gestaltung zeigte, die stimmigste, besonders für diesen Raum. Denn wenn die Farben bzw. Farbkombinationen und ihre Verhältnismäßigkeiten in sich stimmen und im Einklang sind, kann es passieren das z. B. Gäste, die diesem Raum vorher schon viele Male begegnet sind, die Veränderung gar nicht erfassen, sondern erst darauf angesprochen werden müssen. Der Grund ist einfach: Der Raumklang tönt durch die »Farbtöne« und die Verhältnismäßigkeit der einzelnen Farbflächen in sich stimmig und erzeugt so eine ausgeglichene harmonikale und melodische Stimmung.

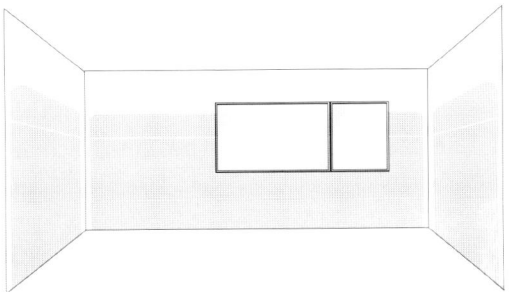

Abb. 87: Ein mögliches Farbformkonzept für ein Wohnzimmer

Dieses Phänomen habe ich in der Beratungs- und Gestaltungspraxis immer wieder erlebt und als Rückmeldung meiner Kunden bekommen.

In diesem Raum wäre es gut, ein Bild der Familie, die in diesem Haus lebt, repräsentativ an der Wand anzubringen. Wichtig ist hierbei, daß alle Mitglieder der Familie auf einem Bild dargestellt werden und keine Collage die familiäre Einheit zerstückelt. Ebenso können Sie in diesem Raum ein Bild der Großfamilie oder die Abbildung eines Stammbaumes der Familie integrieren. Natürlich dürfen auch Photos der einzelnen Familienmitglieder neben dem »Hauptbild«, diesen Raum schmücken. Aber das gemeinschaftliche Bild, auf dem alle Mitglieder der Familie zu erkennen sind, sollte immer im Mittelpunkt stehen. Dadurch werden die Einheit der Familie und die Kraft dieses Bündnisses hervorgehoben und das Thema der familiären Gemeinschaft betont.

Das Schlafzimmer: die intime Verschmelzung und die ruhende Macht

Die Bezeichnung »Vereinigung« bezieht sich für diesen Raum nicht nur auf die Intimität zweier Menschen, sondern auch auf die Verbindung der polaren Kräfte von Aktiv und Passiv. Das bedeutet, daß das Schlafzimmer die aktive Kraft der Sexualität und Fortpflanzung sowie die passive Kraft der Ruhe, Erholung, des Schlafes und Träumens wohlwollend in sich vereinigen sollte. Für die Gestaltung dieses Raumes ist das ein sehr spannender und herausfordernder Aspekt, der uns einlädt, diesem Raum im besonderen Maße mit den beiden Themen der Aktivität und Passivität in der Wahrnehmung zu begegnen.

Wenn es Ihnen möglich ist, bitten Sie darum, bei Ihrer Wahrnehmung die Inhalte des Raumes, also Bodenbelag, Bett, Lichtquellen, Vorhänge und Farben in ihrer Ganzheit zu erkennen, damit sich die Vereinigung von Aktiv und Passiv als Ganzes offenbart. Denn der Raum wird Ihnen die stimmige Verhältnismäßigkeit beider Kräfte in Material, Objekten, Farben und Formen vermitteln. Sollte die Möblierung des Raumes schon festgelegt sein, weil Sie Ihr Bett, die Nachttische und Ihren Schrank bereits besitzen, begegnen Sie Ihrem Schlafzimmer mit dieser Information.

Wenn sich Ihnen über Ihre Sinne keine eindeutigen »Bilder« bezüglich der Farben präsentiert haben, können Sie diesen Raum mit einer lebendigen und »menschlichen« Farbe gestalten. Dieser Farbton wird uns quasi durch die Natur, die Evolution und unseren »ersten« Raum, den wir wahrnehmen und erleben, unbewußt ein Leben lang begleiten. Denn jeder Mensch hat diesen inneren Raum nicht nur erlebt und erfahren, sondern ist in ihm auch erschaffen worden. Dieser innerorganische Farbenraum des Mutterleibes war unser aller Lebensraum, in dem wir uns in Ruhe (passiv) entwickeln und wachsen (aktiv) konnten. Hier wurden wir ausgebildet und gesegnet mit einem Körper und der Kraft unserer Sinne. Die farbliche Umgebung dieses Raumes hat sich in jeden Menschen eingeprägt und vermittelt uns die Kräfte und Qualitäten der Ruhe, der Sicherheit, der Geborgenheit, des Wachstums und der natürlichen Entwicklung. Den Grundton dieser Farbgebung bezeichne ich als Aprikot-Ton, von denen einige Varianten in der Raumgestaltung eines Schlafraumes aber auch bei anderen Räumen möglich sind.

In Kapitel 14 werde ich Ihnen einige Farbtöne dieser Farbengruppe nennen und beschreiben.

Die Formgestaltung mit Farbe spielt in diesem Raum eine große Rolle, da sie maßgeblich dazu beiträgt, eine so genannte »Einbettungsqualität« zu erschaffen. Die nachfolgenden Abbildungen sollen Ihnen dies verdeutlichen.

Wenn Sie in diesem Raum Bilder anbringen wollen, dann achten Sie darauf, daß diese das Thema von Ruhe, Erholung und Entspannung vermitteln. Sie sollten keine Aufregung und Hektik vermitteln. Denn Ihr Körper und Ihr Geist sollten sich wirklich entspannen können und nicht durch aufregende Bildinformationen, die Hektik, Abenteuer und Gefahr darstellen, gestört werden.

Achten Sie ganz allgemein darauf, welche Bilder, Fotos und Symbole Ihren Lebensraum schmücken und informieren. Denn sie alle verfügen über die Gabe, das Thema ihrer Erscheinung und Darstellung in Form von Bilder- und Symbolsprache in den Raum »hineinzusprechen«. Daher auch der Ausdruck Bildersprache. Denn jedes Bild, jedes Foto, jedes Symbol und Kunstobjekt informiert, auf sehr stille und fast unmerkliche Art und Weise, die Energie des Raumes und verändert sie

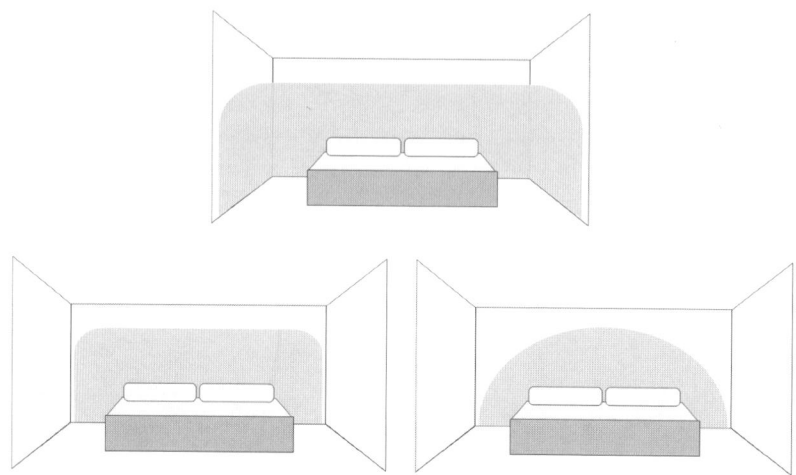

Abb. 88/88a/88b: Diese drei Abbildungen zeigen Ihnen mögliche Farbformgestaltungen eines Schlafzimmers

dadurch. Diese Gestaltungsobjekte informieren Ihren Lebensraum sozusagen rund um die Uhr, bei Tag und bei Nacht.

Daneben spielt es meiner Erfahrung nach eine große Rolle, wer das Bildnis oder das Kunstwerk erschaffen hat. Auch wenn es sich dabei nicht um ein Original handelt, schwingt auf feinstofflicher Ebene die Energie des schaffenden Künstlers mit in den Raum hinein und beeinflußt seine Stimmung.

Das Kinderzimmer: die (r)evolutionäre und energiereiche Entwicklung

Flexibilität, Veränderung und Wachstum sind wohl die drei wichtigsten Themenbegriffe, die ein Kinder- und Jugendzimmer beschreiben können. Daraus ergibt sich aus meiner beruflichen Erfahrung eine besondere Herausforderung in der Gestaltung dieser Räume. In der Beratung stellt dieser Raum gerade deswegen ganz besondere Anforderungen an mich als Berater, an das Kind oder den Jugendlichen und an die Eltern.

Dazu ein Beispiel, wie ich es in der Praxis viele Male erlebt habe:

214

Das Kind oder der Jugendliche sitzt in seinem Zimmer und wartet, bis die Eltern mit mir erscheinen, um diese vertraute Welt zu »zerstören«. Besonders beim männlichen Geschlecht äußert sich das in Nervosität und Abwehr gegenüber meiner Person und den Eltern. Sobald ich diesem heiligen Raum begegne, fangen die Eltern an, mir zu sagen, was in diesem Zimmer unbedingt verändert werden muß. Denn man meint es ja nur gut mit seinen Nachkommen und will ja nur ihr Bestes. Die Frage, die sich mir dann immer wieder stellt, ist: Was will und braucht das Kind, der Jugendliche? Und wie kann der Raum ihm oder ihr dabei helfen?

Sehr oft habe ich dann die Eltern nach unten geschickt, mich zusammen mit dem Kind oder Jugendlichen aufs Bett gesetzt, um ohne elterliche Einflüsse die Wünsche und Bedürfnisse des Kindes oder Heranwachsenden zu erfahren. Dabei kommen immer wieder die klassischen und natürlichen Sehnsüchte wie Anerkennung und Beachtung zur Sprache. Aber auch ein Unverstandensein der eigenen Bedürfnisse und Person durch Eltern, Familie, Lehrer, Mitschüler und Freunde. Die Ursache ist oft fehlende Anerkennung und emotionale Zuwendung, die nicht gegeben werden kann. Ich sage absichtlich nicht »gegeben wird«, sondern »gegeben werden kann«, weil der Raum sie nicht durch eine entsprechende Gestaltungsmaßnahme zu unterstützen vermag.

So, wie ein Familienbild im Wohnzimmer die Gemeinschaft und den Zusammenhalt der Familie bekräftigt und für alle sichtbar macht, so sollte die Kraft der Anerkennung durch ein gelungenes Foto des Kindes oder Jugendlichen in seinem Zimmer aktiviert werden. Denn es geht hier um das An- und Erkennen der eigenen Person, der eigenen Kraft und Eigenständigkeit sowie das Repräsentieren der Individualität und des »Ichs« in der Gesellschaft. Durch diese Art der Anerkennung kann eine Ausstrahlungskraft angeregt werden, die es dem Kind bzw. Jugendlichen ermöglicht, mehr Selbstbewußtsein, Selbstvertrauen und Lebenskraft zu entwickeln.

Hinsichtlich der Farbgestaltung dieses Raumes wäre es ratsam, nicht über den Kopf Ihres Kindes hinweg zu entscheiden, sondern es auf jeden Fall in die Gestaltung mit einzubeziehen. Grundsätzlich ist es sinnvoll, gerade diesen Raum auf die einzelnen Entwicklungsphasen des Kindes oder Jugendlichen hin zu gestalten, um eine räumliche Unterstützung zum Wohle seines »Eigentümers« zu erreichen; natürlich mit seinem Einverständnis.

Bei Babys und Kleinkindern empfiehlt sich im allgemeinen ein Farbton wie beim Schlafzimmer. Denn dies ist die Farbe, in die das Kind in seinen ersten neun Monaten eingebettet war und die es bewußt als Kraft der Geborgenheit wahrnimmt. Aus diesem Grund ist es ratsam, die Wiege, den Bettbezug und, sofern vorhanden, den Baldachin über der Wiege nicht in Weiß zu kleiden. Denn diese Farbe ist für das Neugeborene zu hell und zu strahlend. Der Übergang vom Mutterleib zum Leben im Raum sollte möglichst in der Farbe des Mutterleibes für Bett und Raum wohltuend verwirklicht werden. – Eine aprikot-farbene Raumgestaltung kann die ersten Jahre eines Kindes wohltuend bereichern und die Entwicklung segensreich begleiten.

Für Kinder vom fünften bis zum zehnten Lebensjahr kann der Raum in seiner Erscheinung neu bekleidet und die persönliche Identität dahingehend gefördert werden. Hier stellt man sich auch schon den ersten Herausforderungen dieses Raumes. Denn in der Regel soll ein Kinderzimmer mehrere Aufgaben erfüllen. Wie bereits beschrieben, wird dieser Raum zum Lernen und Spielen wie auch zum Schlafen und Erholen genutzt. All diese Eigenschaften wohnen diesem Raum inne und verlangen nach gestalterischer Aufmerksamkeit. Aus diesem Grund empfiehlt sich hier im besonderen Maße eine Wahrnehmung des Raumes mit den genannten Themen. Es kann durchaus sein, daß Ihnen aufgrund der Vielfältigkeit über die Wahrnehmung mehrere Farben vermittelt und aufgezeigt werden. Tauschen Sie sich auf jeden Fall mit Ihrem Kind darüber aus und beziehen Sie es in die Entscheidung mit ein.

Falls Sie auf keine stimmige Farbe bzw. Farbkombination gekommen sein sollten, kann ich Ihnen eine allgemein stimmige Zweifarbenkomponente nennen. Diese könnten Sie auch für Jugendzimmer verwenden, sofern hier Farbe gewünscht wird, aber sich die oder der Jugendliche für keine entscheiden kann.

Nehmen Sie für die Hauptfarbe ein Gelborange und gestalten die Wände bis maximal 2/3 der Wandhöhe. Von dieser farblich gestalteten

Wandfläche nehmen Sie das Maß in der Höhe und ermitteln davon 1/6. Dies ist die Höhe der Bordüre, mit der sie die Hauptfarbe vervollkommnen. Die stimmige Farbe für die Bordüre wäre in diesem Fall ein mittlerer erdfarbener Rot-Ton.

Der Arbeitsraum: die schöpferisch geistige und körperliche Aktivität

Für die Gestaltung dieses Raumes kommt es darauf an, welche Aufgabe er zu erfüllen hat. Handelt es sich um ein Büro, einen Hauswirtschaftsraum oder ein Atelier? In Anbetracht der Vielfalt werde ich Ihnen alle genannten Arbeitsraumvarianten bezüglich der Gestaltung beschreiben.

Vorab möchte ich gerne auf ein sehr wichtiges Gestaltungselement bezüglich der Arbeitsräume, insbesondere dann wenn sie haupt- oder nebenberuflich genutzt werden, hinweisen. Wenn Sie über einen Gesellen- oder Meisterbrief, ein Diplom oder sonstige Zertifikate verfügen, die Ihre berufliche Tätigkeit bescheinigen und bestätigen, sollten diese schön gerahmt Ihren »Arbeitsraum« schmücken. Denn dies ist Ihre berufliche Anerkennung, die Ihnen durch eine Schule, Institution, Kammer oder Universität verliehen wurde. Außerdem ist es eine Darstellung Ihrer beruflichen Tätigkeit und Ihrer fachlichen Qualifikation. Sie repräsentieren durch dieses Dokument, daß Sie qualifiziert sind, diese Tätigkeit auszuüben und aktivieren gleichzeitig ein kraftvolles Element, das Ihnen Selbstvertrauen und Selbstbewußtsein schenkt. Scheuen Sie sich nicht, sich über dieses Dokument darzustellen. Denn dann würden Sie sich einer großen Quelle der Anerkennung für sich selbst, Ihren Raum und Ihre Tätigkeit berauben.

Sollte kein Dokument vorliegen, empfehle ich Ihnen, den Namen und das Logo Ihrer Firma schön gestaltet und gerahmt im Raum bzw. an der Wand anzubringen. Der beste Platz dafür ist im mittleren Bereich an der Wand gegenüber der Tür, durch die Sie in den Raum hineingehen. Nachfolgende Darstellung soll Ihnen dies verdeutlichen.

Abb. 89 Diese Abbildung zeigt Ihnen die Position Ihres Zertifikats, Diploms, Meisterbriefes oder Ihres Firmenlogos.

Diese Vorgehensweise können Sie auch gerne mit dem Familienbild im Wohnzimmer oder dem Bild Ihres Kindes in dessen Raum anwenden.

Betrachten Sie in der nachfolgenden Abbildung die Position des Schreib- oder Arbeitstisches. Der sollte idealer Weise so plaziert werden, daß Sie eine Wand im Rücken und nach vorne einen »freien« Blick haben und wenn möglich die Eingangstür sehen. Dies ist eine gute Voraussetzung für ein konzentriertes und erfolgreiches Arbeiten. Für den Schreibtischplatz eines Kindes gilt das gleiche. Die klassische Variante, Schreibtisch vor dem Fenster und Rücken zur Tür ist absolut zu vermeiden. Oder haben Sie schon einmal einen Chef gesehen, der in solch einer Position in seinem Büro sitzt und arbeitet? Mit Sicherheit nicht, denn in dieser Position ist ein wirklich konzentriertes, erfolgreiches und kreatives Arbeiten nicht möglich. Kein Wunder, daß viele Kinder und

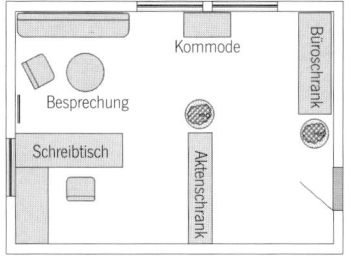
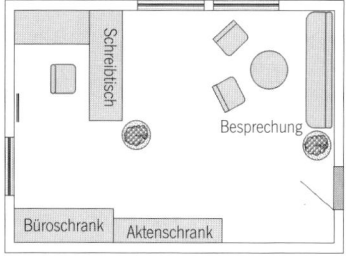

Abb. 90 und 90a: In diesen beiden Abbildungen sehen Sie mögliche Schreibtischpositionen für einen Büroraum.

218

Jugendliche ihre Schulaufgaben entweder ungern oder an einem anderen Platz im Haus erledigen.

Hinsichtlich der Farbgestaltung gibt es je nach »Branche« bzw. Tätigkeitsbereich unterschiedliche Farben bzw. Farbkombinationen. Denn es kommt darauf an, ob Sie hochkonzentriert, geistig-kreativ, planerisch, kaufmännisch, verkäuferisch oder beratend tätig sind. Ebenso kann es sein, daß Sie einen Praxis- oder Behandlungsraum im Haus integriert haben und Ihre Patienten oder Klienten Sie zu Hause aufsuchen.

Aus diesem Grund gebe ich Ihnen zur jeweiligen Raumfunktion eine allgemein stimmige Farbkombination an. Dennoch sollten Sie zuerst über Ihre Wahrnehmung dem Raum begegnen und versuchen, das individuelle und persönliche Farbenkleid Ihres Raumes und seiner Aufgabe zu erkennen. In jedem Fall sollten Sie mittels Ihrer Wahrnehmung überprüfen, ob meine Empfehlungen für Sie und Ihren Raum bzw. Ihre Tätigkeit stimmen und sich diese im Einklang mit Ihren Bedürfnissen befinden. Denn eine Empfehlung ist erst dann wirklich wertvoll, wenn Sie mit ihrer Botschaft »mitschwingen« können, sich dabei wirklich wohlfühlen und Ihre Seele berührt wird.

Der Raum für Kaufmann und Buchhalter

Diese Tätigkeitsbereiche, die sich viel mit Zahlen, Daten- und Faktenanalyse, Berechungen und steuerrechtlichen Themen beschäftigen, zeichnen sich durch hohes Maß an Verantwortung und Konzentration aus. Fachkompetenz und Vertrauen sind hier zwei weitere Begriffe, die über diese Tätigkeit vermittelt und gelebt werden sollen. Ihr Büro kann durch ein entsprechendes Farbenkleid diese Eigenschaften wohlwollend in den Raum einbringen. In diesem Fall eignen sich im allgemeinen sehr gut die Farben der »alten« und »erfahrenen« Erde, wie ich sie für mich gerne bezeichne. Damit meine ich die große Farbengruppe der Brauntöne. Das Farbenspektrum dieser Gruppe reicht vom mittleren Ocker bis zu einem dunklen Braun. Letzteres wird allerdings meist als Bordürenfarbe verwendet, da es als Hauptfarbe eine drückende und lastende Atmosphäre bewirken kann.

Wenn Sie sich für einen erdigbraunen Hauptfarbton entschieden haben, sollten Sie diese Gestaltung mit einer Bordüre krönen. Hierfür eignen sich ein mittleres Grün oder mit der Hauptfarbe harmonierendes Rot. Diese Farbkombination, zusammen mit dem verbleibenden Weiß über der Bordüre und der Decke, vereint die Eigenschaften der Verantwortung, der Konzentration und des Vertrauens in stimmiger Weise mit Herzenskraft und freudiger Lebendigkeit. Denn die einzelnen Farben und ihre Wirkung schenken Mensch und Raum ihre Themenkräfte. Die Kombination der Farben schmückt das Kleid des Raumes und verleiht ihm Ausstrahlung und Lebendigkeit. Die Flächenverhältnisse der Farben sind die stimmige Maßanfertigung des Farbenkleides.

Der Raum für Planer und Zeichner

Konzentration, Klarheit, Kreativität und Einfühlungsvermögen sind die Hauptthemen dieses Berufsfeldes. Insbesondere bei der Planung von Lebensräumen kann eine einfühlende Stimulationsenergie durch ein stimmiges Farbenkleid den Planenden dabei unterstützen, sich in die Familie oder Firma und ihre räumlichen und emotionalen bzw. geschäftlichen Bedürfnisse hineinzufühlen. Hier können warme und lichte Farben die Energie des Raumes angenehm und geistig-kreativ bereichern.

Eine Farbkombination mit leichten Gelborangetönen und einem Rotorange in Verbindung mit Weiß an Decke und oberer Wandfläche kann die Themen dieses Raumes aktivieren und fördern. In diesem Fall wäre es allerdings sinnvoll, wenn Sie die Proportionen der Farben in einem anderen Verhältnis als im Kinderzimmer einbringen. Hier wäre zu empfehlen, die Hauptfarbe Gelborange auf 2/4 der Raumhöhe und die Farbe Rotorange über der Hauptfarbe, wieder mit 1 cm Abstand, auf 1/4 der Raumhöhe zu gestalten. Bei einer Raumhöhe von 260 cm wären dies für die Hauptfarbe 130 cm und für die zweite Farbe 65 cm. Also eine Gesamthöhe der Farbgestaltung von 195 cm plus 1 cm Abstand zwischen den beiden Farben.

Als Alternative könnten Sie als Hauptfarbe ein leichtes und erdiges Gelb wählen und dies mit einem helleren bis mittleren Grün-Ton verbinden. Überprüfen Sie auch hier, ob diese Farbenkombinationen für Sie stimmig sind und Sie sich damit im Einklang befinden. Denn es kann hier nur eine allgemeine Empfehlung gegeben werden, die Sie in jedem Fall für sich persönlich und Ihren Raum überprüfen sollten.

Der Raum für Berater und Verkäufer

In diesem Tätigkeitsfeld werden meist Termine vereinbart, Angebote erstellt, Aufträge angenommen, Beratungsgespräche geführt und Verkaufsabschlüsse getätigt. Die Kommunikation mit dem Kunden oder Klienten wird von diesem Raum aus meist über Telefon, Fax oder Email praktiziert. Wenn Sie über Ihre Wahrnehmung keine Farbe bzw. Farbkombination erkannt haben, kann ich Ihnen zwei Möglichkeiten als allgemeine Empfehlung an die Hand geben, die für diesen Büroraum und seine Aufgabe eine förderliche Wirkung mit sich bringt.

Gestalten Sie die Wandfläche auf 2/3 ihrer Höhe in einem erdigen Ziegelrot, einem Bordeauxrot oder einem Rotorange, ähnlich einer Blutorange. Die restliche Wandfläche bleibt zusammen mit der Decke in weiß.

Außerdem haben Sie die Möglichkeit, durch zwei weitere Farben dem Kleid dieses Raumes in seiner Erscheinungskraft mehr Ausstrahlung und Intensität zu verleihen.

Bei dieser Variante gestalten Sie 3/5 der Raumhöhe mit Ihrem gewählten Rot-Ton. Darüber, mit einer Höhe von jeweils 1/10 der gesamten Wandhöhe, nehmen Sie zuerst am besten einen mittleren Grün-Ton und dann einen Blau-Ton. Das Grün sollte hierbei der Farbe eines Lindenblattes und das Blau der Farbe des Himmels entsprechen. Auch hier läßt man zwischen den verwendeten Farben einen Zwischenraum von etwa 1 cm. – Überprüfen Sie auch hier, ob diese Art der Gestaltung für Sie und Ihren Raum stimmt.

Der Raum für Behandlung und Gespräch

Viele alternative Therapeuten betreiben ihre Praxis von zu Hause aus in einem eigenen Raum. Aus den Erfahrungsberichten vieler Ärzte, Heilpraktiker und Gesprächstherapeuten, deren Räume ich beraten und mitgestaltet habe, hat sich immer wieder gezeigt, daß viele Patienten oder Klienten bei ihrem ersten Besuch nervös, aufgeregt und zum Teil sogar ängstlich sind. Hier empfiehlt es sich, besonders durch die Kombination von Farbe und indirektem Licht dem Raum eine wohltuende, behagliche und vertrauensvolle Atmosphäre zu verleihen. Sogenannte »warme Farben« bilden die stimmigste Bekleidung dieses Raumes, insofern Sie über Ihre Wahrnehmung keine anderen Farben ermitteln konnten. Im allgemeinen bietet es sich hier an, den Raum mit einer Kombination von zwei oder drei Farben, in Wischtechnik zu gestalten. Sehr gut eignen sich die Kombination von Mandarinorange und einem erdigen Gelb oder gelbocker-farbenen Ton. Eine weitere Variante wäre die Vereinigung eines kräftigen und eines helleren aprikot. Auch eine Verbindung von Goldocker mit einem mittleren Braunton würde Geborgenheit und Vertrauen im Raum vermitteln. Mehr zum Thema Gestaltungstechnik mit Farben finden sie in Kapitel 12.

Ein sehr wichtiges gestalterisches Element in diesem Raum ist es, ein vertrauensvolle Sitz- und Behandlungsplatzatmosphäre zu schaffen, sowohl für den Patienten als auch für den Therapeuten. Die Praxis zeigt oft, daß entweder der Patient bzw. Klient oder der Therapeut eine gute und unterstützende Position im Raum bezieht. Selten kommen beide in den Genuß eines wirklich kraft- und vertrauensvollen Platzes. Mit einer etwas anderen Herangehensweise können Sie für beide eine optimale und stimmige Raumsituation schaffen. Nehmen Sie hierfür zwei Stühle, eine Liege oder ein Sofa sowie einen Tisch. Eben alles, was Sie für ihre Tätigkeit einsetzen wollen. Eine Person spielt den Patienten bzw. Klienten und Sie sind der Therapeut. Nun platzieren Sie die Möbelstücke, so wie Sie es für richtig erachten und nehmen anschließend Ihre Positionen ein. Wie fühlen Sie sich als Therapeut und wie fühlt sich der Patient in dieser Konstellation? Experimentieren Sie mit verschiedenen Variationen und nehmen Sie sich wirklich Zeit dafür.

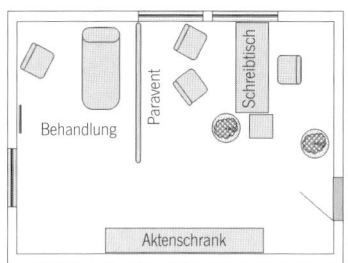

Abb. 91: Sitz- Liegepositionen für Therapeut und Patient

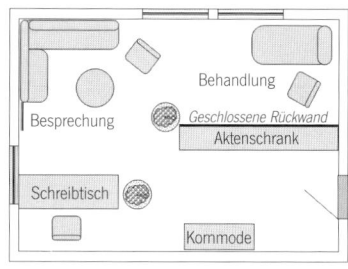

Abb. 91a: Sitz- Liegepositionen für Therapeut und Patient mit Besprechungsplatz

Blicken Sie nicht nur auf Stuhl, Liege und Tisch, sondern beziehen Sie »Stellung« und nehmen Sie wirklich Platz. Tauschen Sie auch die Rollen, denn es hat noch keinem Therapeuten geschadet, das ganze auch einmal aus der Sicht des Patienten oder Klienten zu betrachten.

Machen Sie dies am besten, bevor Sie den Raum in Farbe gestalten, denn so haben Sie die Möglichkeit, diese Information in die farbliche Bekleidung bzw. Ihre Wahrnehmung mit einfließen zu lassen.

Diese Herangehensweise empfiehlt sich auch für Berater und Verkäufer, die Kunden in ihrem Büro empfangen.

Mit einer indirekten Beleuchtung können Sie diesem Raum eine behagliche Atmosphäre verleihen, die durch einen Dimmer zum Regulieren der Helligkeit wohltuend bereichert werden kann. Diese Art der Beleuchtung in Verbindung mit einer der vorher beschriebenen Farbgestaltungen erfüllt den Raum mit Geborgenheit und Urvertrauen. Diese beiden Eigenschaften, die aus meiner Erfahrung als ein unbewußtes Grundbedürfnis in jedem Menschen veranlagt sind, können durch eine »erdinnere« und natürlich organische Farbgestaltung in Verbindung mit indirektem Licht und Dimmerregulierung in jedem Raum zum Leben erweckt werden und so die Urbedürfnisse des Menschen erfüllen.

Selbstverständlich dürfen Sie diese Art der Farb- und Lichtgestaltung in Ihre anderen Wohn- und Lebensräume übertragen. Überprüfen Sie in Ihrer Wahrnehmung, ob und in welchen Räumen diese oder eine ähnliche Gestaltungsweise stimmig ist.

Der Raum für Künstler und Gestalter

Inspiration, Kreativität, Phantasie und Emotionalität sollten durch die Kraft dieses Raumes und seine Bestimmung belebt und gefördert werden. Oft werden diese Räume in Weiß gehalten und durch großzügige Fensterflächen und eine entsprechende elektrische Ausleuchtung mit viel Licht durchflutet. Durch diese Art der Gestaltung will man den Raum mit Klarheit und geistiger Freiheit durchdringen, um dem »Genie« viel Freiraum zu geben, sich entfalten zu können. Wenn Sie in Ihrer Wahrnehmung durch diese allgemeinen Vorgaben oder eigenen Erfahrungen beeinflußt sind, was durchaus menschlich ist, würde ich Ihnen gerne eine Empfehlung mit auf den Weg geben, damit Ihr Geist und Ihr schöpferisches Tun sich nicht in den unendlichen Raum der kosmisch-göttlichen Eingebung verliert.

Wählen Sie einen Bodenbelag mit einer erdigen Farbgebung, unabhängig davon, ob Sie sich für einen Stein-, Fliesen-, Linoleum-, Kork- oder Teppichboden entscheiden. Dies verleiht sowohl dem Raum als auch dem Genie die Kraft der Erdung und hilft, den Boden unter den Füßen bzw. die Haftung und den Halt nicht zu verlieren. Weiterhin können Sie mit einer bordeauxrotfarbenen Bordüre in einer Breite von 1/7 der Wandhöhe den Raum gestalten. Diese sollte einen Abstand zur Decke von ebenfalls 1/7 der Wandhöhe haben. Ich nenne dies die »Kraft der Erleuchtung«, die das Feuer symbolisiert, welches vom Himmel zur Erde niedergeht, um den Geist mit seiner Energie zu durchdringen und zu erleuchten. – Überprüfen Sie auch hier, ob es für Sie und Ihren Raum stimmt, diese Gestaltungsweise zu übernehmen.

Der Wirtschaftsraum: die soziale Funktion für die Familie

Diesem Raum wird in der Regel wenig Aufmerksamkeit bezüglich einer Gestaltung durch Farben geschenkt, da es sich um einen praktischen Nutzraum handelt. Weil der Wirtschaftsraum auch einen Teil des Gesamtorganismus' darstellt, sollte er aber ebenso wie alle anderen Räume mit in die Gestaltung einbezogen werden.

So kann aus diesem zweckmäßigen Raum durch eine entsprechende Gestaltung auch ein Ort des Wohlbefindens und der Kraft werden. Ich kann Ihnen hier zwei verschiedene Gestaltungsvarianten nennen, die Sie in diesem Raum verwirklichen können. Beide sind in ihrer Kraft stimmig und fördern die bereits genannten Themen dieses Bereiches im Haus. Für die Gestaltungsflächen eignen sich hier sehr gut die Maße 4/8 der Wandhöhe für die Hauptfarbe und 1/8 für die Bordürenfarbe. Auch hier wieder mit etwa 1 cm Abstand zwischen den beiden Farben.

Für die erste Variante können Sie die Kombination eines erdigen Aprikot- oder helleren Terrakottafarbtons als Hauptfarbe und ein leuchtend sonniges Gelb für die Bordürenfarbe wählen.

Als zweite Variante steht Ihnen als Hauptfarbe ein mittlerer Mandarinfarbton und als Bordürenfarbe ein Ziegelrot zur Verfügung. Überprüfen Sie über Ihre Wahrnehmung, ob diese Farbkombinationen für Sie und diesen Raum stimmig sind und Sie sich dabei wohlfühlen.

Die Speisekammer: die Bewahrung der irdischen Lebensschätze

Der Vorratsraum steht für Lagerung, Sammlung und Bewahrung von Lebensmitteln und in manchen Fällen auch für die Unterbringung von verschiedenen Dingen, die für die Küchenarbeit erforderlich sind.

Sehr oft werden hier der Boden und die Wände mit Fliesen bekleidet, um zum einen Sauberkeit und Reinheit zu vermitteln und zum anderen bei Verschmutzung durch Bruch oder Verschütten von Eingemachtem, Getränken und anderen Nahrungsmitteln einfach und schnell reinigen zu können.

Wenn Sie die Fliesenvariante verwirklichen wollen, hier ein Gestaltungstip für die Speisekammer. Verwenden Sie für den Boden rotbraune und für die Wände weiße Fliesen, die die Wand bis zu einer Höhe von 2/3 der Wandhöhe bekleiden. Die restliche Wandfläche bis zur Decke können Sie dann mit Farbe gestalten. In diesem Fall wäre eine Farbgebung in erdiger Stimmung wertvoll. Dies kann ein helles Ocker oder ein terrakottafarbener Ton sein.

Für eine reine farbliche Gestaltung der Wände in Farbe empfiehlt sich die Farbgebung ähnlich einem Tonkrug. Denn Gefäße aus Ton sind ein natürliches Behältnis, das Lebensmitteln über eine sehr lange Zeit Haltbarkeit und Bekömmlichkeit verleiht. Diese Eigenschaften können Sie zusammen mit einer kräftig braunen Bodenfliese in diesem Raum sehr stimmungs- und kraftvoll aktivieren. Wie auch bei der Gestaltung mit Wandfliesen, würde ich Ihnen hier eine Farbgestaltung in einer Höhe von 2/3 der Wandhöhe empfehlen.

Falls Sie eine größere Speisekammer planen, weil Sie viele frische Lebensmittel wie z. B. Obst und Gemüse oder Geräuchertes einlagern, könnten Sie bei diesem Raum, sofern es Ihnen finanziell möglich und mit Ihnen im Einklang ist, Wand und Decke mit Lehmverputz gestalten und diesen in seiner natürlichen Farbgebung belassen. Hier schaffen Sie sich im übertragenen Sinne ein überdimensionales und natürliches »Gefäß«, das auf lebendige und gesunde Art und Weise Ihre Lebensmittel bewahrt. Dies wird durch die positiven Eigenschaften (Geruchs- und Feuchtigkeitsregulierung) des Lehms vorteilhaft verstärkt.

Der Treppenraum:
der verbindende Raum von Himmel und Erde

Dieser Raum unterscheidet sich in seiner Erscheinung und Wirkung sehr stark von allen anderen Räumen des Hauses. Denn er verbindet zwei oder mehr Ebenen des Lebensraumes. Dadurch ist seine Raumhöhe meist weit und offen. Offenheit und Weite sind wichtige Voraussetzungen für die Aufgabe dieses Raumes. Denn der Treppenraum ist sozusagen das Kommunikationsorgan im Inneren des Hauses. Hier werden Informationen und Energien von unten nach oben und von oben nach unten weitergegeben und ausgetauscht.

Aus diesem Grund bietet es sich hier an, mit einer lebendigen Farb- bzw. Formgebung zu gestalten. Ein weiterer wichtiger Aspekt für eine solche Gestaltungsweise ist, das Prinzip der aufsteigenden Energie zu integrieren. Denn die meisten Menschen vollziehen den Gang über die Treppe nach oben sicherer als nach unten. Daher ist zu empfehlen, daß die Treppenraumgestaltung eine »nach oben« drängende Kraft vermittelt. Hier stützt sozusagen der Treppenraum durch seine Wirkgestalt den Hinabsteigenden und vermittelt ihm so einen sicheren Gang nach unten.

Sehr stimmungs- und kraftvoll können Sie die aufsteigende Energie durch entsprechende Ausleuchtung aktivieren. Hier eignen sich am besten indirekte Leuchten, die einen Teil ihres Lichtes auf die Stufen lenken, aber die meiste Leuchtkraft nach oben strahlen. Die Kombination von Ausleuchtung der Trittstufen und indirekter Wandbeleuchtung oder einer Deckenleuchte ist für diesen Raum eine der stimmigsten und wertvollsten Lichtverbindungen, die es gibt.

Im Bezug auf die farbliche Gestaltung dieses Raumes spielen Eigenschaften wie Halt, Sicherheit, Vertrauen und Stabilität eine große Rolle.

Insbesondere der Abgang in den Keller erfordert besondere Aufmerksamkeit. Da diese Treppenräume meist sehr eng, schmal und dunkel sind, sollte man hier mit einer besonders guten Ausleuchtung für Ausgleich sorgen, so daß die Begegnung mit diesem Raum mit der gleichen Selbstverständlichkeit und Sicherheit vollzogen werden kann wie bei allen anderen Räumen.

Dazu eine kleine Vorgeschichte und zwei interessante Beispiele:
In meinem Café, das ich bis Frühjahr 2002 bewirtschaftete, befanden sich die Toiletten im Untergeschoß. Zu diesen gelangte man über eine aus Stein gemauerte Umlauftreppe mit Halbpodest, die durch einen hohen Treppenraum ohne Fenster führte. Am Ende der Treppe war ein kleiner Vorraum, über den man dann zu den Toiletten kam. Die Wände des Treppenraumes wurden vom Erdgeschoß aus beginnend in einem kräftigen Orange gestaltet, das nach unten hin in ein mittleres Erdgelb überging. Der Vorraum mit etwa 8 qm Fläche und einer Höhe von etwa 230 cm wurde bis zur Decke in ein helles Gelb gekleidet. Im Treppenraum wurde eine indirekte Halogenlampe mit 300 Watt Leistung installiert, die diesen großen und hohen Raum mehr als optimal ausleuchtete. Im Vorraum der Toiletten befand sich eine Lampe mit einer Leistung von 40 Watt. Diese wurde von mir durch eine klare Deckenleuchte mit einer Leistung von 100 Watt ausgetauscht. So war nicht nur der Treppenraum sehr gut in Licht getaucht, sondern man konnte die hohe Ausleuchtung des Vorraums bereits auf halbem Weg nach unten erkennen. Der Effekt war, je weiter man sich nach unten bewegte, desto heller wurde es.

Und jetzt zur Auswirkung dieser Beleuchtung auf den Raum und seine Gäste. Denn, wie Sie wissen, sind die wesentlichen Dinge für die Augen unsichtbar.

Es gab in diesem Café einige Mütter, die sehr erstaunt waren, daß ihre Sprößlinge allein zur Toilette gingen, obwohl es in den Keller ging und sehr viele von ihnen das erste Mal zu Gast waren. Sie suchten also einen völlig unbekannten Raum auf, und dennoch verspürten sie kein Unbehagen oder gar Angst. Die Aussage einer Mutter lautete: »Bei uns zu Hause geht mein Sohn allein nicht in den Keller, und hier geht er nach unten zur Toilette, obwohl wir heute das erste Mal zu Gast sind.«

Ein anderes Mal kam eine Frau ins Café und wählte einen Platz mit gutem Überblick, um, wie sie mir später sagte, alles zu beobachten. Sie blieb in der Tat fast drei Stunden. Beim Bezahlen sagte sie mir, daß sie selbst ein Café betreibe, von meinem gehört habe und es besuchte, um zu beobachten, was denn hier so anders ist. Sie war sehr angetan von der Gestaltung und Einrichtung, der Atmosphäre und der Art des Service. Dann machte sie allerdings noch eine interessante Aussage: »Ich habe schon vieles gesehen, aber daß Frauen in einem Gasthaus allein auf die Toilette gehen, noch dazu, wenn sich die im Keller befindet, das ist mir neu.« Daraufhin fragte ich sie, ob sie mir erklären könne, warum Frauen in der Regel zu zweit die Toilette aufsuchen. Ihre Antwort war: »Aus Sicherheitsgründen, denn die Toiletten schließen meist nicht direkt an

Abb. 92: Eine geschlossene Steintreppe mit einer lebendigen Farbformgestaltung

den Gastraum an. Man muß entweder in den Keller oder durch einen Gang, oftmals ohne Fenster. Die Wege dorthin sind oft schlecht beleuchtet und nicht einladend gestaltet, denn es geht ja ›nur‹ zur Toilette. Hier haben die meisten Frauen ein unbehagliches Gefühl, und so wird der Weg zu zweit gegangen, weil man sich dabei einfach sicherer fühlt, obwohl meist nur eine von beiden einem Bedürfnis nachkommen muß.« So die Aussage dieser Frau.

Bei der farblichen Gestaltung eines Treppenraumes sollte, wie bereits erwähnt, ein aufsteigendes und erdiges Gestaltungsprinzip verwirklicht werden. Bei der Auswahl der Farben stehen Ihnen hier sehr viele Farbtöne zur Verfügung. Da die meisten Treppenräume unzureichend beleuchtet sind, sollten Sie keine zu dunklen Farben verwenden. Eine allgemein gültige Empfehlung wäre die Kombination von einem erdigen Gelb als Hauptfarbe kombiniert mit einer ziegelroten, apfelgrünen oder hellblauen Bordüre. Ebenso können Sie mit einem mittleren Erdocker in Verbindung mit einer tiefen erdroten Bordüre diesen Raum gestalten.

Der Verlauf der Farbführung sollte geschwungen und bewegt sein; und zwar so, als würde die Flußkraft der Bordüre nach oben drängen. Näheres dazu in Kapitel 12.

Für freistehende Wendeltreppen oder Umlauftreppen, die von drei Wänden eingeschlossen sind und wo die Treppenstufen nicht mit der Wand abschließen, meist bei Reihenhäusern, gilt eine andere farbliche Gestaltung. Meist verläuft die Treppe hier in einem Zug vom Untergeschoß bis ins Dachgeschoß.

Wenn eine farbliche Gestaltung gewünscht wird, sollte man im Kellergeschoß mit einem kräftigen Farbton beginnen und nach oben hin von Etage zu Etage immer heller werden. Die Grundfarbe selbst bleibt gleich, nur die Abtönung verändert sich. Durch diese Art der Gestaltung betonen Sie das aufsteigende Prinzip, weil sich von unten nach oben die Farbe aufhellt und »leichter« wird.

Flure und Gänge:
Verbindungswege und Informationsaustausch

Diese Räume bezeichne ich gerne als die Verbindungsorgane des Lebensraumes. Denn hier werden, wie bei der Treppe, die Energien und Informationen der Räumlichkeiten, die mit diesem Flur oder Gang verbunden sind, empfangen und ausgetauscht. So kann man Flure und Gänge als kommunikative Vermittler der Rauminformationen und als Transportwege der Lebensenergie des Hauses bezeichnen. Falls der Treppenraum direkt an den Flur anschließt, empfiehlt es sich, die Farb- und Formgestaltung des Treppenraumes im Flur fortzuführen.

Wenn der Flur vom Treppenraum räumlich oder durch eine Tür getrennt ist und also ein eigener Raum entsteht, können Sie eine individuelle und eigenständige Gestaltung in Farbe und Form verwirklichen.

Sollte Ihnen in Ihrer Wahrnehmung keine Farbe vermittelt worden sein, kann ich Ihnen eine allgemeine Gestaltungsempfehlung an die Hand geben.

Sie können für Ihren Flur als Hauptfarbe einen hellen Mandarin-Ton und für die Bordüre einen Rotorange-Ton oder ein leichtes Gelborange als Hauptfarbe und einen lindgrünen Farbton als Bordüre verwenden. Bei Fluren, die lang und schmal sind und wenig Tageslicht bekommen, empfiehlt sich ein Verhältnis von 1/2 Wandhöhe für die Hauptfarbe und 1/10 der Wandhöhe als Bordüre. Bei einem breiten und tageslichtreichen Flur können Sie die Hauptfarbe auf 5/8 der Wandhöhe und die Bordürenfarbe auf 1/8 der Wandhöhe verwenden.

Unabhängig davon, ob und mit welcher Farbkombination Sie Ihren Flur gestalten, achten Sie vor allem auf eine gute Ausleuchtung, ganz besonders dann, wenn der Flur wenig oder kein Tageslicht erhält. Dies ist oft bei Wohnungen der Fall oder bei Einfamilienhäusern mit einem Treppenhaus und einem Flur für die jeweilige Etage.

Das Bad:
der Urlaubsort und Wellness-Raum im Haus

Die Themen eines Bades sind Wohlfühlen, Entspannen und Urlaubs-stimmung. Denn wie bereits bei der Planung beschrieben wurde, ist dies der erste Raum, dem Sie morgens begegnen und der letzte vor dem Schlafengehen. Hier bietet es sich geradezu an, mit Farben, Formen und Materialien eine entspannende Wohlfühloase für Körper, Geist und Seele zu schaffen.

Die große Herausforderung bei der Gestaltung eines Bades besteht darin, sowohl eine Morgen- als auch eine Abendstimmung zu schaffen. Denn beide Tages- bzw. Stimmungsqualitäten sollten hier erlebt und erfahren werden dürfen.

Hier können Sie bereits bei der Auswahl und der Kombination der Bodenbeläge kreativ werden. Oft entscheidet man sich aus praktischen Gründen für einen Fliesenboden. In Verbindung mit einer Fußboden-heizung ist das sicherlich eine gute Entscheidung. Aber bei abgeschal-teter Heizung in den Sommermonaten empfinden die meisten es dann doch als zu kühl, den Boden auch barfuß zu begehen. Wenn Sie Ihr Bad in eine Wohlfühloase verwandeln wollen, können Sie bereits beim Bodenbelag beginnen. Hier empfiehlt es sich, mit zwei oder vielleicht sogar drei verschiedenen Bodenarten zu arbeiten, je nach Größe und Form des Raumes. So haben Sie die Möglichkeit, mit Kork, Holz, Stein und Fliesen Ihren Füßen einen vielfältigen und stimulierenden Boden zu bieten. Ein Hartholzboden wie z. B. Eiche oder Nußbaum in Verbin-dung mit einem Steinboden ist eine stimmige und natürliche Art, Ihrem Bad eine wohltuende Atmosphäre zu verleihen.

Eine weitere Empfehlung, die ich in Beratungen immer gebe, ist, die Wände des Bades in jedem Fall mit Kalk oder Lehm zu verputzen. Denn beide haben eine sehr gute feuchtigkeitsregulierende Eigenschaft, die in diesem Raum sehr von Vorteil ist. Der Kalkverputz hat noch einen wei-teren Vorteil gegenüber dem Lehmputz. Durch seinen hohen ph-Wert verhütet er Schimmelbildung, die in Feuchträumen oft ein Problem darstellt.

Anschließend können Sie Ihr Bad mit Kalk- oder Lehmputzfarbe kreativ gestalten und auf diese Weise Ihrem Bad ein stimmiges Farbenkleid schenken. Für viele ist das eine große Herausforderung, weil man ja für gewöhnlich alle Wände bis zur Decke mit Fliesen versieht. Die Haut des Raumes, der Lehm- oder Kalkverputz, kann dann allerdings seinen Zweck nicht mehr erfüllen. Ich empfehle bezüglich der zu fliesenden Fläche im Bad immer folgenden Grundsatz:

»So wenig wie möglich und so viel wie unbedingt nötig.«

Das heißt, selbst wenn Sie kleine Kinder haben, reicht es erfahrungsgemäß aus, die Duschwand, den Spritzwasserbereich der Badewanne und der Waschbecken mit Fliesen zu bekleiden. Die restliche Wandfläche können Sie farbig gestalten. Hier können Sie Ihrer Kreativität und dem Reichtum an Farben wirklich freien Lauf lassen. Die Wesensvielfalt dieses Raumes beinhaltet die Themen Wohlfühlen, Entspannen, Reinigen, »ein Bad nehmen«, Erfrischung, Urlaubsstimmung und Genuß. Darum sind Sie eingeladen, hier mehrere Farbtöne gestalterisch miteinander zu kombinieren.

Wenn die Wände Ihres Bades mit Lehm oder Kalk verputzt wurden, sollten sie stimmigerweise mit einer Lehm- oder Kalkfarbe bekleidet werden.

Ganz allgemein kann ich Ihnen empfehlen, Ihr Bad so »erdig« und »luftig« wie möglich zu gestalten. Das »Erdige« belebt und unterstützt das Wohlfühlen und Entspannen und den Genuß, das »Luftige« die Themen Urlaubsstimmung und »ein Bad nehmen«. Zu Recht werden Sie jetzt fragen, was ist mit Reinigung und Erfrischung. Diese beiden Eigenschaften werden einerseits durch das fließende Wasser erfüllt und andererseits durch die Gestaltungstechnik mit den Farben. Denn wenn Sie Ihr Bad in Wischtechnik und mit fließenden Übergängen von einer Farbe zur anderen farbig bekleiden, dann aktivieren Sie die »wässerige« Kraft im Raum auch über die Wandgestaltung.

Können Sie sich vorstellen, Ihr Bad mit fünf oder acht verschiedenen Farbtönungen aus vier oder sechs Hauptfarben zu gestalten? Das wären z. B. Kombinationen von Reinorange, Mandarinorange, Erdgelb, Dunkelblau, Türkis, Lindgrün und Weiß oder eine lebendige Verbindung von kräftigem Ocker, Erdrot, Reinorange, Sonnengelb, Marineblau, Türkis, Lindgrün und Weiß.

Aus meiner Erfahrung kann ich Ihnen versichern, daß Sie mit Mut und Kreativität hier die Möglichkeit haben, durch Farbgestaltung einen wahren Lebensquell der Erholung und Gesundheit für Körper, Geist und Seele zu erschaffen.

Dazu ein kleines Beispiel aus der Praxis:
Ein Ehepaar, das neu gebaut hatte, gab mir den Auftrag, Beratung und Gestaltung ihres neuen Hauses zu übernehmen. Das Bad wurde mit Kalk verputzt und nur der Boden wurde gefliest. Mit Ausnahme der Duschwand wurden keine Fliesen an den Wänden angebracht. Auf eine Badewanne wurde in diesem Fall verzichtet. Als ich mein Farb- und Gestaltungskonzept für das Bad vorstellte, waren die beiden erst einmal sprach- und fassungslos. Sie fühlten sich nicht wohl bei dem Gedanken an eine solche Farben- und Gestaltungsvielfalt für einen Raum, der gerade einmal 10 qm Fläche aufwies. Trotzdem entschieden sie sich dafür und ließen ihr Bad nach meinem Konzept farblich bekleiden. Nachdem der Raum von mir und meinem Maler gestaltet war, folgte anderntags der Anruf der Bauherren: »Jetzt haben wir ein Problem«, so der Kommentar, nachdem sie ihr Bad besichtigt hatten. »Denn wir wollten eigentlich an die eine Wand, die von Ihnen in Weiß, Grün und Blau gestaltet wurde, einen Badezimmerschrank aufstellen. Nur, wenn wir das tun, sehen wir einen Teil der Wandgestaltung nicht mehr.«

Diese Aussage: »Dann sehen wir die Wandgestaltung nicht mehr«, bekomme ich in der Praxis immer wieder zu hören. Unabhängig davon, ob es ein Badezimmer, Wohnzimmer oder ein anderer Raum ist, den wir gestaltet haben. Daraufhin folgt von mir immer die gleiche Erklärung.

»Die Wand weiß es.«

Das bedeutet, selbst wenn vor einer gestalteten Wand ein großer Kleider-, Büro- oder Wohnzimmerschrank steht, ändert das nichts an der Tatsache, daß die Gestaltung den Raum bekleidet, seine Haut berührt und deshalb entsprechend wirkt. Denn die Wand weiß, daß sie dieses Kleid trägt und in die Gestaltung des Raumes mit einbezogen worden ist.

Eine Veranschaulichung:

Eine Frau sagte einmal zu mir, daß sie am liebsten schwarze Dessous trägt, weil sie es sehr anregend finde und sie sich dabei sehr sinnlich fühle. Daraufhin sagte ich zu ihr: Aber du siehst doch deine Dessous nicht, weil du noch andere Kleidungsstücke darüber trägst. Ihre Antwort: Das macht nichts, aber ich weiß es und fühle es auf meiner Haut.

Dieses Wissen und Fühlen ist eine wichtige Erkenntnis in der Gestaltung von Räumen. Denn die Wand bzw. der Verputz ist die Haut des Raumes, und diese atmet, fühlt und spürt. Genau diese Erkenntnis ist sehr wichtig, bleibt jedoch beim Renovieren eines bestehenden Raumes meistens unbeachtet. Da bleibt dann der Kleider- oder Wohnzimmerschrank stehen, und an der Wand läßt man montierte Möbelstücke einfach hängen, um einfach daran entlang und herum zu »streichen«. Aber auch hier weiß die Wand, daß sie in diesem Teilbereich vergessen wurde. Hier wurde der Raum weder in seiner Ganzheit wahrgenommen noch in die Gesamtgestaltung mit einbezogen.

Wenn Sie sich selbst neu einkleiden, werden Sie ja auch ein ganzes Hemd und eine Hose mit zwei Hosenbeinen kaufen. Denn sonst würden Sie sich unbekleidet und also wahrscheinlich als halber Mensch fühlen.

Dies bedeutet allerdings nicht, daß grundsätzlich alle vier Wände eines Raumes mit Farbe gestaltet werden müssen. Es heißt nur, daß alle vier Wände in der Gesamtgestaltung beachtet und wahrgenommen werden sollen.

Bei einem Schlafzimmer z. B. kann es sein, daß die Wände links und rechts neben dem Bett und die Wand am Kopfteil des Bettes farblich gestaltet sind, die Wand, an der der Kleiderschrank steht, allerdings nicht, wenn z. B. ein Schrank diese Wandseite durch seine Erscheinung und Größe bereits gut bekleidet. Die Haut dieser Wandseite sollte allerdings auch in der Grundfarbe, z. B. Weiß mitgestaltet werden, damit der Raum bzw. seine Haut ganzheitlich »berührt« wird. Denn dieser Teil des Körpers fühlt, spürt und weiß, daß er wahrgenommen und in der Gesamtgestaltung berücksichtigt worden ist.

Machen Sie also beim Renovieren alle Wände frei und beziehen Sie alle in die Gestaltung mit ein. Alles andere ist vielleicht bequem, aber auch unprofessionell, oberflächlich und aus raumenergetischer Sicht nicht zu empfehlen.

Nun aber wieder zur Farbgestaltung Ihres Bades und den Möglichkeiten, diesen Raum zu bekleiden. Es ist keineswegs immer so, daß jedes Bad in der Wahrnehmung vor Ort eine solche Farbenvielfalt aufweist, wie es am Anfang beschrieben wurde. Jedoch ist auffallend, daß viele Bäder über ihre räumliche Energie dem Wahrnehmenden eine solche farbliche Bekleidungsvielfalt offenbaren.

Sollte Ihnen keine stimmige Farbkombination vermittelt worden sein, können Sie Ihren Wohlfühlraum Bad wie nachfolgend beschrieben gestalten.

Wählen Sie einen für Sie und Ihren Raum stimmigen erdigen Farbton als Hauptfarbe. Als Bordürenfarbe können Sie dann zwischen einem kräftigen Rot, einem Grün oder einem Blau wählen. Die Hauptfarbe können Sie in 5/8 der Wandhöhe und die Bordüre in 1/8 der Wandhöhe gestalten; auch hier wieder mit einem Abstand von Hauptfarbe zur Bordüre von etwa 1 cm.

Wenn Sie sich für eine Zweifarbenwischtechnik von z. B. Ocker und Erdrot entscheiden und diese in einer helleren Abtönung verwirklichen, dann könnten Sie mit diesen beiden Farben bis zur Decke gestalten. Damit erhalten Sie einen sogenannten Höhleneffekt, der Wohlgefühl und Urlaubsstimmung vermitteln kann. Diese Art der Gestaltung könnten Sie durch eine »Äderung« mit einer Grundfarbe wie z. B. Tiefbraun, wohltuend, lebendig und kraftvoll verstärken.

Eine indirekte Beleuchtung für diesen Raum bereichert die Wirkung des Bades und erhöht den Effekt, daß es sich um einen wirklich anderen, also einen Urlaubsort, handelt. Denn dieser Raum darf sich von allen anderen Räumen Ihres Hauses deutlich abheben und unterscheiden. Wenn Sie in den Urlaub fahren, dann begeben Sie sich ja auch an einen anderen Ort, um dem Alltäglichen zu entfliehen und sich zu erholen. Diesen Erholungseffekt erreichen Sie am besten, wenn Sie bei der Gestaltung Ihres Bades an Freizeit, Urlaub und Wellness denken.

Abb. 93/93a/93b: Verschiedene Möglichkeiten, ein Bad kreativ und lebendig zu gestalten

Die Toilette:
der stille Ort des kreativen Ausdrucks

In diesem Raum verrichtet man sein Geschäft und kommt mit sich ins reine. Hier trennt man sich von der Nahrung des Lebens, die man aufgenommen hat, und gibt sie dem Leben wieder zurück. Es ist ein Ort der Loslösung von Stofflichkeiten, die durch unseren Körper geformt und gestaltet wurden. Hier sind wir allein und doch eingebunden in den großen Organismus des Hauses. Durch eine kreative und stimmige Gestaltung können Sie hier einen Ort schaffen, der zum Verweilen und persönlichen Rückzug einlädt, aber auch genügend Freiraum und Offenheit vermittelt, um seiner inneren Kreativität Ausdruck zu verleihen.

Eine mögliche Farbenkombination für diesen Raum wäre als Hauptfarbe ein mittlerer Terrakotta-Farbton und für die zweite darüberliegende Farbe ein mittlerer Aprikot-Ton. Für die Hauptfarbe nehmen Sie am besten 3/6 der Wandhöhe und für die zweite Farbe 1/6 der Wandhöhe. Und auch hier wieder einen Abstand von etwa 1 cm zwischen den beiden Farben einbringen. Die restliche Wand bis zur Decke bleibt weiß.

Unabhängig davon, wie Sie Ihre Toilette gestalten, achten Sie darauf, daß dieser Raum einladend gestaltet wird, um so in geborgener Atmosphäre der intimen Lösung eines inneren Bedürfnisses die Möglichkeit zu geben, sich ohne Scham zu offenbaren.

Nun haben Sie verschiedene Möglichkeiten kennengelernt, wie Sie Ihre Lebensräume wahrnehmen können, um sie stimmig und kraftvoll zu bekleiden, aber auch verschiedene Gestaltungstips bekommen, mit denen Sie Ihren Wohn- und Lebensräumen Individualität und Erscheinungskraft verleihen können.

Alle genannten Beispiele sollten Sie immer als Anregung und Empfehlung sehen und nie als das für Ihre Räume maßgeschneiderte und absolut stimmige Gestaltungselement. Überprüfen Sie in jedem einzelnen Fall, ob es für Sie persönlich und Ihre Räume stimmt und mit Ihnen im Einklang ist.

12. Praxistips für die Farbgestaltung

Bei der farblichen Gestaltung Ihrer Lebensräume ist für eine stimmige und kraftvolle Raumbekleidung nicht nur die Auswahl der Farbtöne entscheidend, sondern auch die Wahl der Farbmaterialien, der Gestaltungs- und Arbeitstechniken und mit welcher Freude und persönlichen Überzeugung Sie künstlerisch tätig werden. All diese Komponenten fließen in das Ergebnis der Raumgestaltung ein.

Das bedeutet, wenn Sie für Ihren Raum eine stimmige Farbe gefunden haben und die sogar ein Naturprodukt ist, nützt Ihnen das gar nichts, wenn Sie als Ausführender nicht von der farblichen Gestaltung und von diesem Naturprodukt überzeugt sind. Das Ergebnis wird erbärmlich sein. In solchen Fällen ist es besser, Sie kleiden Ihre Räume in Weiß oder lassen die farbliche Gestaltung von jemandem ausführen, der diese Tätigkeit wirklich liebt.

Auf der anderen Seite können Sie mit Begeisterung und wirklicher Überzeugung frisch ans Werk gehen, das nützt aber nichts, wenn das Farbmaterial und die Hilfsmittel (Bürste, Pinsel, Klebeband usw.) minderwertig sind und Ihnen das Know-how für die Umsetzung fehlt. Auch dann werden Sie vom eigenen Tun enttäuscht und mit dem Ergebnis unzufrieden sein.

Die meisten Bauherren wünschen sich eine farbliche Gestaltung und wollen sie meist vor Bezug der neuen Räume selbst vornehmen, auch um schlicht Kosten zu sparen. Diese Thematik kommt in der Beratung immer wieder zur Sprache. Meine Empfehlung an die Bauherren ist dann folgende, und die gebe ich Ihnen an dieser Stelle so weiter: Übergeben Sie den Grundanstrich in der Farbe Weiß einer Malerfirma und konzentrieren Sie sich auf die farbliche Gestaltung, sofern Sie diese wünschen. Denn wenn Sie den Grundanstrich der verputzten Wände und Decken selbst machen, werden Sie anschließend wahrscheinlich weder Kraft noch Lust haben, Ihre Räume farblich zu gestalten.

Dazu ein Beispiel aus der Praxis:

Ein Ehepaar gab mir den Auftrag, Bauphase und Entstehung ihres Hauses bis zum Einzug geomantisch zu begleiten und für den gesamten Lebensraum zusammen mit dem Elektriker die Beleuchtungsart und die Position der Lichtquellen zu bestimmen sowie die Auswahl der Bodenbeläge vorzunehmen und das Farbgestaltungskonzept für alle Räume zu erstellen. Einige Wochen, bevor die Farbgestaltung realisiert wurde, sagten sie mir, daß sie den Grundanstrich und die farbliche Gestaltung selbst ausführen würden. Ich erklärte ihnen, auf was sie sich da einlassen und ob ihnen bewußt ist, was da für eine Arbeitsleistung auf sie zukommt. Daraufhin ließen sie den Grundanstrich von einer Malerfirma ausführen. Nachdem dies geschehen war, wurde ihnen bewußt, daß die farbliche Gestaltung doch aufwendiger ist als zunächst angenommen. Aus diesem Grund beauftragten sie die Malerfirma mit mir zusammen, die farbliche Gestaltung ihres Hauses zu übernehmen. Sie waren vom Ergebnis ganz begeistert und teilten mir mit, daß es eine wirklich gute Entscheidung war, die Gestaltungsarbeiten, trotz Mehrkosten, abzugeben. Denn sonst wäre kein Raum farbig gestaltet worden, weil Kraft, Lust und das Know-how zum Weitermachen fehlten. »Die Farbgestaltung selbst hätten wir so, wie sie jetzt ist, nie verwirklichen können«, so die Aussage dieser Bauherren.

Das nun folgende Kapitel kann Ihnen wahrscheinlich nicht die Kraft und Motivation vermitteln, die Sie für die Verwirklichung Ihrer farblichen Gestaltung brauchen. Aber vielleicht gelingt es mir, Ihnen über das Know-how einen Impuls zu geben, der Ihnen die Kraft verleiht, mit Mut und Tatendrang selbst Hand anzulegen und die farbliche Bekleidung Ihrer Räume so professionell wie möglich zu verwirklichen.

Die Leinwand für die Farbgestaltung

Wenn Sie neu gebaut haben, werden die verputzten Wände und Decken zuerst abgesandet, um die Grundlage für den ersten Anstrich vorzubereiten. Dieser Arbeitsgang wird meist von der Putzfirma ausgeführt.

Anschließend kommt der erste Anstrich, der in der Regel mit der Farbe Weiß gemacht wird. Die erste Farbschicht sollten Sie nicht zu dick auftragen, damit die Farbe sich wirklich mit dem Verputz verbinden kann. Hier wird häufig der Fehler gemacht, die erste Farbschicht deckend aufzutragen, um einen Arbeitsgang einzusparen. Dies wirkt sich dann später bei Renovierungsarbeiten negativ aus. Denn wenn der erste Anstrich dick aufgetragen wird, kann er sich nicht optimal mit dem Verputz verbinden, und es entsteht keine Einheit. Die Farbe liegt dann wie eine Art Folie auf dem Verputz und kann keine wirklich bindende Haftung eingehen. Wenn Sie nach Jahren Ihre Räume neu gestalten wollen, kann es passieren, daß beim Lösen der Abdeckbänder der erste Anstrich vom Verputz gelöst wird oder daß sich gar die erste Farbschicht schon beim Auftragen der neuen Farbe löst. Außerdem erzeugt ein dicker Erstanstrich ein hohes Spannungsfeld, das dazu führen kann, daß sich Risse bilden und die Farbe vom Untergrund löst.

Am besten, Sie verdünnen die Farbe für den Erstanstrich stärker als angegeben, um damit eine einwandfreie Grundlage für alle nachfolgenden Anstriche zu schaffen.

Der zweite Anstrich mit derselben Grundfarbe kann nach dem Trocknen der ersten Schicht ganz nach Herstellerangaben aufgetragen werden.

Am besten wäre es, wenn Sie von Anfang an mit einer Malerbürste arbeiten und auf einen Farbroller verzichten. Das hört sich anstrengend an, und das ist es auch. Allerdings kann ich Ihnen versichern, daß mein Maler und ich mit wenigen Ausnahmen jede Wand bürsten, weil die gestalterische und energetische Wirkung eine viel bessere und stimmigere ist, als wenn wir mit einem Farbroller arbeiten würden.

Der Gestaltungsvorteil liegt in der Struktur und dem Formaufbau, den der Anstrich nach dem Austrocknen bildet. Dieser ist bei der Gestaltung mit einer Farbrolle einheitlich glatt und schuppenartig. Ich bezeichne dieses Gebilde immer als monoton, langweilig und leblos. Außerdem können Sie mit einer Farbrolle die Grundfarbe nicht direkt in den Verputz hineinrollen, sondern nur darüber. So kann die Verbindung nicht bestmöglich aufgebaut werden.

Der energetische Vorteil liegt darin, daß Sie die Grundfarbe in den Verputz hineinstreichen und sozusagen in die Wand »schreiben«. Diese

Gestaltungsweise ist intensiver, tiefgründiger und »verbindlicher«, als wenn Sie mit einer Farbrolle arbeiten. Mit einer Bürste können Sie eine wesenhafte Gestaltungsstruktur erschaffen, die jeder Wand und jedem Raum von Grund auf Lebendigkeit und Formgestalt verleiht. Nachfolgende Abbildungen sollen Ihnen dies verdeutlichen.

Abb. 94: Die farbliche Grundstruktur mit Bürste gestaltet (vergrößerte Darstellung)

Abb. 95: Die farbliche Grundstruktur mit Farbrolle gestaltet (vergrößerte Darstellung)

Seien Sie sich bewußt, daß Sie mit den ersten Anstrichen der Wand eine Leinwand schaffen, auf der Sie anschließend mit Farbe gestalten. Auch ein Künstler verwendet eine Leinwand, die Struktur aufweist, damit die Farben (Öl oder Acryl) darauf gut zur Geltung kommen und auf den Betrachter wirken können. Dies sollte ein Grund mehr für Sie sein, den leichten Erstanstrich und den deckenden Zweitanstrich mit der Bürste auszuführen. Selbst wenn Sie anschließend die Hauptfarben mit einer Rolle auftragen, ist aufgrund der Struktur der Grundfarbe die Ausstrahlungs- und Erscheinungskraft erheblich lebendiger und natürlicher.

Das farbliche Kleid des Raumes

Nachdem Sie sich eine optimale und strukturreiche Grundlage für die farbliche Gestaltung erschaffen haben, folgt nun die Vorbereitung für das Farbenkleid Ihres Raumes. Hierfür brauchen Sie verschiedene Abdeckbänder, eine Wasserwaage, eine Paketschnur von etwa 2 Meter Länge und verschiedene Holzbuntstifte.

Ermitteln Sie die Größen bzw. die Flächen, die farbig gestaltet werden sollen, so wie es im vorigen Kapitel beschrieben wurde.

In einem Neubau wird der Boden in der Regel nach der Raumgestaltung gelegt. Dann fehlt Ihnen die Bodenleiste als Anhaltspunkt für die Ermittlung der sichtbar bleibenden Wandhöhe. Informieren Sie sich bei Ihrem Boden- bzw. Fliesenleger, welche Höhe der Boden und die Fliesen selbst zusammen mit ihrer Randleiste haben. Diese Größenmaße ziehen Sie dann von der derzeitigen Höhe der Wand, gemessen von Decke bis Estrich, für die Berechnung der Farbflächen ab. Wenn Sie die Höhe Ihrer Hauptfarbe berechnet haben, zählen Sie die Höhe des Bodens und der Bodenleiste wieder hinzu. So können Sie leichter Maß nehmen und die entsprechende Höhe für die Hauptfarbe markieren. Anschließend nehmen Sie die Wasserwaage und ziehen mit einem Holzbuntstift die Markierungslinie des oberen Abschlusses Ihrer Hauptfarbe. Dazu verwende ich immer einen Holzbuntstift in einer der Hauptfarbe ähnlichen Farbe. Denn bei Verwendung eines Bleistiftes kann es passieren, daß

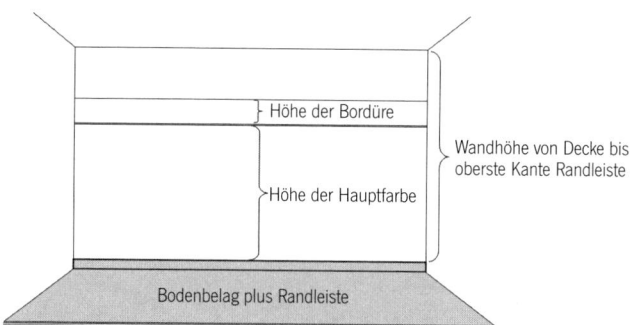

Abb. 96: Diese Abbildung zeigt Ihnen das Ermitteln der jeweiligen Farbflächen.

dieser nach Austrocknen der Farbe an manchen Stellen sichtbar wird, und dies würde sich störend auf das Gesamtbild auswirken. Dies kommt besonders bei Verwendung von Wandlasuren und leichten Farbgestaltungen vor.

Nun können Sie das etwa 1 cm breite Abstandsklebeband oberhalb der markierten Linie anbringen. Jetzt markieren Sie die Höhe der Bordüre von der oberen Kante des Abstandbandes aus gemessen und zeichnen auch hier die Markierungslinie mit Hilfe der Wasserwaage und einem farbigen Holzbuntstift an. Die gezeichnete Linie der Bordüre können Sie mit einem 30, 38 oder 50 mm Abdeckband abkleben. Achten Sie aber immer darauf, daß das Klebeband nie die markierten Linien verdeckt. Denn wenn Sie das Klebeband nach der farblichen Gestaltung wieder entfernen wäre diese Linie sichtbar.

Abb. 97: Hier sehen Sie das Anzeichnen der Markierungslinie für eine Bogenführung.

Nachdem Sie die Flächen abgeklebt haben, wird die Grundfarbe des Raumes aufgetragen, die Klebebänder werden am Rand mit übermalt. Damit schaffen Sie eine saubere Saumlinie des Farbenkleides. Sie streichen mit der Bürste großzügig über das etwa 1 cm breite Abklebband, das die Hauptfarbe mit der Bordüre verbindet, und über die Hälfte des oberen Klebebades, das den Abschluß der Bordüre bildet. Gehen Sie so bei allen abgeklebten Stellen vor, an die die Farbe anschließt. Verstreichen Sie die Grundfarbe gut, damit an den Linien keine »Erhöhungen« der Farbe sichtbar werden. Und warten Sie, bis dieser verbindende Anstrich gut durchgetrocknet ist. Denn sonst hellt sich die Haupt- oder

Bordürenfarbe in diesem Bereich durch den weißen oder hellen Grundanstrich auf. Diese Wartezeit können Sie nutzen, indem Sie mit den Vorbereitungen im nächsten Raum beginnen.

Nachfolgend einige Praxistips, was Sie bei den verschiedenen Farbmaterialen bezüglich der Klebebändern beachten sollten:

Wenn Sie mit Latexfarbe (Kunstharzdispersion) arbeiten, empfiehlt es sich, die Klebebänder unmittelbar nach dem Auftragen der Farbe abzuziehen. Denn dieses Material bildet schnell eine Schicht, ähnlich einer Folie, die Ihnen beim Abziehen des Klebebandes mit trockener Farbe Probleme bereitet. In der Praxis machen wir es so, daß einer unmittelbar beim Klebeband vorstreicht und der andere dieses Band sofort entfernt. So wird auch bei diesem Farbmaterial ein sauberer Saumabschluß erreicht.

Bei Verwendung von Dispersions- oder Silikatfarbe ist es nicht ganz so eilig. Aber die Praxis hat gezeigt, daß es sinnvoll ist, das Klebeband noch im feuchten Farbzustand abzuziehen.

Wenn Sie mit einer reinen oder feingekörnten Lehm- oder Kalkfarbe arbeiten, empfehle ich Ihnen, zu warten bis die Farbe vollständig getrocknet ist. Denn sonst kann es Ihnen passieren, daß die feinen weißen Körnchen der getrockneten Grundfarbe auf dem Klebeband in die noch feuchte Haupt- oder Bordürenfarbe fallen. Dieses Ärgernis sollten Sie sich ersparen.

Bei fein- oder grobkörnigen Lehm- oder Kalkfarben hängt es allerdings davon ab, auf welchem Putz Sie die Farbe aufbringen. Wenn es sich nämlich um Rauhputz handelt, ist es besser, wenn die Klebebänder noch im feuchten Zustand der Farbe abgezogen werden. Denn beim Überstreichen des Klebebandes mit der Grundfarbe bilden sich unter dem Klebeband meist einige Farbtröpfchen, die die Vertiefungen im Verputz ausfüllen. Wenn Sie das Klebeband im getrockneten Zustand abziehen, kann es passieren, daß Sie an manchen Stellen den nahtlosen Saumabschluß ruinieren. Es ist in diesem Fall leichter, die kleinen Körnchen, die noch in die feuchte Farbe fallen, zu entfernen oder zu überstreichen, als den an manchen Stellen gerissenen Saumabschluß auszubessern.

Bei glatten Filzputzen können Sie auch bei fein- oder grobkörnigem Lehm- oder Kalkfarben warten, bis diese vollständig ausgetrocknet sind.

Der Übergang an den Ecken der Farbe zur Grundfarbe des Raumes
Wenn Sie bei manchen Farbflächen nicht bis in die Ecken des Raumes oder bis zum Türstockrahmen gestalten, empfiehlt es sich, bei der Verbindung des seitlichen und oberen Farbsaumabschlusses einen weichen und runden Übergang zu schaffen. Die Größe der Rundung sollte dabei in einem für Ihr Empfinden stimmigen Verhältnis zur Größe der gestalteten Fläche und des Raumes sein.

Um eine wirklich exakte Rundung hinzubekommen, benötigen Sie eine Paketschnur und einen farbigen Holzbuntstift. Diesen verbinden Sie über einen Knoten mit der Schnur.

Anschließend setzen Sie den Stift an der von Ihnen zuvor markierten Linie an und lassen die Schnur dabei locker. Jetzt nehmen Sie ihr gewünschtes Maß und halten mit einer Hand die Schnur und mit der anderen den Stift. Bewegen Sie nun den Stift, ohne zu markieren, in Richtung der zweiten Markierungslinie und überprüfen Sie, ob der Radius für Sie stimmig und der Haltepunkt der Schnur richtig angelegt ist.

Wenn die Größe der Rundung stimmt, können Sie diese mit dem Stift markieren, wie bereits auf Abbildung 97 gezeigt.

Nun können Sie diese Rundung mit einem flexiblen Abdeckband oder einem Kurvenkreppband abkleben. Anschließend werden die geraden Markierungslinien abgeklebt und dann, wie bereits beschrieben, mit der Grundfarbe großflächig verbunden, um einen exakten Saumabschluß zu erhalten.

Mit Farbformen die Energie einladen und im Raum führen

Wenn Sie die Energie des Raumes über die farbliche Gestaltung bewußt führen und leiten wollen, können Sie dies mit einer entsprechenden Bogen- oder Linienführung tun. Diese Formen ergeben sich meist bei Treppenwandgestaltungen und in Eingangsbereichen, aber auch in Räumen, wo die natürliche Energie der Landschaft durch die Öffnungen, ob Fenster oder Türen, in den Raum hineingeführt werden will. Wann diese Art der Gestaltung stimmig ist, offenbart Ihnen der Raum über Ihre Wahrnehmung. Allerdings kann ich Ihnen diesbezüglich eine allgemeine Empfehlung geben. Wenn sich z. B. auf einer Wandseite des Raumes eine große Fensterfläche befindet und der Ausblick bzw. die Energie, die sich daraus ergibt, für Sie sehr kraftvoll ist, können Sie über eine Bogenführung an dieser oder beiden Seitenwänden der Fensterfläche diese natürliche Kraft einladen und in den Raum hineinführen.

Sehr empfehlenswert ist diese Vorgehensweise bei einem Wintergarten. Denn hier wird zwar Energie aufgenommen, aber sie kann sich in der Regel nicht sammeln. Durch eine gezielte Bogenführung an den Wänden können Sie hier entgegenwirken und dafür sorgen, daß die Energie mehr in den Raum hineingeführt wird.

Nachfolgende Abbildungen zeigen Ihnen die Raumsituation einer großen Fensterfront und eines Raumes mit angrenzendem Wintergarten.

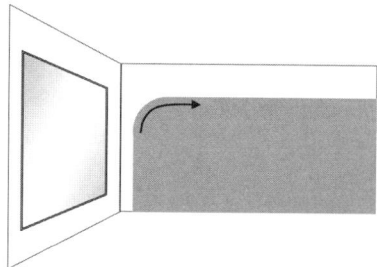

Abb. 98 Die Energieführung über die Farbformgestaltung einer großen Fensterfront

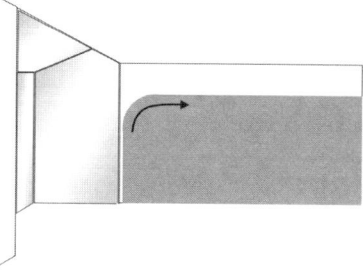

Abb. 99 Die Energieführung über Farbformgestaltung eines angrenzenden Wintergartens

Um die optimale Grundlage für den Energiefluß zu erschaffen und damit die für Sie und den Raum stimmige Fließrichtung der Energie vorzugeben, sollten Sie bei der Vorbereitung für die farbliche Gestaltung folgendes beachten.

Bereits beim Markieren des Bogens mit dem Holzbuntstift können Sie diesen in der gewünschten Richtung führen, also von Fenster, Tür oder Wintergarten in den Raum hinein.

Ebenso gehen Sie beim Abkleben mit Ihrem Kurvenklebeband vor. Auch hier führen Sie das Klebeband vom Fenster weg an der markierten Linie entlang in den Raum hinein. Bei der farblichen Gestaltung beginnen Sie von dieser Stelle aus, den Raum zu bekleiden, und führen die Farbe in den Raum hinein.

So geben Sie über die Gestaltung der natürlichen Energie ihre von Ihnen bestimmte Fließrichtung auf feinstofflicher Ebene vor. Nachfolgende Abbildungen sollen Ihnen dies verdeutlichen.

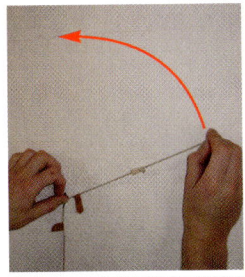
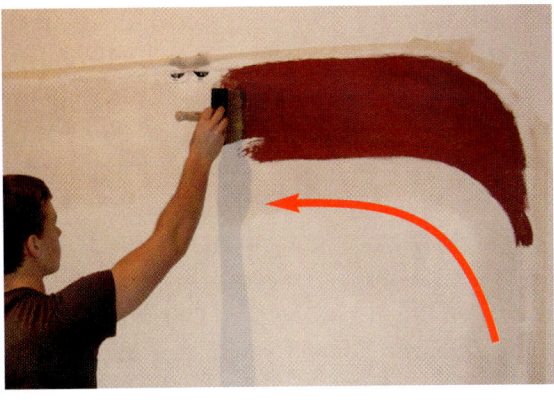
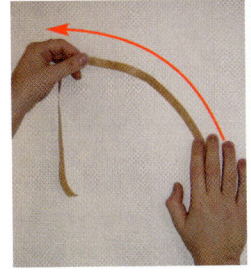

Abb. 100/101/102: Diese Abbildungen zeigen Ihnen, wie Sie durch das Anzeichnen, das Abkleben und das farbliche Gestalten die Energie auf feinstoff-liche Weise in den Raum hineinführen können.

Wenn Sie jetzt denken sollten, das kann doch gar nicht sein, dann darf ich Sie an nachfolgendes Zitat erinnern: »Das Wesentliche ist für die Augen unsichtbar.«

Und genau diese bewußte Vorgehensweise ist ein wesentlicher Akt und Bestandteil einer für mich wahrhaftigen Lebensraumgestaltung.

Beginnen Sie mit dem Anzeichnen, Abkleben und farblichen Gestalten an der Stelle, von der aus Sie die Energie einladen wollen, und führen Sie sie ganz bewußt in den Raum hinein. Sie geben durch diese Art der Gestaltung der Energie die Richtung vor und führen sie ganz gezielt im Raum.

Die lebendige und individuelle Form- und Farbengestaltung des Raumes

Nun zu einer Gestaltungsweise, die etwas Mut und Kreativität erfordert, allerdings auch die Möglichkeit bietet, Ihren Raum durch ein lebendiges, individuelles und formenreiches Farbenkleid zu bereichern. Jedoch sollten Sie vorher über Ihre Wahrnehmung und eine meditative Begegnung in Erfahrung bringen, ob sich diese Art der Gestaltung im Einklang mit dem Raum und Ihnen selbst befindet.

Dann brauchen Sie ein flexibles Klebeband von 12 mm Breite. Sie setzen es an der Position an, von wo aus Sie beginnen oder die Energie im oder in den Raum führen wollen.

Mit der Hand, mit der Sie die Klebebandrolle halten, schaffen Sie durch entsprechende Bewegung nach oben und unten die Linienführung im Raum. Mit den Fingern der anderen Hand drücken Sie das Klebeband in der von Ihnen gewünschten Form an die Wand.

Anschließend können Sie auf dieselbe Weise die obere Bordürenführung anbringen. Hier sollte die Bordüre in wechselnder Breite an der Hauptfarbe entlang gestaltet werden. So erzeugen Sie eine sehr bewußte und kraftvolle Führung der Energie im Raum und zugleich eine »Quelle«, die durch ihre Gestalt den Raum auf lebendige Weise energetisiert.

Die nachfolgenden drei Bilder zeigen Ihnen eine lebendige Farbformgestaltung, die energetische Wirkung einer lebendigen Gestaltung und einen harmonikalen Farbendreiklang im Raum.

Abb. 103: Die lebendige Farbformgestaltung eines Wohnzimmer im Dachgeschoß

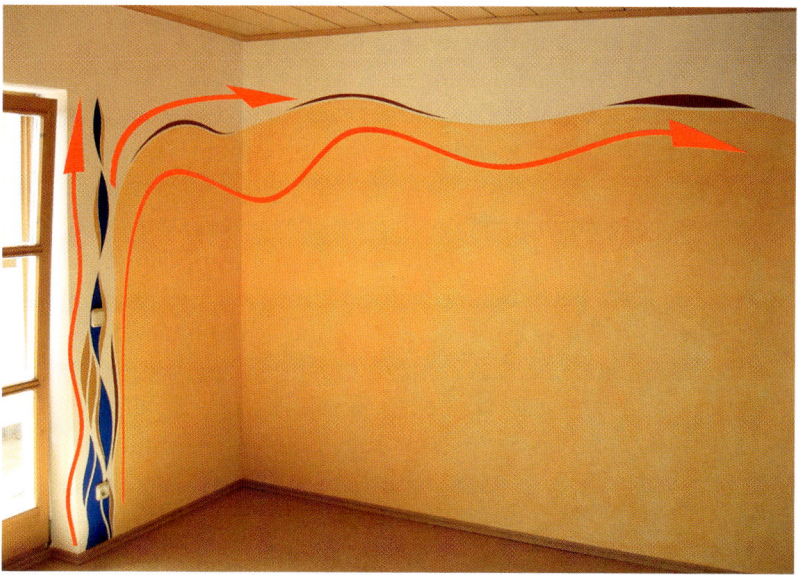

Abb. 104: Hier sehen Sie, wie Sie mittels einer lebendigen Farbformgestaltung die Energie in den Raum einladen können.

249

Abb. 105: Ein harmonikaler Farbendreiklang in A-Dur eines Wohnzimmers

Der Treppenraum und die aufsteigende Kraft

Wie bereits bei der Beschreibung im Kapitel 11 angekündigt, möchte ich Ihnen hier nun einige Tips für die Realisierung einer »nach oben« drängenden Kraft für die farbliche Gestaltung eines Treppenraumes geben. Wichtig ist, darauf zu achten, daß Sie beim Abkleben und der anschließenden Gestaltung von unten nach oben wirken, um von Anfang an dem aufsteigenden Prinzip und der Energieführung eine klare Richtung vorzugeben. Bevor Sie mit dem Abkleben der Gestaltung beginnen, sollten Sie sich erst auf diese Handlung einstimmen. Stellen Sie sich dazu ans untere Ende der Treppe und betrachten Sie den Teil des Treppenraumes, der gestaltet werden will. Gehen Sie dabei in die Wahrnehmung und lassen Sie Ihre Augen die Treppe hinaufwandern. Vielleicht zeigen sich bereits hier eine Form und die Führung der Farbe für diesen Raum. Nun gehen Sie ganz bewußt die Treppe nach oben und betrachten Sie den zu gestaltenden Bereich. Bleiben Sie dabei mit allen Sinnen offen und empfangsbereit. Wenn Sie oben angelangt sind, blicken Sie nach unten und betrachten von der oberen Ebene aus den Bereich der Treppe, den Sie gestalten. Wie hat sich diese neue Position auf Ihre Wahrnehmung ausgewirkt? Wie zeigt sich die Treppe aus dieser Perspektive, und welche Informationen werden Ihnen jetzt vermittelt?

Nun schreiten Sie die Treppe nach unten und richten dabei wieder Ihren Blick auf den Bereich des Treppenraumes, der gestaltet wird. Wenn Sie für sich und Ihren Treppenraum eine stimmige Formgebung ermittelt haben, können Sie beginnen, ihn für die Gestaltung vorzubereiten.

Nehmen Sie auch hier ein flexibles Klebeband mit etwa 10 mm Breite und führen Sie frei Hand die obere Linie der Hauptfarbe von einer Ebene des Wohnraumes zur nächsten. Anschließend verfahren Sie genauso mit dem oberen Abschluß der Bordürenführung.

Wenn Sie damit fertig sind, erkennen Sie über die Klebebänder die Führung der Energie im Treppenraum. Bevor Sie jetzt die Klebebänder mit der Grundfarbe überstreichen, gehen Sie die Treppe ganz bewußt mehrmals hinauf und herunter. Spüren Sie dabei nach, wie es Ihnen geht und wie Sie sich fühlen. Achten Sie auch darauf, ob Sie unbewußt noch Halt suchen oder die Treppe ganz sicher und frei nach unten und oben begehen können.

Besonders bei einem Treppenraum und dieser Art der Gestaltung kann es passieren, daß Sie die Klebebänder wieder entfernen und noch einmal von vorne beginnen. Die Vorbereitung einer solchen Treppenraumgestaltung kann schon einige Zeit in Anspruch nehmen.

Das Integrieren und Gestalten der Verteilerverblendungen von Strom und Heizung

Oft werden die Verblendungen von Strom- und Heizungsverteiler, sofern sie sich im Wohnraum befinden, sorgfältig abgeklebt, damit diese nicht mit Farbe in Berührung kommen. Allerdings heben sich diese grauen oder weißen Kästen nach einer farblichen Gestaltung mehr hervor als zuvor. Auch diese Verblendungen gehören zur Wand und sind ein Teil von ihr. Aus diesem Grund sollten sie immer in die farbliche Gestaltung des Lebensraumes mit einbezogen werden und mit der Wand ein einheitliches Farbbild ergeben.

Nachfolgende Abbildungen sollen Ihnen eine farbliche Integration der Verblendung eines Strom- und Heizungsverteilers anschaulich darstellen.

Abb. 106: Die farbliche Gestaltung eines Stromverteilers

Abb. 107: Die farbliche Gestaltung eines Heizungsverteilers

13. Farben – die Kraft für Körper, Geist und Seele

Zu Beginn dieses Kapitels möchte ich Ihnen aufzeigen, wie Sie den Farben des Lebens begegnen und sie wahrnehmen. Denn wir alle bewegen uns jeden Tag unseres Lebens in einem Meer von Farben. Und genau diese Farben der Natur, der natürlichen Land- und Stadtlandschaft, unserer Kleider, Autos, der verschiedenen Gebrauchsgegenstände, auch unserer Nahrungsmittel und der Haut- und Haarfarbe von uns und anderen schenken uns Wohlbefinden, Kraft, Gesundheit und Lebendigkeit. Aus diesem Grund stärken Farben den Menschen auf körperlicher, nähren ihn auf geistiger und berühren ihn auf seelischer Ebene.

Denn, wie bereits erwähnt, sind wir seit unserer Zeugung von Farben und Farbräumen umgeben. Wir sind quasi mit ihnen erschaffen worden und aufgewachsen. Farben begleiten uns von Beginn an, unser Leben wird sozusagen durch Farben auf unbewußter Ebene bestimmt. Es ist für uns alle nicht nur eine Selbstverständlichkeit, mit ihnen zu leben, sondern auch ein natürliches Bedürfnis, uns mit der Kraft der Farben zu umgeben. Weil wir ganz unbewußt spüren, daß uns Farben nähren, stärken, beruhigen, beleben, inspirieren, anregen und uns mit den natürlichen Kräften verbinden. Aus diesem Grund möchte ich Ihnen an dieser Stelle mit ein paar Beispielen bzw. Rückmeldungen aus der Beratungs- und Gestaltungspraxis diese Thematik und die Wirkung der Farben verdeutlichen.

Nachdem mein Farbgestaltungskonzept für die Wohnung einer jungen Familie realisiert war, kam ich vier Wochen später zu Besuch, um das Resultat zu betrachten und mit der Familie bestimmte Details der Beratung zu besprechen. Beim gemeinsamen Kaffeetrinken erzählten sie mir, daß, wenn sie jetzt bei Freunden oder Bekannten sind, ihre fünf-

253

jährige Tochter nach kurzer Zeit wieder nach Hause will. Bei den früheren Besuchen war das nie der Fall, und die Räume der anderen hatten sich in der Zwischenzeit nicht verändert. »Das nicht«, antwortete ich, »aber euer eigener Raum hat sich verändert.« Dann fragte ich, wie es ihnen selbst geht, wenn sie woanders zu Gast sind. »Uns geht es wie unserer Tochter«, war die Antwort. »Was Farben in Bezug auf Wohlfühlen und Geborgenheit wirklich vermitteln, wird einem erst in Räumen ohne Farben an den Wänden bewußt«, sagten sie.

Unternehmer, Geschäftsleute und selbstständige Handwerker engagieren mich in den meisten Fällen zuerst für eine Beratung ihrer Geschäfts- und Betriebsräume. Auffallend ist, daß, wenn das Gestaltungskonzept für die Betriebsräume verwirklicht wurde, nach vielleicht zwei oder drei Monaten der Auftrag für den privaten Wohnraum erteilt wird. Wenn ich dann nachfrage, warum jetzt doch das private Haus auch gestaltet werden soll, kommt immer die gleiche Antwort: »Wir fühlen uns in den Betriebsräumen wohler als zu Hause und spüren, daß im privaten Wohnraum etwas fehlt. Wir haben uns in der Firma an diese Farben und die Gestaltung gewöhnt und wollen darum auch unser Zuhause entsprechend gestaltet haben.«

Im Jahr 2000 plante eine Familie den Kauf einer neuen Küche, die von einem spezialisierten Küchenbauer angefertigt werden sollte. Als sie mir den Auftrag gaben, sie bei der Planung und Gestaltung der Kücheneinrichtung und des Raumes zu beraten, sagte ich, daß es wenig Sinn hat, nur die Küche geomantisch zu analysieren und zu gestalten und den übrigen Lebensraum unberücksichtigt zu lassen. Das wäre ihnen jetzt zu viel auf einmal, gaben sie mir zur Antwort. So wurde also nur für die Küche ein entsprechendes Gestaltungskonzept erstellt, für die Positionierung der Küchenelemente und der Geräte, für die Farben der Frontflächen und der Arbeitsplatten bis hin zur Auswahl der Griffe für Schübe und Schränke. Auch die Lichtquellen und die farbliche Gestaltung dieses Raumes wurden neu angelegt. Ein neuer Tisch in Größe und Form sowie die Stühle wurden in das Gesamtkonzept mit einbezogen und vom Schreiner angefertigt. Nach insgesamt zwei Terminen vor

Ort und vielen Stunden der Analyse, Wahrnehmung, Beratung und Planung war das Konzept fertig. Ich hatte bis dahin noch nie einen solchen Zeitbedarf für die Beratung für einen einzigen Raum gehabt. Entsprechend war aber dann das Ergebnis. Als alles fertig war, kam ich vorbei und betrachtete den neuen Raum. Die Küchenelemente, die Arbeitsplatte und der Eßtisch waren bei der neuen Küche größer als vorher, seltsamerweise war jedoch in der neuen Küche mehr Platz und Freiraum. Der Raum wirkte nicht nur größer, er bot auch wirklich mehr Platz. Man hatte mehr Bewegungsfreiheit, sowohl beim Kochen als auch zu Tisch. Dies war für mich eine sehr große Erfahrung und Erkenntnis im Hinblick auf die zeitliche Investition für die Beratung von Lebensräumen.

Und dann kam es, wie es kommen mußte. Nach sechs Wochen bekam ich den Auftrag den gesamten Lebensraum zu beraten. Meine Frage nach dem Warum, wurde wie folgt beantwortet: »Die ganze Familie hält sich überwiegend in der Küche auf. Vor allem nach dem Abendessen sitzen alle nur noch in diesem Raum. Die Kinder interessiert nicht mal mehr das Fernsehprogramm, und uns kommt es vor, als hätten wir kein Wohnzimmer mehr. Das familiäre Leben findet hauptsächlich in diesem Raum statt.«

Der Grund dafür ist ganz einfach. Nach der Gestaltung war dies der Raum mit der meisten Kraft und Energie. Dort wurde die ganze Aufmerksamkeit hineingelegt und kräftig in Zeit und Gestaltung investiert. Da die Energie der Aufmerksamkeit folgt, ist leicht nachvollziehbar, daß dieser Raum die anderen sozusagen übertrumpfte.

Seitdem investiere ich zum einen sehr viel Zeit in die erste Begegnung mit dem Raum und seinen Menschen, in die Wahrnehmung und Analyse und sowohl in die Beratung als auch in die Gestaltung des Raumes.

Zum zweiten berate ich seit dieser Zeit nur noch den gesamten Organismus Haus oder Wohnung, weil es nachweislich keinen Sinn macht, nur einen Raum in seiner Kraft zu stärken und alle anderen Räume unberücksichtigt zu lassen. Denn es sollte jeder Raum, jeder Bereich und jeder Winkel als Teil des gesamten Organismus Lebensraum erkannt, anerkannt, wahrgenommen und stimmig in das Gestaltungskonzept mit einbezogen werden.

Farbsysteme für die Raumgestaltung

Nun möchte ich Ihnen drei Farbsysteme beschreiben, die ich in der Praxis einsetze, um Ihnen Hintergrundinformationen zu vermitteln, die Ihnen die praktische Anwendung der jeweiligen Farbsysteme erleichtern.

Das NCS®© (Natural Color System®©) Farbsystem ist eine universelle und international gültige Farbensprache für alle Berufsgruppen, die mit Farben gestalten. Hierzu gehören Architekten, Designer, Maler, Raumgestalter, Restauratoren und natürlich Farbenhersteller.

Die NCS-Farbbezeichnung beschreibt die sechs elementaren Farben, die der Mensch als »reine« Farben sieht und die sich maximal unterscheiden. Dies sind nach der Urfarbentheorie von Ewald Hering die beiden unbunten Farben Weiß und Schwarz sowie die vier bunten Urfarben Gelb, Rot, Blau und Grün.

Daraus entwickelte sich der dreidimensionale Farbraum des NCS-Farbsystems mit der unbunten Mittelachse (Vertikal) an deren Ende

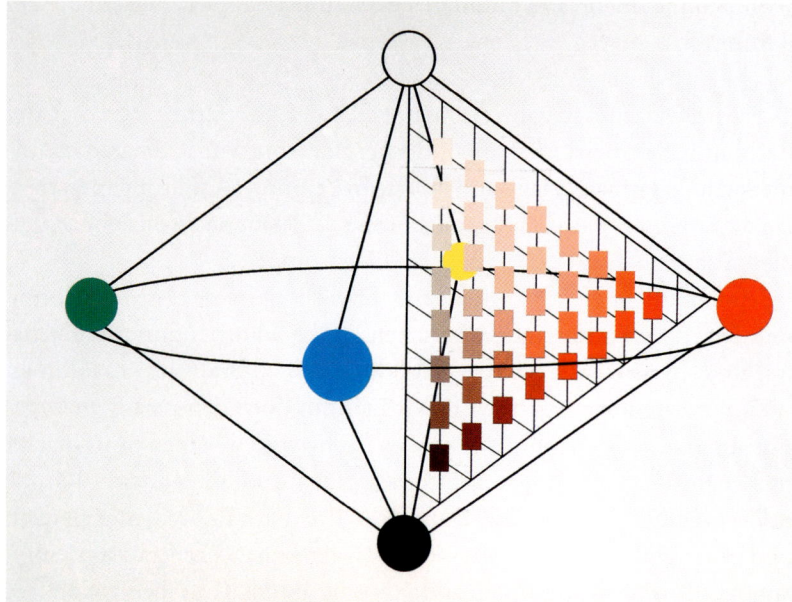

Abb. 108 Der dreidimensionale NCS®© Farbraum

256

sich weiß und schwarz befinden und der Äquatorzone (Horizontal) eines Doppelkegels mit den vier bunten Urfarben Gelb, Rot, Blau und Grün, die sich im Farbenkreis genau gegenüberliegen (wie beim Kompaß Nord-Süd und Ost-West).

Durch diesen Farbraum sind beim NCS-Farbsystem 40 senkrechte »halbe« Schnitte angelegt, die kurz vor der Mittellinie enden. Daraus ergeben sich dann vierzig Farbdreiecke. Jeder Schnitt steht für eine Bunttonfamilie und zeigt alle Bunttöne, die zu einer Familie gehören, von hell bis dunkel und von eher unbunt bis hochbunt.

Die unbunten Urfarben in NCS werden wie folgt abgekürzt: W (weiß), S (schwarz) woraus sich N (für neutral) ergibt.

Die bunten Urfarben sind Y (yellow = Gelb), R (Rot), B (Blau) und G (Grün).

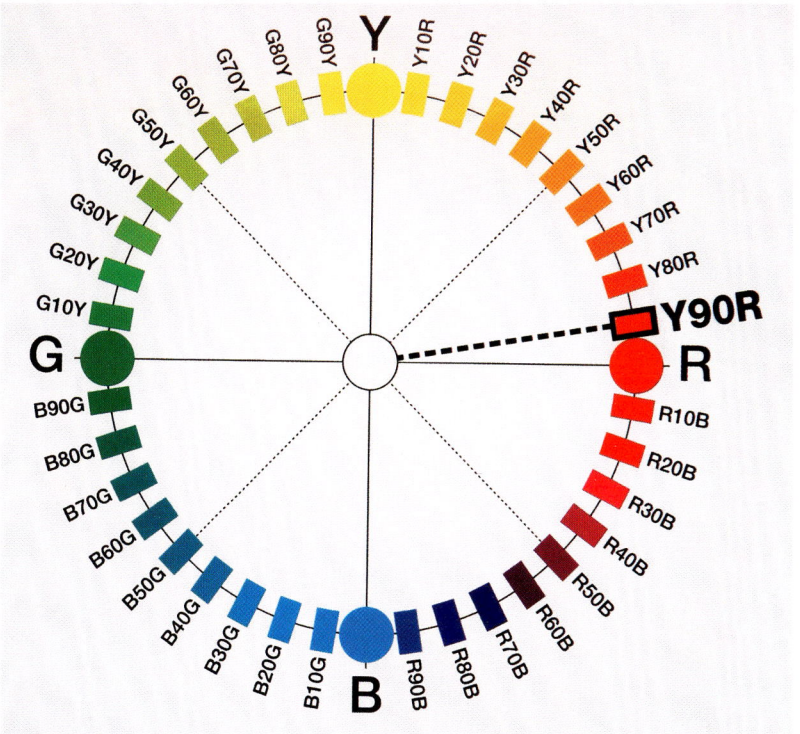

Abb. 109 Der NCS®©-Farbkreis

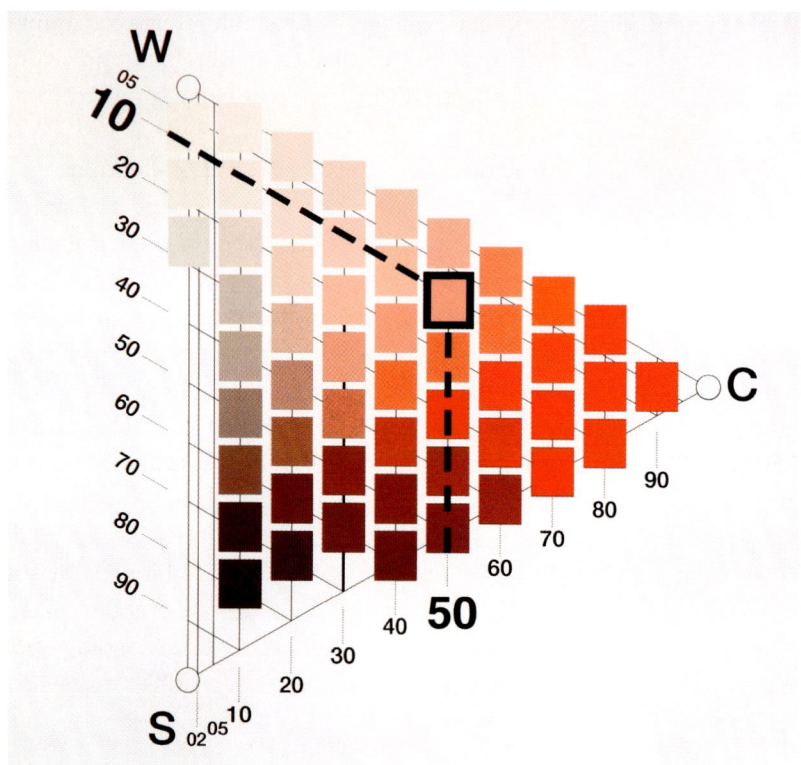

Abb. 110 Das NCS^{®©}-Farbdreieck

Der NCS-Farbkreis ist ein horizontaler Schnitt durch die Mitte des Farbraumes, wo die vier bunten Elementarfarben wie Punkte auf einem Kompaß angebracht sind. Jeder Quadrant zwischen zwei Elementarfarben wurde in zehn gleiche Abschnitte unterteilt. In der Abbildung ist der Farbton Y90R, Gelb mit 90 % Rotanteil, markiert.

Das bei den bunten Urfarben (bunten Grundfarben) auch die Farbe der Natur »Grün« als Kombinationsfarbe von Blau und Gelb angegeben wird, macht deutlich, daß es sich bei NCS um ein Farbbeschreibungssystem und nicht, wie fälschlicherweise oft angenommen, um ein Farbmischsystem handelt. Es handelt sich also bei den Farbbezeichnungen um eine Beschreibung der Farbe und nicht um eine »Farbnummer«.

Die NCS-Farbbeschreibungen geben an, in welchem Maß eine bestimmte Farbe mit und durch diese Elementarfarben verwandt und aufgebaut ist.

Dazu ein Beispiel:
Nehmen wir als Beispiel die Farbbezeichnung **NCS S 1050-G30Y**. Hier handelt es sich um einen helleren, ruhigen grünen Farbton.

Dabei steht **NCS** für das internationale Farbsystem **N**atural **C**olor **S**ystem®©. Diese Bezeichnung beschreibt die Tatsache, daß alle Farben die Sie in diesem Farbsystem erkennen, auch in der Natur vorkommen. Sie werden jede dieser Farben, mit denen Sie gestalterisch tätig werden, auch in der Natur wiederfinden. Wenn Sie z. B. an die Farbenvielfalt der Pflanzen, Tiere und Gesteine, der Erde, der Meere, Flüsse und Seen aber auch an uns Menschen mit Haut-, Augen- und Haarfarben denken, wird Ihnen diese enorme Fülle an Farben bewußt werden. Nicht umsonst kann jeder Mensch mit normalem Sehvermögen etwa 10 Millionen Farben unterscheiden. Jedoch ist ohne ein »System«, mit dem diese enorme Vielfalt beschrieben werden kann, eine kommunikative Verständigung über diese Farbvarianten ausgeschlossen.

Der Buchstabe **S** vor der NCS-Bezeichnung steht für einen Serienfarbton der NCS Edition 2.

Die Zahlenkombination **1050** steht für die Nuance, d. h. den Verwandtschaftsgrad der Farbe. Die ersten beiden Ziffern (10) geben Auskunft über den optischen Schwarzanteil und die letzten beiden Ziffern (50) über den visuellen Buntanteil dieser Farbe. Hier handelt es sich also um eine Farbe mit 10% Schwarzanteil, 50% Buntanteil und 40% Weißanteil. Der Weißanteil einer Farbe wird bei NCS nicht angegeben. Er errechnet sich aus der Summe 10% schwarz + 50% bunt – 100% = 40% weiß.

Der Buntanteil (100% der bunten Farbe) wird durch die nachfolgende Bezeichnung **G30Y** dargestellt. Hier wird der Verwandtschaftsgrad, **G** für Grün und **Y** für Gelb (yellow) mit einem Anteil von 30% Gelb (30Y), beschrieben. Der nicht aufgeführte Anteil von 70% Grün entspricht in diesem Fall der Summe, die sich aus dem Abziehen von 100% Buntheit mit der Farbe Gelb (yellow) 30% ergibt. Der zweite prozentuale Anteil, in diesem Fall von Grün (70 %), wird nicht extra genannt.

Diese Ziffern- und Buchstabenkombinationen beschreiben Ihnen exakt die Zusammensetzung der Farbe in ihren Anteilen von Weiß, Schwarz und bunten Farben.

So beschreibt Ihnen z. B. die Bezeichnung NCS S 2050 R50B einen klassischen violetten Farbton, da Rot und Blau im gleichen Anteil von je 50% miteinander kombiniert werden. Bei der Bezeichnung NCS S 2050 R70B wird ein lila Farbton beschrieben, da der Blauanteil (70%) höher ist als der Rotanteil (30%).

Jede Farbe, die wir sehen, kann im NCS-Farbraum eingeordnet werden und wird immer nur an einem bestimmten Punkt bzw. Ort im Farbraum (siehe NCS-Farbraum) zugeordnet. So wird z. B. das Ferrari-Rot als NCS 1977-Y95R beschrieben.

Dies ist eine Farbe mit 19% Schwarzanteil, 77% Buntanteil, davon 5% Gelb (Y) und 95% Rot (R). Es handelt sich hier um ein so genanntes »gelbstichiges« Rot.

Diese eigenständige Firmenfarbe von Ferrari wurde von NCS vermessen, und aus diesem Grund erscheint auch vor der Farbbeschreibung nicht der Buchstabe »S«, der diese Beschreibung als Serienfarbton bezeichnen würde.

Rein »graue« Farben haben keinen Buntton und führen deshalb nur eine Nuancen-Bezeichnung, gefolgt von -N wie Neutral. Die Skala der grauen Töne bei NCS reicht hier von 0300-N für weiß bis 9000-N für schwarz. Auch hier gilt: Die erste zweistellige Zahl beschreibt den Schwarzanteil dieser Farbe.

In der Praxis verwende ich dieses Farbsystem bei der Gestaltung mit Dispersions-, Silikat- und Kunstharzdispersionsfarben für Fassaden und Außenbereiche sowie für Innenwände, die eine hohe Abriebbeständigkeit gewährleisten müssen, aus dem einfachen Grund, weil der Händler diese Bezeichnungen kennt, in seinen Computer eingeben und über die Farbmischanlage exakt herstellen kann.

Im privaten Wohnbereich ist der Anspruch an die Abriebfestigkeit nicht so hoch, und daher besteht hier die Möglichkeit, alle Räumlichkeiten in natürlichen Farben zu kleiden und zu gestalten. Aber auch Büroräume, Ateliers, Praxen, Apotheken, Cafés und Bistros, Restaurants, Hotels, Verkaufs-, Dienstleistungs- und Serviceräume habe ich zusammen mit meinem Maler in den letzten Jahren mehr und mehr mit Naturfarben gestaltet. Warum das so ist und wie unterschiedlich die Menschen auf Naturfarben und konventionelle Farben reagieren und welche Wirkung sich für Mensch und Raum daraus ergibt, möchte ich Ihnen vor der Farbsystembeschreibung von Naturfarben kurz darstellen.

Der Wirkunterschied von Naturfarben und konventionellen Farben

Jede Farbe hat die Eigenschaft auf Raum und Mensch auf mehreren Ebenen gleichermaßen zu wirken. Zum einen berührt uns Farbe auf körperlicher Ebene. Das heißt, dem menschlichen Auge wird etwas geboten. Denken Sie z. B. an einen wunderbar arrangierten Obstkorb mit den verschiedensten Früchten. Sie blicken nicht nur auf die einzelnen Früchte, sondern vor allem auf ihre Farben und Formen. Ihr Auge sieht, erkennt und gibt diese fruchtig-farbige Information an Ihr Gehirn weiter. Ihr Geist wird durch das, was Sie sehen, belebt und mit dieser farbigen Information gestillt. Ihre Seele wird durch die Farbenpracht berührt, aber auch durch das Wissen, daß Sie diese Farbobjekte essen könnten, genährt. Denn Sie können diese Farbobjekte berühren, ihren Duft aufnehmen und jede Frucht genießen.

Jetzt stellen Sie sich einmal vor, die Früchte dieses Obstkorbes sind aus Kunststoff gefertigt und dienen ausschließlich zu Dekorationszwecken. Wie werden Sie jetzt auf körperlicher, geistiger und seelischer Ebene genährt und gestärkt? Warum haben sich Ihr Empfinden und Ihre Wahrnehmung jetzt geändert? Der Obstkorb ist der gleiche, die

Früchte und die Fülle auch, ebenso die farblichen Erscheinungen und die Vielfalt. Verspüren Sie jetzt noch Lust, in den Obstkorb zu greifen und sich eine Frucht zu nehmen?

In der Praxis habe ich diesen »greifbaren« Unterschied sehr oft miterlebt und als Rückmeldung meiner Kunden bekommen. Denn nachdem die farbliche Gestaltung abgeschlossen ist und die Räume eingerichtet sind, werden oft Freunde und Bekannte eingeladen, um ihnen die neuen Räume zu zeigen. Dann werden die Farben von allen geladenen Gästen betrachtet und kommentiert. Auffallend ist, daß bei einer Gestaltung mit natürlichen Farben, diese nicht nur betrachtet und über das Auge wahrgenommen werden, sondern die Menschen sich zur Wand begeben und in die Farbe »hineingreifen« und diese berühren. Denn die natürliche und unsichtbare Energie einer Naturfarbe wird von sehr vielen Menschen ganz unbewußt wahrgenommen. Diese natürliche Information schwingt sozusagen in den Raum hinein und lädt ein, ihr zu begegnen. Die uns Menschen angeborene Eigenschaft des neugierigen Forschens wird hier angeregt und befriedigt.

Außerdem wird der Raum mit der energetischen Information der Naturfarbe erfüllt. Denn natürliche Materialien schenken jedem Raum die Vitalkraft der Natur und erhöhen so die natürliche Lebensenergie, die Mensch und Raum gleichermaßen beseelt.

Das Furioso-Naturfarbsystem für Lehmstreichputz

Der Unterschied zum NCS-Farbsystem besteht im wesentlichen darin, daß sich die Furioso®-Farbtöne ausschließlich auf das gleichnamige Produkt beziehen, während das »Natural Colour System« ein produktübergreifendes Farbsystem ist. Bei Furioso® standen für die jeweiligen Farbtöne u. a. die italienischen Bezeichnungen verschiedener Nahrungsmittel und Früchte Pate, und sie werden darüber hinaus noch mit einer fortlaufenden Nummer bezeichnet. So gibt es beim Furioso-Farbsystem z. B. die Bezeichnung »DiMare« für das Meer und »Mandarino« für die Frucht Mandarine. Hier wird bereits bei der Namensgebung der natürliche Bezug zur Farbe und ihre Farbgebung hergestellt. Auf Grund dieser Namensgebung wird einem die Farbengruppe (Rot, Blau, Grün,

Braun usw.) leicht nachvollziehbar vermittelt und über die fortlaufende Nummer die verschiedenen Abtönungen der einzelnen Farben dargestellt. So ist z. B. ein DiMare 1 ein sehr kräftiger Blauton und DiMare 13 ein leichter und heller blauer Farbton. Dies ist die einzige Farbengruppe, die noch eine Besonderheit aufweist. Denn hier geht es dann mit den Farben des Meeres noch etwas weiter, und zwar verändern sich diese ab DiMare 14 bis DiMare 28 von einem kraftvollen »blaugrün« bis hin zu hellen, türkis-grünlich wirkenden Farbtönen.

Alle Farben des Furioso-Farbsystems werden durch die Kombination verschiedener Grundfarben (Basistöne und Farbpigmente) beschrieben. Es gibt hier, anders als beim NCS-Farbsystem, fünf Basistöne (Basis 10, Basis 20, Basis 30, Basis 40, Basis 50) und 15 Pigmenttöne (Goldocker-101, Terra di Siena-102, Terra Cotta-103, Signalrot-104, Rotbraun-105, Tiefschwarz-209, Sonnengelb-201, Goldgelb-202, Goldorange-203, Lindgrün-204, Blattgrün-205, Hellblau-206, Türkisblau-207, Ultramarinblau-208, Ultramarinviolett-301).

Offiziell wird die Lehmnaturfarbe Furioso® als Lehmstreichputz beschrieben. Für viele ist diese Bezeichnung allerdings etwas verwirrend, da sie oft mit einem Wandverputz verwechselt wird. Hier handelt es sich in Wirklichkeit um eine sehr feinkörnige lehmgebundene Farbe.

Auf der Rückseite des jeweiligen Farbbildes und seiner Bezeichnung finden Sie die Zusammensetzung des Farbtones bzw. ihre Basistöne und Pigmente. So wird z. B. die Farbgebung »Marrone 5« aus 46,1 % Basis 40, 46,1 % Basis 50, 3,9 % Pigment 104 (Signalrot) und 3,9 % Pigment 201 (Sonnengelb) hergestellt.

Die Farben des Furioso-Farbsystems sind für den Lehm-Streichputz in Lasur- bzw. Wischtechnik angelegt. Dabei handelt es sich um einen leicht gekörnten Anstrich, der durch seine Textur und die Wolkigkeit die Flächenwirkung der Wand auflöst und dem Anstrich die charakteristische Tiefenwirkung verleiht. Jeder Farbton ist einer von drei Lasurklassen zugeordnet, von »leicht lasierend« (also einlagig fast homogen deckend) über »halblasierend« (einlagig leicht gewolkt) bis hin zu »lasierend« (auch bei zweilagigem Anstrich ergibt sich ein gewolktes Bild). Die Zusammensetzung dieses Lehm-Streichputzes besteht aus reinen

Mahltonen, verschiedenen hochwertigen Marmor-Feinsanden, Pflanzenstärke, Cellulosefasern und hochwertigen Trockenpigmenten.

Das Farbsystem der Lehmfarbe Bravo® bezeichnet die jeweiligen Farbtöne ausschließlich über eine »Farbnummer«. Diese Farben entstehen, anders als beim Furioso-Farbsystem, aus sieben verschiedenen Volltönen. Dieses sind die Volltöne Weiß, Gelb, Ocker, Orange, Rot, Blau und Schwarz. Bei diesem Farbsystem erreichen Sie mit der Farbrolle und einem zweimaligen Anstrich ein homogenes, tuchmattes und farbintensives Erscheinungsbild, das sich auch mit einer Lasurbürste und gleichfalls zweimaligem Anstrich verwirklichen läßt.

Auf der Rückseite der Bravo-Farbtonkarte finden Sie zur jeweiligen Farbnummer auch die am nächsten gelegene Farbbeschreibungen der NCS-Farbreihe. Damit ist es Ihnen möglich, den entsprechenden Farbton z. B. als wasserlöslichen Lack für Holz oder Metallobjekte mischen zu lassen, wenn Sie bestimmte Materialien in der gleichen oder einer der Wandfarbe verwandten Farbe mitgestalten wollen.

Bei den nachfolgenden Farbbeschreibungen in Kapitel 14 werde ich Ihnen immer verschiedene Farbtöne zur jeweiligen Farbe nennen, sowohl über das NCS- als auch über das Furioso- bzw. Bravo-Farbsystem. Dies bietet Ihnen die Möglichkeit, die gewünschten Farben für ihre Räume, unabhängig davon ob sie mit konventionellen oder mit natürlichen Farben gestalten wollen, leichter zu bestimmen.

Für alle, die Ihre Räume mit einer Wandlasur gestalten wollen, nenne ich zur jeweiligen Farbgebung die aus meiner Sicht entsprechenden Lasurpigmente. Diese Art der Farbgestaltung eignet sich zum einen besonders, wenn Sie mit Tuch oder Schwamm arbeiten wollen, und zum anderen, wenn die Gestaltungstechnik selbst im Raum besonders markant erscheinen und wirken soll. Auch mit einer Lasurbürste können Sie hier kraftvolle Gestaltungsakzente verwirklichen.

Bei der Beschreibung der einzelnen Farben und ihren Variationen, wie sie sich in meinen Wahrnehmungen bezüglich ihrer Themen und Wirkkraft offenbaren, beziehe ich mich bei der Farbbezeichnung immer gerne auf die Farben der Natur. Das bedeutet, daß ich jeden Farbton mit dem Namen bezeichne, durch was er sich in der Wahrnehmung zeigt bzw. welches Thema er vermitteln will.

Wenn ich z. B. in der Wahrnehmung eines Raumes die Qualitäten einer Haselnuß übermittelt bekomme, suche ich über die Farbkarte einen Farbton, der die Farbe einer Haselnuß für diesen Raum am besten darstellt. Denn eine Haselnuß trägt die Themen Festigkeit, Stabilität, sichere Nahrung für den Winter und symbolisch Lebenskraft, Glück und Fruchtbarkeit in sich.

Vermittelt mir der Raum in der Wahrnehmung seines farblichen Kleides die Themen der Leichtigkeit, Unendlichkeit, Klarheit, Freiheit und Weite, so orientiere ich mich an den Farben des Himmels eines klaren und sonnigen Tages. Dabei sollte allerdings beachtet werden, daß die Farbe des Himmels am Horizont heller und leichter erscheint als senkrecht nach oben blickend. Hier wirkt das Himmelsgewölbe in seiner Farbgebung intensiver und kräftiger. Wenn ich mit Hilfe einer Farbkarte verschiedene himmelblaue Farbtöne vor mir ausbreite, spüre ich nach, mit welcher von ihnen der Raum gestaltet werden will.

Sofern Sie Düfte und den Geschmack von Früchten oder Gewürzen wahrnehmen, können Sie sich bei der Bestimmung der Farbe an diesen sinnlichen Informationen orientieren. Ganz allgemein ist es empfehlenswert, sich nicht nur darauf zu konzentrieren, das Farbenkleid des Raumes zu sehen, sondern auf alle Sinnesempfindungen zu achten und diesen Aufmerksamkeit zu schenken. Dies gilt für jeden Raum und die Bestimmung seines Farbkleides. Ebenso können Sie bei der Auswahl der Vorhänge, Bodenbeläge, Möbel und aller anderen Einrichtungsgegenstände vorgehen. Lesen Sie in diesem Zusammenhang noch einmal den Abschnitt über die Fünf-Sinne-Wahrnehmung auf Seite 24 und verinnerlichen Sie sich diese für die Gestaltung Ihrer Räume.

Wichtig ist mir hierbei, zu erwähnen, daß jeder Mensch von Natur aus ein anderes Farbempfinden hat und daher Farben anders sieht und interpretiert als andere. Aus diesem Grund kann es sehr hilfreich sein, wenn Sie das Objekt Ihrer Wahrnehmung, sei es eine Frucht, ein Gewürz, der Himmel, eine Pflanze oder etwas anderes, direkt mit Hilfe der Farbkarte heraussuchen. Nehmen Sie z. B. das Blatt einer Pflanze und suchen Sie über Ihr Farbsystem den entsprechenden Originalton heraus.

Wenn Ihnen dieser zu kräftig ist, können Sie sich über die Farbtonreihe des jeweiligen Farbsystems immer noch für einen helleren Ton aus dieser Farbreihe entscheiden. Der Grundton bleibt dabei gleich, nur die Intensität verändert sich. Das heißt, Sie entscheiden sich dann nicht für eine »100%«-Farbkraft, sondern vielleicht für »70%«.

Ebenso können Sie mit einer Farbkarte die Farben der Natur oder von Dingen bestimmen, sei es Schokoladenpulver, ein Salzkristall oder etwas anderes. Dies hat den Vorteil, daß Sie sich auf intensive und natürliche Weise mit dem Thema Farben beschäftigen, die Farbintensitäten der Natur kennenlernen und sich bei der Bestimmung der Farben Ihrer Räume sicherer fühlen.

Nachfolgende Abbildungen sollen Ihnen diese Vorgehensweise verdeutlichen.

Abb. 111: Farbtonsuche über die Farbgebung eines Blattes

Abb. 112: Farbtonsuche über die Farbgebung einer Wiese

Abb. 113: Farbtonsuche über die Farben der Erde

Abb. 114: Farbtonsuche über die Farbgebung eines Salzkristalls

Abb. 115: Farbtonsuche über die Farben des Himmels

Im nun folgenden Kapitel beschreibe ich Ihnen die Farben und nenne Ihnen dazu einige Praxisbeispiele, die Ihnen bei der Bestimmung der Farben für Ihre Räume behilflich sein können.

14. Die Farben in der Gestaltung – ihre Themen, Wirkung und Kraft

Nachfolgend werde ich Ihnen nun die Hauptfarben und ihre Variationen aus meiner Wahrnehmung und meinen persönlichen Erfahrungen aus der Beratung und Gestaltung sowie ihre Wirkung im Lebensraum beschreiben.

Weiß
Die Verbindung zum Göttlichen und die vollkommene Leinwand

Für mich ist Weiß die wichtigste Farbe in der Raumgestaltung. Denn sie gibt den Wänden und Decken des Raumes ein einheitliches und reines Kleid. Es ist die Leinwand und das »Pergament«, auf dem geschrieben bzw. gestaltet wird. Auf dieser klaren Grundlage können Sie durch Farben und Formen künstlerisch tätig werden und Ihre Räume mit kreativen und lebendigen Farbgestaltungen verzaubern. Seien Sie sich bewußt, daß die Grundfarbe Weiß Ihre Wände in eine sehr große Leinwand verwandelt, an der Sie Maß nehmen und Ihre Räume individuell und maßgeschneidert bekleiden können.

Weiterhin ist Weiß für mich eine »Verbindungsfarbe« in zweierlei Hinsicht. Zum einen gestalte ich die Decken, mit sehr wenigen Ausnahmen, in der Farbe Weiß. Damit betone ich über die Decke die Verbindung zum Himmlischen und Göttlichen. Denn die Decke bildet symbolisch die geistige Öffnung zu den göttlichen universellen Kräften und sollte daher weiß oder zumindest sehr hell gestaltet werden. Diese geistige Verbindung nach oben wird durch die Farbe Weiß an der Decke und dem oberen Teil der Wand am stimmigsten im Raum integriert. Darum ist meine grundsätzliche Empfehlung, den oberen Teil der Wand und die Decke über die Grundfarbe Weiß zu vereinigen. Hier erschaffen Sie sich im übertragenen Sinne eine himmlische Deckenhülle, ähnlich einer

Kuppel, die das geistig-göttliche Prinzip im Raum stimmig und kraftvoll integriert.

Zum zweiten ist für mich die Farbe Weiß als Grundfarbe der Wand das stimmigste Farbelement, um zwei oder mehrere »bunte« Farben im Raum wirkungsvoll in Erscheinung treten zu lassen. Diese wirkungsvolle Verbindung wird erreicht, indem zwischen zwei bunten Farben ein kleiner Abstand geschaffen wird. Dies ist zum Beispiel der Abstand zwischen der Hauptfarbe und der Bordürenfarbe, wie es im Kapitel 11 bereits beschrieben wurde.

Falls Sie in einigen Räumen keine Farben wahrnehmen und in einem einheitlichen weißen Farbkleid gestalten wollen, würde ich empfehlen, diese nicht in ein reines »Hochweiß« zu kleiden. Denn in der Regel wirken diese Räume auf Dauer zu kühl. Hier können Sie mit einem abgetönten Weiß, gekörntem Farbmaterial und der Gestaltung mittels einer Malerbürste hervorragend Strukturen erschaffen. Diese schenken Ihrem Raum eine wunderbare Komposition von Licht- und Schattengebilden, von lebendigen Strukturen und klaren Wesenszügen. Dies können Sie sehr wirkungsvoll mit einer gekörnten Grundfarbe oder feiner Spachtelfarbe erreichen.

Zur Orientierung nenne ich Ihnen einige Farbbezeichnungen der Farbe Weiß und ihrer Farbvariationen: Schneeweiß, Kalkweiß, Kreideweiß, Elfenbeinweiß, Reinweiß, Edelweiß, Vanille, Eierschale, Champagner, Zahnweiß, Blütenweiß, Porzellanweiß, Eiweiß, Gipsweiß, Mehlweiß, Perlweiß, Milchweiß, Altweiß, Cremeweiß.

Nachfolgend gebe ich Ihnen einige Farbnummern für ein einheitliches Farbenkleid für die Farbe Weiß an die Hand, die Ihnen eine Orientierungshilfe sein können.

NCS-Farbsystem: NCS S 0500-N / NCS S 0502-Y
Lesando-Farbsystem: Furioso Cocco 1 gebürstet bis 3 oder Bravo 036 gerollt

Bei leichten Abtönungen der Farbe Weiß empfehle ich ihnen:
NCS-Farbsystem: NCS S 0505-Y oder NCS S 0505-Y20R
Lesando-Farbsystem: Furioso Parmigiano 7 gebürstet

Gelb
Das heilige Licht und die Kraft der leichten Erde

Die Farbe Gelb bietet über ihre verschiedenen Tönungen eine große Fülle unterschiedlichster Themen und Qualitäten, die sie über ihre Erscheinung vermittelt. Dies hat zur Folge, daß die Farbe Gelb in der Wahrnehmung einerseits als sehr leuchtende, geistige und andererseits als sehr irdische Kraft erkannt wird. Dabei spielt allerdings ihr Helligkeitsgrad, die Farbgebung und ihre Intensität eine sehr wichtige und themenbezogene Rolle, die es zu unterscheiden gilt. So gibt es das leuchtend helle Gelb der Sonne, das auch für die Darstellung des strahlenden Scheins um die Köpfe der Heiligen verwendet wird. Aber auch das sinnlich kulinarische Gelb verschiedener Früchte, Nahrungsmittel und Gewürze, wie z. B. Honiggelb, Bananengelb, Maisgelb, Safrangelb und Curry. In der Darstellung der leichten Erde bezeichnet man das Gelb sinnvollerweise als Gelbocker. Dieser Farbton wird in der Raumgestaltung verwendet, wenn der Raum mit der Qualität der leichten Erde bekleidet werden will. Denn diese sandige Farbgebung vermittelt uns Weite, Leichtigkeit, Wärme, die Kraft der Erde und die fließende Eigenschaft des Sandes, wenn er durch unsere Finger rieselt.

Sollten Sie in Ihrer Wahrnehmung z. B. die Bilder eines Strandspaziergangs vermittelt bekommen und dabei immer nur den Sand unter Ihren Füßen sehen, dann zeigt Ihnen der Raum über dieses Bild vielleicht ein sandiges Ockergelb, welches diesen Raum bekleiden kann. Ebenso können Sie vielleicht den Duft verschiedener Gewürze oder den Geschmack von Früchten wahrnehmen, die Ihnen einen bestimmten gelben Farbton vermitteln wollen. Auch können die Blütenblätter einer Sonnenblume erscheinen und Ihnen auf diesem Wege aufzeigen, mit welchem gelben Farbton der Raum bekleidet werden möchte.

Sollte Ihnen die Frische einer Zitrone in den Sinn kommen, überprüfen Sie in diesem Fall sehr genau das Gesamtbild Ihrer Wahrnehmung. Achten Sie vor allem darauf, ob und welche Informationen sonst noch auf Sie einströmen. Sollte sich die Wahrnehmung bestätigen, dann müssen Sie bei der Farbauswahl sehr darauf achten, daß das Gelb nicht mit einem zu hohen Grünanteil gewählt wird. Denn sonst wirkt das ganze nicht nur stechend frisch, sondern bekommt einen »unreifen« Charakter, ähnlich wie bei einer noch nicht ausgereiften Zitrone oder Banane.

Bei der Wahrnehmung für die farbliche Gestaltung eines Reihenhauses, das von einem Ehepaar bewohnt wurde, offenbarte mir jeder Raum immer den Grundfarbton Gelb; zwar in verschiedenen Variationen, wie z. B. Maisgelb, Ockergelb, Sonnengelb, und mal kräftig, mal leicht, in Wischtechnik usw., aber immer war es die Grundfarbe Gelb, die in den Räumen erschien. Bei der Vorstellung meines farblichen Konzepts fiel mir auf, daß das Ehepaar selbst nach dem fünften gelben Raum zu diesem doch sehr einfarbigen Konzept keine Einwände hatte. Im Obergeschoß fragte ich nach, ob ihnen nicht aufgefallen sei, daß jeder Raum ihres Hauses in der Grundfarbe Gelb gestaltet werden soll und das alles auch noch ohne irgendeine Bordüre in einer anderen Farbe. Daraufhin gaben sie mir folgende Antwort: »Ja, das ist uns schon aufgefallen, allerdings sind es doch unterschiedliche Gelb-Töne und verschiedene Gestaltungstechniken, die Sie uns nennen. Wir freuen uns schon sehr auf die Realisierung und das Gesamtergebnis.« Nach dem Bezug des Hauses besuchte ich beide, und sie führten mich in jeden Raum ihres Hauses. Von eintöniger Farbgestaltung allerdings, wie ich es mir vorstellte, war das Erscheinungsbild aller Räume weit entfernt. Ich war wirklich erstaunt, wie individuell und unvergleichlich jeder Raum, einschließlich der Flure und der Diele, erstrahlte und wirkte.

Sollten Sie in Ihren Räumen ähnliche Wahrnehmungsinformationen bekommen, überprüfen Sie diese einfach noch einmal, bevor Sie an sich, an Ihren Fähigkeiten und Ihren Sinnen verzweifeln. Es kann durchaus sein, daß Ihnen der Raum eine für unseren Verstand nicht nachvollziehbare Farbgebung vermittelt. Sei es eine enorme Vielfalt an Farben oder nur »eine« Grundfarbe, in der die jeweiligen Räume erscheinen wollen.

Zur Orientierung nenne ich Ihnen einige Farbnennungen der Farbe Gelb und ihrer Farbvariationen: Maisgelb, Kanariengelb, Goldgelb, Sonnengelb, Schwefelgelb, Strohgelb, Sandgelb, Currygelb, Safrangelb, Sonnenblumengelb, Senfgelb, Postgelb, Saharagelb.

Nachfolgend gebe ich Ihnen einige Farbnummern für die Farbe Gelb an die Hand, die Ihnen eine Hilfe, bei den verschiedenen Themen, die Sie vielleicht über Ihre Wahrnehmung vermittelt bekommen, sein können.

Wenn Sie über Ihre Sinne Qualitäten und Themenkräfte für freies Denken, geistige Aktivität, Erleuchtung und mediale Freiheit über die lichte, helle Kraft der Sonne wahrnehmen, dann können Sie sich an folgenden gelben Farbtönen orientieren:

NCS-Farbsystem: NCS S 0020-Y / NCS S 0030-Y / NCS S 0040-Y
NCS S 0050-Y
Lesando-Farbsystem: Furioso Limone 4 / Pasta 8 / Pasta 15 gebürstet
Bravo-Farbsystem: Bravo 064 / 067 / 167 gerollt
Wandlasurpigment: Sonnengelb, Spinellgelb, Ockergelb hell

Für die Wahrnehmungsinformationen der Themen und Qualitäten von Sinnlichkeit, Genuß, Reife und Gaumenschmaus kann ich Ihnen folgende Töne der Farbe Gelb nennen:

NCS-Farbsystem: NCS S 0080-Y / NCS S 0080-Y10R / NCS S 0070-Y10R / NCS S 0060-Y10R / NCS S 0050-Y10R
Lesando-Farbsystem: Furioso Pasta 1 / Pasta 6 / Pasta 7 / Pasta 17 gebürstet
Bravo-Farbsystem: Bravo 054 / 070 / 073
Wandlasurpigment: Maisgelb solo oder in Kombination mit Spinellorange, Goldocker

Falls Sie Bilder und Sinneswahrnehmungen bezüglich leichter Erde, Strand und Erholung zusammen mit der Farbe Gelbocker erhalten haben, können vielleicht folgende Farbgebungen Ihnen als Anhaltspunkt dienlich sein:

NCS-Farbsystem: NCS S 0050-Y20R / NCS S 0040-Y10R / NCS S 0040-Y20R NCS S 0030-Y20R / NCS S 1040-Y10R / NCS S 1040-Y20R
Lesando-Farbsystem: Furioso Pasta 4 / Pasta 5 / Pasta 8 / Pasta 9 / Pasta 16 gebürstet

Bravo-Farbsystem: Bravo 050 / 076 (diese sind sehr im Bereich des Ocker)

Wandlasurpigment: Maisgelb in Kombination mit Terra di Sienna, Lütticher gelber Ocker, Ockergelb

> **Wichtiger Hinweis:**
> *Überprüfen Sie in jedem Fall ob diese Farbnennungen sich mit Ihren Wahrnehmungsinformationen im Einklang befinden und für das Farbenkleid Ihrer Räume stimmig ist. Dies gilt auch für alle anderen Farben, die ich Ihnen in diesem Kapitel aus meiner Raumwahrnehmung und Erfahrung heraus beschreibe, ebenso für die entsprechenden Farbbeschreibungen und -bezeichnungen, die ich Ihnen als Orientierungshilfe an die Hand gebe.*

Orange
Die goldene Lebenskraft und die kreativen Lebensfreude

Es gibt für mich zwei natürliche »Grundtöne« der Farbe Orange, die uns für die Raumgestaltung zur Verfügung stehen. Ihre vielfältigen Variations- und Farbtönungen in Helligkeit und Intensität sowie ihr Spektrum von Gelborange bis Rotorange geben uns die Möglichkeit, diese Kraft mit all ihren natürlichen Erscheinungen im Lebensraum zu integrieren.

Zum einen gibt es den Grundfarbton der Frucht, die uns als Orange bekannt ist. Diese Frucht nährt uns, schenkt uns Frische und einen angenehmen fruchtigen Geschmack, sowohl als Frucht wie auch als Saft. Schon hier gibt es die ersten Variationen dieser fruchtigen Farbtönung. So erscheint sie uns als Orange, Mandarine, Blutorange oder als farbverwandte Erscheinung in der Aprikose oder dem mehr rötlich wirkenden Pfirsich.

Zum zweiten versinnbildlicht die Farbe Orange das »Blut« unserer Erde. Denn dieses fließend heiße Vulkangestein ist nicht rot und nicht gelb, sondern die Kombination dieser beiden Hauptfarben. Dabei steht das Gelb für die Erde und das Rot für die Kraft des Feuers, das die Erde zum Fließen und in Bewegung bringt. Dieses »orangene« Element befindet sich im Inneren unserer Erde und bildet das Kraftwerk unseres Planeten, das unsere Flora und Fauna vitalenergetisch versorgt. Somit begegnen wir hier einer sehr wertvollen Kombinationsfarbe, die uns die pulsierende Lebendigkeit der Erde und die sinnliche Freude der Frucht vermittelt.

Der Vorteil dieser Kombinationsfarbe besteht darin, daß uns hier symbolisch die Kraft der Erde über die Farbe Gelb und die Kraft des Feuers über die Farbe Rot in einer sehr angenehmen Verbindung zur Verfügung steht. Orange in all seinen Variationen und Farbtönungen ist eine für Mensch und Raum wertvolle, lebendige, kreative und lebensbejahende Wohlfühlfarbe.

Bei der farblichen Bestimmung der Außenfassadengestaltung eines großen Zweifamilienhauses, das zu diesem Zeitpunkt einheitlich weiß gekleidet war, kam es zu folgender Gegebenheit. In der ersten Stunde meiner Begegnung und in der Wahrnehmung erschien immer ein eher mattes Rot an den Wänden des Hauses. Es war klar und deutlich zu sehen, allerdings war es nicht die Farbgebung, die mir das Wesen Haus zeigen wollte. Ich klärte mehrmals die entstandene Wahrnehmungsenergie, indem ich die Augen schloß und ein strahlend weißes Licht vor meinem inneren Auge erscheinen ließ. Es ist eine Art »Weißabgleich«, ähnlich wie bei einer Kamera, um einen realen Farbeindruck zu gewinnen. Immer wieder ging ich in diese »Neutralität«, um klare und eindeutige Informationen zu bekommen. Dabei mußte ich mich auf die Wahrnehmungskraft meiner Augen konzentrieren, denn alle anderen Sinne konnten mir in diesem Fall keine Informationen geben. Nach 1½ Stunden erkannte ich einen grünen und blauen Farbton, beide sehr kräftig, die sich aber nicht in den Vordergrund drängten. Anschließend zeigte sich ein strahlendes Gelb, das sich zuerst in ein Gelborange und dann in ein Mandarinorange verwandelte. Diese farbliche Erscheinung überstrahlte auf einmal das ganze Haus und wurde dabei von den Farben Grün und Blau begleitet. Nun hatte ich die Hauptfarbe und zwei weitere Farben, die integriert werden sollten. Als ich meine Aufmerksamkeit dem Sockel widmete, erschien die Erde, die das Haus trägt, in einem kräftigen, tiefen erdroten Farbton, der aus der Verbindung von Haus und Boden hervorströmte und sich mit der Umgebung vereinigte. Diese Erscheinung nährte das Haus und gab ihm Halt und Lebenskraft. Ich spürte, wie mich die Wärme dieser Energie durchdrang und sich mein Herz öffnete. Ich wußte, die Wahrnehmung war abgeschlossen, und das Haus hatte sich in seinem Kleid offenbart.

Als ich die Begegnung abgeschlossen hatte, öffnete der Herr des Hauses ein Fenster und fragte mich, ob ich nicht Lust hätte, mit ihnen einen Kaffee zu trinken. Außerdem wären sie schon sehr neugierig, in welche Farben das Haus gestaltet werden würde. Interessant war, daß er mich dann als erstes fragte, ob das Haus denn Rot werden würde. Ich fragte, wie er gerade auf diese Farbe kommt. »Wissen sie«, antwortete er, »bis vor zehn Jahren war das Haus noch rot. Irgendwann konnten wir die Farbe nicht mehr sehen, und dann haben wir weiß genommen.«

Dieses Beispiel soll Ihnen zeigen, daß es durchaus passieren kann, daß Ihnen bei älteren Häusern und Wohnungen, die Sie renovieren wollen, in Ihrer Wahrnehmung ehemalige Farben und Formen erscheinen. Überprüfen Sie in jedem Fall, ob es sich um eine »Erscheinung« oder die gezeigte Information Ihres Raumes handelt.

Zur Orientierung nenne ich Ihnen einige Farbbezeichnungen der Farbe Orange und ihrer Farbvariationen: Orange, Mandarinorange, Blutorange, Rotorange, Gelborange, Echtorange, Apricot, Aprikose, Karottenorange, Lachsfarben, Goldorange, Kürbisorange, Pfirsichorange.

Nachfolgend gebe ich Ihnen einige Farbnummern für die Farbe Orange an die Hand, die Ihnen bei den verschiedenen Themen, die Sie vielleicht über Ihre Wahrnehmung vermittelt bekommen, eine Hilfe sein können.

Wenn Sie über Ihre Sinne Qualitäten und Themen wie Geborgenheit, wärmenden Schutz und Wohlfühlatmosphäre vermittelt bekommen, dann können Sie sich an folgenden orangen Farbtönen orientieren:

NCS-Farbsystem: NCS S 1070-Y40R / NCS S 1070-Y60R / NCS S 1070-Y80R

NCS S 1050-Y40R / NCS S 1050-Y60R / NCS S 1050-Y80R
NCS S 1060-Y30R / NCS S 1050-Y30R / NCS S 1040-Y30R
Lesando-Farbsystem: Furioso Mandarino 3 / 7 / 8 und Zucca 1 / 2 / 3
    gebürstet
Lampone 2 / 3 und Albicocca 1 ebenfalls gebürstet
Bravo-Farbsystem: Bravo 061 / 071 / 072 / 173 gerollt
Wandlasurpigment: Goldocker stark, Orangeocker, Oxidorange

Für die Wahrnehmungsinformationen der Themen und Qualitäten von
erfrischender Sinnlichkeit, süßlichem Genuß und fruchtigem Geschmackserlebnis kann ich Ihnen folgende Töne der Farbe Orange weiter nennen:

NCS-Farbsystem: NCS S 0080-Y20R / NCS S 0080-Y40R / NCS S 0080-
    Y60R
NCS S 0070-Y40R / NCS S 0060-Y40R / NCS S 0060-Y60R
Lesando-Farbsystem: Furioso Mandarino 1 / 2 / 11 bis 15 und Lychee 1
    / 2 jeweils gebürstet
Bravo-Farbsystem: Bravo 052 / 056 gerollt
Wandlasurpigment: Spinellorange

Falls Sie Bilder und andere Sinneswahrnehmungen bezüglich Fruchtbarkeit, Kommunikation, Lebensfreude und Lebenskraft erhalten haben,
können vielleicht folgende Farbgebungen Ihnen als Anhaltspunkt dienlich sein:

NCS-Farbsystem: NCS S 0050-Y30R / NCS S 0050-Y50R / NCS S 0050-
    Y60R NCS S 0060-Y40R / NCS S 0060-Y60R / NCS S 0060-Y80R
Lesando-Farbsystem: Albicocca 6 bis 8 und Mandarino 16 bis 18 jeweils
    gebürstet
Bravo-Farbsystem: Bravo 037 / 062
Wandlasurpigment: Spinellorange hell, Goldocker kombiniert mit
    Oxidorange

Rot

Die pulsierende Kraft des Körpers und die feurige Erregung

Das »Reinrot« ist die wohl energiereichste Farbe, die uns zur Verfügung steht, und wird durch die allgemeinen Aussage »man sieht Rot« bestätigt. Ein fast reines Rot finden Sie im NCS-Farbsystem mit der Beschreibung NCS S 1090 Y90R oder NCS S 2080-R. Mit einer kräftigen Gestaltung dieser reinen Farbgebung sollte man aus diesem Grunde sehr vorsichtig sein, denn es kann passieren, daß die Energie im Raum entsprechend aufgeladen bzw. aufgeheizt wird. Wenn Sie mit Rottönen gestalten sollten, würde ich empfehlen, diese Farbe in sich zu verwandeln und als Erdrot oder in fruchtfarbroten Tönen im Raum zu integrieren. Dies können Sie z. B. mit einem Ziegelrot, einem Kirschrot oder einem Bordeauxrot, also einem Weinrot verwirklichen. Bei einer kräftigen Farbgebung mit reinem Rot empfiehlt es sich, z. B. nur eine Wand in dieser Farbe zu bekleiden und die anderen Wände in der Grundfarbe des Raumes zu belassen. Somit energetisiert das Rot den Raum, ohne ihn zu »verbrennen«.

Ein kräftiges Rot eignet sich sehr gut für eine Bordürengestaltung. Hier erreicht man einen wirklich krönenden und kraftvollen Abschluß der Hauptfarbe und eine markante Verbindung mit der Grundfarbe. Diese Farbgebung erzeugt Aufmerksamkeit und zieht den Blick auf sich. Somit orientiert sich ganz unbewußt der Blick nach oben, der Betrachter richtet sich auf und atmet die Kraft des Lebens leichter ein.

Dies möchte ich Ihnen in diesem Zusammenhang näher erläutern. Stellen Sie sich einmal hin und senken Sie Ihren Kopf ein wenig nach unten. So gehen die meisten Menschen durchs Leben und durch die Räume. Atmen Sie jetzt in dieser Haltung einmal bewußt ein und aus und spüren Sie nach, wie leicht oder schwer es Ihnen fällt. Nun heben Sie Ihr Haupt und blicken in die Höhe, wo Sie die Bordüre gestalten oder der obere Abschluß der Hauptfarbe gebildet wird. Jetzt atmen Sie wieder ein und aus. Merken Sie den Unterschied? Es geht nicht nur leichter, sondern Sie können auch mehr aufnehmen, und Sie richten Ihren Blick nach oben und bewußter nach vorne. So nehmen Sie eine ganz andere Haltung ein und werden auch dem Leben und Ihren Räumen anders begegnen, als wenn Sie »gesenkten« Hauptes durchs Leben gehen. Selbstverständlich gilt dies nicht nur für die Bordürenfarbe Rot, sondern auch für alle anderen Farbtöne, die Sie für eine Bordüre verwenden. Dabei sollten Sie beachten, daß die Bordürenfarbe sich in ihrer Intensität gegenüber der Hauptfarbe deutlich abhebt. Dies erregt die Aufmerksamkeit, so daß der Blick darauf gelenkt wird. Derselbe Effekt entsteht auch bei der Gestaltung ohne eine Bordüre, allerdings nur dann, wenn die Hauptfarbe nicht bis zur Decke reicht, sondern sich der Abschluß dieses Farbkleides unterhalb der Decke befindet. Auch dies führt zu einem unbewußten Blickfang und fordert den Betrachter auf, nach oben zu blicken.

Dieses nach oben und vorne Blicken können Sie gut bei mit viel Selbstvertrauen gesegneten Menschen beobachten, wenn diese eine Treppe nach unten gehen. Sie blicken dabei nicht nach unten und achten auf die Stufen, sondern sie richten ihren Blick nach vorne oder zu ihrem Gesprächspartner, mit dem sie die Treppe begehen. Dabei blicken sie ihn an und reden mit ihm. Die Aufmerksamkeit gilt der anderen Person oder der räumlichen Umgebung und nicht der Treppe.

Wie bereits erwähnt, ist Rot eine sehr energiereiche Farbe, die uns in ihrer stärksten und intensivsten Erscheinung auch zu viel Energie vermitteln kann und uns dadurch eventuell nur noch Rot sehen läßt. Die liebliche Variante von Rot wäre Rosa, das allerdings meist als kitschig, schnulzig oder gar als »Babyrosa« bezeichnet wird. Das wird meines Erachtens diesem Farbton nicht gerecht. Vielmehr ist zu beobachten, daß so manche Menschen mit den Themen dieser Farbe gewisse Probleme haben. Denn Rosa vermittelt uns Zärtlichkeit, Verletzlichkeit, Zartheit, Weichheit, Empfindsamkeit, Sanftheit und Liebe. Bei keinem anderen Farbton habe ich in der Praxis, bei Männern wie bei Frauen, mehr Ablehnung und Widerstand erfahren als bei diesem Farbton.

Aber zum Glück gibt es da einige Farbtöne, die die genannte Farbe in sich tragen. Das ist auch einer der Gründe, warum ich meist mit Kombinationsfarben gestalte. Der Hauptgrund ist allerdings, daß mir der Raum in der Wahrnehmung meist mehrere Themenqualitäten und Kräfte vermittelt, die mit einem einzigen »reinen« Farbton gar nicht zu realisieren wären. Nehmen wir an, der Raum offenbart mir in der Wahrnehmung eines Schlafzimmers die Qualitäten von Geborgenheit, Leidenschaft, Geburt, Neubeginn, zärtlicher und gefühlvoller Liebe sowie von Ruhe und Erholung. Außerdem zeigt mir der Raum, daß die Wand, an dem sich das Kopfteil des Bettes befindet und die beiden Seitenwände neben dem Bett farblich bekleidet werden wollen. Die gegenüberliegende Wand vom Fußteil des Bettes soll in der Grundfarbe des Raumes erscheinen. Weiterhin bekomme ich über die Wahrnehmung vermittelt, daß der Raum in einem einheitlichen Farbkleid ohne Bordüre gestaltet werden will.

Nun bitte ich den Raum um seine Unterstützung, mich diesen Farbton über meine Wahrnehmung erkennen zu lassen. In so einem Fall zeigen sich mir dann meist zwei oder drei Farbtöne als »Lichtfarbe« an der Wand, die nur leicht von einander abweichen. Anschließend nehme ich einen Farbfächer und suche die Farben, die mir der Raum offenbart hat, heraus. Wenn ich dann einen der drei erschienenen Farbtöne für den Raum als einheitliches Farbenkleid bestimmen soll, entscheidet dies immer mein Herz und die Kraft meines Körpers. Zuerst erfasse ich alle drei Farbtöne, um anschließend jedem einzelnen tiefer zu begegnen. Bei jeder einzelnen Farbtonbegegnung bin ich in Verbindung mit dem Raum und seinen individuellen und emotionalen Bedürfnissen. Das heißt, im übertragenen Sinne bin ich in diesem Moment der Raum und betrachte stellvertretend für ihn die jeweiligen Farben. Der Farbton, der mir durch meine Betrachtung das Herz weitet und meinem Körper wahre Lebenskraft vermittelt, wird dann für die Gestaltung des Raumes genommen.

Wichtig ist bei dieser Vorgehensweise, daß ich mich nicht nur mit der Kraft des Raumes verbinde, sondern selbst dieser Raum bin. Denn sonst würde ich »meine« Farben hineininterpretieren und nicht die, die den Raum stimmig bekleiden und zum Wohle des Raumes wie auch der Menschen wirken können.

Zur Orientierung nenne ich Ihnen einige Farbbezeichnungen der Farbe Rot und ihrer Farbvariationen: Rubinrot, Rosenrot, Korallenrot, Bordeauxrot, Kirschrot, Tomatenrot, Blutrot, Feuerrot, Purpurrot, Erdbeerrot, Ziegelrot, Krebsrot, Kardinalsrot, Kupferrot, Signalrot.

Nachfolgend gebe ich Ihnen einige Farbnummern für die Farbe Rot an die Hand, die Ihnen bei den verschiedenen Themen, die Sie vielleicht über Ihre Wahrnehmung vermittelt bekommen, eine Hilfe sein können.

Wenn Sie über Ihre Sinne, Qualitäten für starke Lebenskraft, Feuer und leidenschaftlichen Tatendrang vermittelt bekommen, dann können Sie sich an folgenden roten Farbtönen orientieren.

NCS-Farbsystem: NCS S 2080-Y80R / NCS S 1090-Y80R (nur eine Wand oder Teilbereiche des Raumes damit gestalten).
Als Bordürenfarbe: NCS S 1090-R / NCS S 2080-R / NCS S 2070-R
Lesando-Farbsystem: Furioso Lampone 1 zweimaliger Anstrich gebürstet
Mandarino 1 mit Signalrot verstärkt als zweimaliger Anstrich
Als Bordürenfarbe: Signalrot
Bravo-Farbsystem: Bravo 083 / 166 (Rotbraun) gerollt
Als Bordürenfarbe: Vollton Rot
Wandlasurpigment: roter Ocker, Ercolanorot, Oxydrot
Als Bordürenfarbe: roter Ocker, Oxydrot stark pigmentiert

Für die Wahrnehmungsinformationen der Themen und Qualitäten von erfrischender Sinnlichkeit, süßlichem Genuß und fruchtigem Geschmackserlebnis kann ich Ihnen folgende Töne der Farbe Rot angeben.

NCS-Farbsystem: NCS S 0070-R / NCS S 2060-R / NCS S 1090-Y90R
NCS S 2080-Y90R
Lesando-Farbsystem: Furioso Lampone 1 ein- oder zweilagig gebürstet
Bravo-Farbsystem: Bravo 164 gerollt
Wandlasurpigment: Ercolanorot mit Spinellorange gemischt, Englischrot

Falls Sie über Ihre Wahrnehmung Themenqualitäten von Liebe, Zärtlichkeit, Weichheit, Einfühlungsvermögen und Sanftheit bekommen haben, können Ihnen vielleicht folgende »rote« Farbtonvarianten hilfreich sein:

NCS-Farbsystem: NCS S 0040-R / NCS S 0050-R / NCS S 0060-R

NCS S 0070-R
Lesando-Farbsystem: Furioso Lampone 5 für eine liebliche Gestaltung
Bravo-Farbsystem: Bravo 010
Wandlasurpigment: Lütticher roter Ocker, Englischrot, Ultramarinrot,
  jeweils mit leichter Pigmentierung

Grün
Die Kraft der heilenden Natur und des Pflanzenwachstums

Die Farbe Grün entsteht aus der Kombination der beiden Grundfarben
Gelb und Blau. Diese beiden Grundfarben sind auch in den Pflanzen
wiederzuerkennen. Bei jungen Pflanzentrieben können wir im sehr hellen
Grün der Triebe und Blätter ein leichtes helles Gelb erkennen, das dem
Grün einen gesunden und frischen Charakter verleiht. Wird dieses Gelb,
aufgrund von Nährstoffmangel oder einer Krankheit der Pflanze, in seinem Anteil zu stark, so wirkt dieses Grün ungesund und nicht lebendig.
Aus diesem Grund sollten Sie bei der Auswahl von Grüntönen darauf
achten, daß der Gelbanteil nicht zu hoch ist, damit Sie die frische und
natürliche Kraft der Farbe Grün in Ihren Räumen verwirklichen. Sollten Sie sich bei der Auswahl eines grünen Farbtons nicht sicher sein,
empfehle ich Ihnen, sich eine Pflanze zu suchen, deren Blätter genau
diesen Farbton aufweisen, mit dem Sie Ihren Raum bekleiden wollen. Mit
Hilfe eines Farbfächers können Sie dann die genaue Farbe bestimmen.

Den blauen Anteil bei Pflanzen bzw. Bäumen können Sie am besten
erkennen, wenn Sie auf einer Anhöhe stehen und auf ein Waldgebiet
blicken, das sich über einige Kilometer vor Ihnen erstreckt. Sie werden
erkennen, daß der Wald in der Ferne nicht mehr grün sondern in verschiedenen blaugrünen Farbtönungen erscheint. Damit sind wir bei
einem Punkt angelangt, aus dem sich in der Praxis immer wieder Dis-
kussionen ergeben. Welcher Blauton vermittelt das Wasser und welcher
den »Wald«. Das mag jetzt etwas verrückt klingen, spielt aber in der
Gestaltung bzw. der Wirkung als Farbe im Raum eine sehr große Rolle.
Denn ein Meer aus Wasser hat eine andere Wirkung als ein Meer aus
Bäumen, sowohl für das Auge als auch für Ihre Nase und Ohren. Denn

der Duft eines Waldes ist ein anderer als der Duft eines Meeres. Ebenso vermittelt das Rauschen der Wellen eine andere Kraft als das Rauschen der Blätter im Wind. Eines haben allerdings beide gemeinsam, die Weite. Denn sowohl das Meer als auch ein Meer von Bäumen vermittelt Ihnen Weite, Unendlichkeit, Größe und Tiefe.

Da ein Blaugrün eine dunkle Ausstrahlung und Wirkung hat, spielt es in der Gestaltung von Räumen selten eine Rolle. Was allerdings noch erwähnt werden sollte, ist die Tatsache, daß in der Praxis, insbesondere bei der Farbe Grün immer wieder die gleichen »Fehler« gemacht werden. Denn entweder wird sich für ein Grün mit einem zu hohen Gelbanteil entschieden und so eine kränkliche, fast giftige Farbwirkung hervorgerufen. Oder das Grün hat einen zu hohen Blau- bzw. Schwarzanteil, dann wirkt es zu tief und undurchdringlich. Ich nenne das immer den »Urwaldeffekt«. Stellen Sie sich einmal vor, Sie sitzen in einem Boot und fahren damit auf einem Fluß. Auf der einen Seite des Flusses befindet sich eine große weite Wiese mit einigen Blumen und Bäumen, die Früchte tragen. Alles wirkt in einem frischen, saftigen und lebendigen Grün auf Sie. Auf der anderen Seite von Ihnen befindet sich ein riesiger Urwald. Dicht stehen die hohen Bäume, tief und undurchdringlich wirkt seine Erscheinung. Sein Grün wirkt wie eine geschlossene Wand, die sich vor Ihnen erhebt und das Geheimnis seines Inneren nicht preisgibt.

An welchem Ufer legen Sie an, und welchem Grün wollen Sie begegnen?

Mir ist bewußt, daß es nicht eben leicht ist, über einen Farbfächer mit seinen kleinen Farbflächen die »richtige« Farbe zu finden und sich den Raum in dieser Farbe vorzustellen. Darum gehen Sie insbesondere bei der Farbe Grün hinaus in die Natur und zupfen Sie ein paar Blätter oder Früchte, die Ihnen Ihr Grün am besten wiedergeben. Nehmen Sie Ihren Farbfächer und suchen Sie sich über diesen Ihren stimmigen Farbton aus. Natürlich dürfen Sie diese Vorgehensweise auch bei allen anderen Farbtönen anwenden, die Ihnen über die Wahrnehmung als Frucht, Blüte, Blatt oder sonstige natürliche Objekte – Nahrungs- oder Genußmittel, Blumen, Erden, Heil- und Edelsteine, Hölzer usw. – über Ihre Sinne vermittelt werden. So ließ ich einmal eine Küche in der Farbe des

Whiskeys gestalten, der in einer Vitrine im Wohnzimmer stand. Über einen NCS-Farbfächer ermittelten wir die entsprechende Farbe und ließen genau diesen Farbton mischen.

Grün ist im allgemeinen eine sehr lebendige und natürliche Farbe, die uns Wachstum, Frische und eine flexible Stabilität vermittelt. Auch vermittelt uns die Farbe Grün in einer hellen Farbgebung den Neubeginn des Frühlings und die Kraft einer Knospe, die sich zu einer neuen Blüte entwickeln will. Ein kräftiges und sattes Grün vermittelt uns die Qualitäten des Sommers. Hier hat sich das Grün voll entwickelt und versorgt die Früchte der Pflanze mit seiner Kraft, die sie durch das Licht der Sonne empfängt.

Aus zwei Gründen symbolisiert die Farbe Grün für mich auch eine heilende und lebensspendende Kraft. Zum einen habe ich schon mehrmals beobachten können, daß die Farbe Grün sich in der Aura von Menschen, die heilend tätig sind, verstärkt zeigt; aber auch bei manchen, die von Natur aus sehr gebend und hilfsbereit sind. Besonders intensiv war es vor allem dann, wenn sie diese Qualitäten gerade auslebten. Bei einer Theaterschauspielerin konnte ich einmal beobachten, wie sich ihr Energiefeld am Beginn ihres ersten Einsatzes von einem sehr hellen Grün in ein sehr kräftiges Grün verwandelte. Am Höhepunkt ihres Dialoges angelangt, verwandelte es sich blitzartig in ein kräftiges Rot. Diese feurige Energie strömte im wahrsten Sinn des Wortes aus ihr heraus und entflammte die Begeisterung des Publikums. So ist auch in der Natur dieser wandelnde Ablauf zu erleben. Zuerst erwächst eine zarte Pflanze, diese entwickelt sich und bildet Blüten (Feuer) die sich dann öffnen und ihre natürliche Anmut offenbaren.

Der zweite Grund ist für mich in den Heilpflanzen zu finden. Denn bei vielen von ihnen werden die Blätter zur Linderung bestimmter Leiden verwendet. Aber auch andere Pflanzen beziehen ihre heilende Kraft, ob Frucht, Blüte oder Wurzel, aus dem Grün ihrer Blätter, die sie mit den wichtigen Elementen von Licht, Wärme und Luft versorgt.

Zur Orientierung nenne ich Ihnen einige Farbbezeichnungen der Farbe Grün und ihrer Farbvariationen: Apfelgrün, Grasgrün, Blattgrün, Olivgrün, Schilfgrün, Lindgrün, Giftgrün, Salatgrün, Weinblatt- und

Traubengrün, Spinatgrün, Pfefferminze, Waldmeistergrün, Tannengrün, Türkisgrün.

Nachfolgend gebe ich Ihnen einige Farbnummern für die Farbe Grün an die Hand, die Ihnen bei den verschiedenen Themen, die Sie vielleicht über Ihre Wahrnehmung vermittelt bekommen, eine Hilfe sein können.

Wenn Sie über Ihre Sinne, Qualitäten und Themenkräfte für starke Lebenskraft, Wachstum und Größe vermittelt bekommen, dann können Sie sich an folgenden grünen Farbtönen orientieren:

NCS-Farbsystem: NCS S 3070-G / NCS S 3060-G / 2070-G (nur eine Wand oder Teilbereiche
des Raumes damit gestalten oder als kräftige Bordürenfarbe).
Lesando-Farbsystem: Furioso Spinaci 1 oder 2 jeweils als zweimaliger Anstrich, gebürstet
(auch als Bordürenfarbe für hellere grüne Hauptfarbe).
Bravo-Farbsystem: Bravo 096 / 175
Wandlasurpigment: Spinellgrün, Apfelgrün dunkel, stark pigmentiert

Für die Wahrnehmungsinformationen der Themen und Qualitäten von Frische, Freiheit, Heiterkeit und fruchtigem Geschmackserlebnis kann ich Ihnen folgende Töne der Farbe Grün angeben.

NCS-Farbsystem: NCS S 0080-G20Y / NCS S 0080-G30Y / NCS S 0080-G40Y
Lesando-Farbsystem: Individuelle Mischung nach Vorgabe Bravo anmischen.
Bravo-Farbsystem: Bravo 101 / 104
Wandlasurpigment: Apfelgrün stark und hell, Spinellgrün, normale Pigmentierung

Falls Sie über Ihre Wahrnehmung Themenqualitäten von natürlicher Heilkraft und Herzlichkeit sowie lebendiger und blühender Anmut bekommen haben, können Ihnen vielleicht folgende grüne Farbtöne hilfreich sein.

NCS-Farbsystem: NCS S 0070-G20Y / NCS S 0070-G30Y / NCS S 0060-
G20Y

NCS S 0060-G30Y / NCS S 0050-G30Y

Lesando-Farbsystem: Individuelle Mischung nach Vorgabe Bravo anmischen.

Bravo-Farbsystem: Bravo 048 / 068 / 101

Wandlasurpigment: Apfelgrün hell solo oder mit Apfelgrün stark kombiniert

Blau
Die Kraft der Evolution
und die ruhende Macht von Himmel und Meer

Für die meisten symbolisiert die Farbe Blau das Element Wasser. Dabei
gibt es auch das Blau des Himmels, das, ebenso wie das Meer, Weite,
Ruhe und Klarheit vermittelt. Damit versinnbildlicht diese Farbe auch
die grenzenlose Freiheit, die uns die Weite des blauen Himmels und des
Meeres durch ihre farbliche Erscheinung schenkt. Dies mag auch der
Grund sein, warum Blau eine so beliebte Farbe ist. Viele Maler berichten
mir immer wieder vom Phänomen der Lieblingsfarbe Blau. So äußern
acht von zehn Kunden den Wunsch, ihr Schlafzimmer in Blau zu gestalten. Demnach muß Blau eine ganz besondere Wirkung auf uns Menschen haben, ob in Räumen oder als Kleidung am Körper. Denn ich
denke, daß nicht nur wegen des Materials und des Tragekomforts die
blauen Jeanshosen so beliebt sind.

Für mich gibt es da, im wahrsten Sinn des Wortes, eine ganz natürliche
Erklärung. Wie Sie wissen, ist die Farbe Blau die Farbe des Himmels, der
Luft, des Meeres und des Wassers. Beide Elemente, Luft und Wasser,
bestimmen seit Anbeginn der Zeit die Entwicklung und das Leben auf
unserer Erde. Diese beiden elementaren Kräfte sind allgegenwärtig und
nähren Mensch, Tier und Pflanze gleichermaßen. Denn ohne Luft und
ohne Wasser wären ein Leben und ein Überleben, die ganze Evolution
nicht möglich. Daher verbinden wir Menschen mit der Farbe Blau unbewußt die Themenqualitäten der Sicherheit und der ruhenden Macht

des Lebens, der Seriosität, der Zuverlässigkeit, der Souveränität sowie des Vertrauens in die Kraft dieser Elemente, da sie uns immer zur Verfügung stehen. Aus diesem Grund wird das Blau wohl auch immer als eine der beliebtesten Farben angegeben.

In meinen inneren Wahrnehmungen zeigen mir die Räume allerdings sehr selten die Farbe Blau als Hauptfarbe für einen Raum; vielleicht, weil wir vom Blau des Himmels und mancherorts vom Blau des Wassers umgeben sind. Als Bordüren- oder Kombinationsfarbe, aber auch als Gestaltungsform, wird es mir öfters vermittelt.

So wurde die Wand eines Badezimmers, wie bereits erwähnt, in der Farbkombination Blau, Weiß und Grün gestaltet, die Wandseite eines Wohnzimmers in Wischtechnik und der gemauerte Handlauf einer Treppe in Blau und Gold gestaltet, um nur einige Beispiele zu nennen.

Die nachfolgenden Abbildungen zeigen Ihnen diese farblichen Raumgestaltungen.

Abb. 118: Ein gemauerter Treppenhandlauf in Ultramarinblau und mit Goldpigment gestaltet

Abb. 116: Die lebendige Gestaltung einer Badezimmerwand mit Hauptfarbe Blau

Abb. 117: Eine in Blau und Wischtechnik gestaltete Wohnzimmerwand

In diesem Zusammenhang möchte ich Ihnen gerne ein Beispiel für eine Raumwahrnehmung geben und Ihnen aufzeigen, daß die Wesenskraft des Raumes über mehr Weisheit verfügt, als wir uns vorstellen können.

Eines Tages bekam ich den Auftrag, die Wohnung im privaten Wohnhaus eines Unternehmerehepaares zu gestalten. Das Haus hat drei abgeschlossene Wohnungen. Eine im Erd-, eine im Ober- und eine im Dachgeschoß, die über ein Treppenhaus miteinander verbunden sind. Die Wohnung im Erdgeschoß stand seit ungefähr zwei Jahren leer. Die Wohnung im Obergeschoß wurde von den beiden Auftraggebern bewohnt, und im Dachgeschoß lebte seit einigen Jahren der Sohn.

Mein Auftrag war es, die Wohnung des Unternehmerehepaares und das Wohnzimmer der leerstehenden Wohnung im Erdgeschoß zu gestalten. Dieses wollte der Mann als Büro nutzen, weil er sich immer einiges an Arbeit mit nach Hause nahm. Der Raum bot eine Fläche von fast 40 qm und sollte mit zwei großen Arbeitstischen, einem Besprechungstisch und Regalen für Ordner möbliert werden. In der Begegnung mit diesem Raum wurde mir über meine Wahrnehmung das farbliche Kleid in Gelborange als Hauptfarbe in Wischtechnik mit einer kräftig blauen Bordürenfarbe vermittelt. Ich war etwas verwirrt, weil ich über meinen »Verstand« diese Farbkombination nicht so recht mit dem Unternehmer, der Branche und der Aufgabe des Raumes verbinden konnte. Ich prüfte mehrmals nach, und es wurde mir immer wieder die gleiche Information vermittelt. Da ich den Räumen und ihren Kräften vertraue, wurde diese Farbgestaltung also realisiert. Nachdem mein Maler die Arbeiten abgeschlossen hatte und der Raum möbliert war, kam ich zur Besichtigung. Ich stand im Raum, sah die Farben, die Möbel und wußte, hier stimmt etwas nicht. Ich konnte es mir allerdings nicht erklären. Im Gegensatz zu meinen Auftraggebern, hielt sich meine Begeisterung in Grenzen.

Nach etwa sechs Wochen rief mich die Frau des Unternehmers an und wollte, daß ich noch einmal vorbeikomme, weil sich etwas geändert habe. Der Sohn hatte sich entschlossen, die Wohnung im Erdgeschoß zusammen mit seiner Freundin zu beziehen, und sein Vater würde sich sein Büro im Dachgeschoß einrichten. Also wurden dann auch alle anderen Räume dieser Wohnung im Erdgeschoß entsprechend gestaltet. Nur das Wohnzimmer blieb, wie es war, denn es war ja erst vor kurzem farblich gestaltet worden. Als das Wohnzimmer neu möbliert und vollständig eingerichtet war, begegnete ich diesem Raum erneut und war sehr überrascht. Plötzlich stimmte alles, die Farben, die Farbkombination, die Möbel, die Couch und der Teppich. Alles bildete eine Einheit, und der Raum bot ein sehr stimmiges, klang- und kraftvolles Erscheinungsbild. Es mag vielleicht etwas verrückt klingen, aber die Räume offenbaren sich in der Begegnung nicht nur, sondern zeigen Dinge auf, von denen wir nichts ahnen können. In diesem Fall wußte der Raum um seine Bestimmung. Solche Begebenheiten sind zwar selten, aber ich habe es in der Praxis einige Male erlebt und bin immer aufs neue erstaunt, was uns die Räume aufzuzeigen und mitzuteilen vermögen.

Zur Orientierung nenne ich Ihnen einige Farbbezeichnungen der Farbe Blau und ihrer Farbvariationen: Wasserblau, Himmelblau, Nachtblau, Brombeerblau, Taubenblau, Türkisblau, Eisblau, Ozeanblau, Marineblau, Königsblau, Wolkenblau, Zwetschgenblau, Jeansblau, Heidelbeerblau, Kornblumenblau, Indigoblau, Azurblau, Ultramarinblau, Kobaltblau.

Nachfolgend gebe ich Ihnen einige Farbnummern für die Farbe Blau an die Hand, die Ihnen bei den verschiedenen Themen, die Sie vielleicht über Ihre Wahrnehmung vermittelt bekommen, eine Hilfe sein können.

Wenn Sie über Ihre Sinne, Qualitäten und Themenkräfte der Tiefe des Meeres und des Himmels vermittelt bekommen, dann können Sie sich an folgenden blauen Farbtönen orientieren:

NCS-Farbsystem: NCS S 2070-B / NCS S 2070-R90B (nur eine Wand oder Teilbereiche des Raumes damit gestalten oder als kräftige Bordürenfarbe)

Lesando-Farbsystem: Furioso Di Mare 1 / 2 / 3 zweimaliger Anstrich, gebürstet, für eine oder zwei Wände oder als Bordürenfarbe

Bravo-Farbsystem: Bravo 128 / 133 / 174

Wandlasurpigment: Ultramarinblau starke Pigmentierung (auch als Bordüre)

Für die Wahrnehmungsinformationen der Themen und Qualitäten von Frische, Weite, Klarheit und Freiheit kann ich Ihnen folgende Töne der Farbe Blau nennen:

NCS-Farbsystem: NCS S 2060-B / NCS S 1050-B / NCS S 1060-B NCS S 1070-B
Lesando-Farbsystem: Furioso Di Mare 4 / 5 / 7 / 10 ein- oder zweilagig, gebürstet
Bravo-Farbsystem: Bravo 129
Wandlasurpigment: Spinellblau solo oder mit Ultramarinblau kombiniert

Falls Sie über Ihre Wahrnehmung Themenqualitäten von Leichtigkeit, Lieblichkeit, Urlaubstimmung und Sanftheit bekommen haben, können folgende Farbtöne passen:

NCS-Farbsystem: NCS S 0030-B / NCS S 0040-B / NCS S 1040-B NCS S 1040-B20G
Lesando-Farbsystem: Furioso Di Mare 8 / 9 / 11 / 12
Bravo-Farbsystem: Individuelle Mischung nach Vorgabe Furioso anmischen
Wandlasurpigment: Spinellblau helle Pigmentierung

Violett
Die geheime Macht und die verborgene spirituelle Weiblichkeit

Die Farbe Violett ist eine Kombinationsfarbe der beiden Grundfarben Blau und Rot. Dabei ist der jeweilige Anteil von Rot und Blau ausschlaggebend dafür, wie die Farbe bezeichnet wird. So gibt es manche, die violett grundsätzlich lila nennen und lila violett, je nach Farbgebung und persönlicher Wahrnehmung. Ab und zu fällt dann noch die Bezeichnung purpur. Keine Bezeichnung möchte ich als falsch bezeichnen, doch sollte man für eine bessere Verständigung den jeweiligen Anteil von Blau und Rot genauer betrachten. Natürlich spielt der Schwarz- bzw. Weißanteil, wie auch bei allen anderen Farben, eine entscheidende

Rolle. Denn die Anteile von Weiß und Schwarz entscheiden darüber, ob die Farbe heller oder dunkler erscheint.

So wird in der Praxis ein dunkler Violett-Ton mit hohem Rotanteil als Purpur, ein hellerer Violett-Ton mit einem höheren Blauanteil als Lila bezeichnet. In der »goldenen Mitte« liegt dann das eigentliche Violett in reiner Form, unabhängig vom Helligkeitsgrad. Soviel zum allgemeinen Sprachgebrauch und den Bezeichnungen der Farbe Violett, wie ich sie in der Beratungs- und Gestaltungspraxis verwende.

Bei der Gestaltung von Räumen spielt diese Farbe, meiner Erfahrung nach, eine eher untergeordnete Rolle. Das bedeutet, daß mir dieser Farbton in der Raumwahrnehmung sehr selten vermittelt wird.

Doch in jenen Räumen, die in dieser Farbe bekleidet und gestaltet werden wollten, zeigte sich meist ein fliederfarbenes Violett. Unabhängig von der Aufgabe des Raumes, wurde mir in der Wahrnehmung immer wieder diese Blüte aufgezeigt. Dabei war in einem Büroraum sehr deutlich zu erkennen, daß eine weibliche Wesenskraft diese Blüte einer männlichen Wesenskraft überreichte. Das gesamte Bild erschien dabei lichtvoll, freudvoll und berührend.

Ein anderes Mal zeigte mir der Schlafraum eines Ehepaares einen Fliederstrauch in der Hochzeit seiner Blüte. Er war übervoll geschmückt mit seiner violettfarbenen Blütenpracht, die sich in einem warmen Frühlingswind leicht wiegte und mir gleichzeitig den Duft seiner Blüten schenkte.

Bei der Wahrnehmung eines Meditationsraumes, der farblich gestaltet werden sollte, zeigte sich an einer Wand das Bild eines Regenbogens, das sich zu einem großen Farbenkreis vereinte. Plötzlich wurde ich von dieser Energie erfaßt und mein ganzer Körper davon durchströmt. Ich spürte mit einem Mal die Kraft meiner Chakren, wie sie sich mehr und mehr weiteten und mit der Kraft dieses Farbenkreises vereinten. Dann breitete ich wie auf Anweisung meine Arme aus, und der Raum zeigte mir sein gesamtes Farbenkleid. Entsprechend dieser Informationen wurde dieser Raum dann gestaltet. An der einen Wand wurde der Farbenkreis mit einem Durchmesser von etwa 180 cm verwirklicht, in der Mitte mit einem kräftigen Rot beginnend, dann Orange, Gelb, Grün, Blau, Indigo und Violett. Alle diese Farben wurden sehr intensiv und kräftig dargestellt. Das Violett allerdings war zugleich die Hauptfarbe des Raumes, das, vom Farbkreis ausgehend, auch die beiden seitlichen Wände bekleidete. In seinem Farbverlauf wurde dieses Violett auf beiden Wandseiten immer heller, so daß es am Übergang zur dem Farbkreis gegenüberliegenden Wand in ein Weiß überging. Diese Wand blieb ganz in der Grundfarbe Weiß des Raumes bekleidet.

Zur Orientierung nenne ich Ihnen einige Farbbezeichnungen der Farbe Violett und ihrer Farbvariationen: Purpurviolett, Aubergine, Flieder, Lilienviolett, Veilchenblau, Lavendel, Blaurot, Lila, Rotlila, Magenta, Ultramarinviolett, Blaulila, Blauviolett, Purpurrosa, Pflaumenviolett und Amethystviolett.

Nachfolgend gebe ich Ihnen einige Farbnummern für die Farbe Violett an die Hand, die Ihnen bei den verschiedenen Themen, die Sie vielleicht über Ihre Wahrnehmung vermittelt bekommen, eine Hilfe sein können.

Wenn Sie über Ihre Sinne die Qualitäten und Themenkräfte von geheimnisvollen Energien oder Orten oder von spiritueller Macht, Größe und Tiefe vermittelt bekommen, dann können Sie sich an folgenden violetten Farbtönen orientieren:

NCS-Farbsystem: NCS S 2070-R20B / NCS S 2060-R20B / NCS S 2060-R30B (nur eine oder zwei Wände, Teilbereiche des Raumes damit gestalten oder als Bordürenfarbe mit einbeziehen)

Lesando-Farbsystem: Furioso Cavolo Rosso 1 – zweimaliger Anstrich, gebürstet

Bravo-Farbsystem: Individuelle Mischung nach Vorgabe Furioso anmischen.

Wandlasurpigment: Ultramarinviolett mit starker Pigmentierung

Für die Wahrnehmungsinformationen der Themen und Qualitäten von blühender Kraft, wohlduftenden Fliederblüten und herzlicher geistiger Begegnung kann ich Ihnen folgende Töne der Farbe Violett nennen:

NCS-Farbsystem: NCS S 1050-R20B / NCS S 1040-R20B / NCS S 0040-R20B

NCS S 1040-R40B / NCS S 1040-R50B

Lesando-Farbsystem: Furioso Cavolo Rosso 2 / ein- oder zweilagig gebürstet

Bravo-Farbsystem: Individuelle Mischung nach Vorgabe Furioso anmischen.

Wandlasurpigment: Ultramarinviolett mit Ultramarinrot kombiniert

Falls Sie über Ihre Wahrnehmung Themenqualitäten von Zärtlichkeit, Weichheit und Sanftheit in Verbindung mit der Farbe Violett bekommen haben, können Ihnen vielleicht folgende Farbtöne hilfreich sein:

NCS-Farbsystem: NCS S 0030-R10B / NCS S 0030-R30B / NCS S 0030-R50B

Lesando-Farbsystem: Furioso Cavolo Rosso 5

Bravo-Farbsystem: individuelle Mischung nach Vorgabe Furioso anmischen

Wandlasurpigment: Ultramarinviolett helle Pigmentierung

Braun
Die Kraft der Erde,
der vertrauten Stabilität und nährenden Sicherheit

Die Farbe Braun mit all ihren Erscheinungsvariationen birgt eine große Themenvielfalt in sich, ähnlich wie die Grundfarbe Gelb. So vermittelt uns die Farbe Braun nicht nur die Kräfte und Qualitäten der Erde in Form von Geborgenheit, Wärme, Sicherheit und Stabilität, sondern auch den sinnlichen Genuß von Schokolade, Honig, Kaffee, Zimt und Nüssen. Auch die Bekleidung mit Naturleder in dieser Farbe vermittelt uns eine andere Kraft und Qualität als z. B. Baumwolle. Holzböden und Holzmöbel, Türen und Fenster aus Holz sind weitere Materialien, die unsere Räume mit dieser natürlichen Farbgebung bekleiden und natürlich stärken.

In meinen Wahrnehmungen wurden mir die verschiedensten Braun-Töne in Helligkeit und Intensität durch den jeweiligen Raum vermittelt.

Auffallend jedoch ist, daß es sich dabei immer um Themeninformationen von getragener Geborgenheit als unterstützende Kraft für verantwortungsvolle Aufgaben oder von einem sinnlichen Genießen der »Geschenke« dieser Welt handelt.

So bekam ich in einem gastronomisch geführten Raum, dessen Farbenkleid bestimmt werden sollte, über meine Wahrnehmung und durch den Raum folgende Bildinformation vermittelt. Mir wurde eine bernsteinfarbene Höhle (vitale Geborgenheit) gezeigt, umringt von riesigen Bäumen (Sicherheit, Stabilität und Erfahrung). Dann erschien ein Bär (Urkraft, Lebenskraft), der gemütlich aus der Höhle stapfte und sich genüßlich auf dem Waldboden (tragende Kraft) wälzte. Daraufhin bat ich um die stimmigen Farbinformationen für diesen Raum. Darauf wurde mir ein heller karamellbrauner Farbton und ein kräftiger schokoladenbrauner Farbton, kombiniert mit einem Erdrot als Bordürenführung vermittelt.

Aus meiner Erfahrung und den meditativen Begegnungen mit der Farbe Braun kann ich sagen, daß diese Farbe es wie keine andere vermag, Mensch und Raum Wohlbefinden, Sicherheit, Geborgenheit, Unterstützung, Genuß, Reife, Erfahrung und sinnlich nährende Wärme zu schenken.

In einem anderen Fall vermittelte mir der Raum den Duft eines frisch gepflügten Ackers und ließ mich diese Erde in meinen Händen spüren. Kein Bild und keine Farbe war zu erkennen, mit deren Hilfe ich den entsprechenden Farbton hätte bestimmen können. So bat ich um eine klare Information, die mir den entsprechenden erdigen Farbton vermitteln konnte. Vor meinem inneren Auge zeigte sich ein Terrakottasoldat, der neben einem großen handgetöpferten Tongefäß stand. Ich suchte die entsprechenden Farben über den Farbfächer heraus und bekam für die Vereinigung von drei unterschiedlichen »Brauntönen« (Rotocker, Lehmocker und Ziegelrot), die ineinander verwischt als Wandgestaltung verwirklicht werden sollten, die Bestätigung.

Zur Orientierung nenne ich Ihnen einige Farbbezeichnungen der Farbe Braun und ihrer Farbvariationen: Erdbraun, Nußbraun, Kakaobraun, Schokoladenbraun, Bernstein, Goldbraun, Kaffeebraun, Maronenbraun, Zimtbraun, Honigbraun, Umbra, Maronenbraun, Rehbraun,

Herbstblattbraun, Karamellbraun, Terrakotta, Beige, Rotbraun, Dunkelocker, Bronze.

Nachfolgend gebe ich Ihnen einige Farbnummern für die Farbe Braun an die Hand, die Ihnen bei den verschiedenen Themen, die Sie vielleicht über Ihre Wahrnehmung vermittelt bekommen, eine Hilfe sein können.

Wenn Sie Qualitäten und Themenkräfte für Stabilität, starke Sicherheit und höhlenartige Geborgenheit vermittelt bekommen, dann können Sie sich an folgenden braunen Farbtönen orientieren:

NCS-Farbsystem: NCS S 5050-Y50R / NCS S 5050-Y70R (nur bei sehr
    guter Ausleuchtung mit Tages- oder Kunstlicht zu empfehlen)
NCS S 3060-Y60R / NCS S 2060-Y60R
Lesando-Farbsystem: Furioso Marone 1 / 5 / 9 - Furioso Chili 1 / 2 / 3 /
    6 / 7 / 8 zweimaliger Anstrich, gebürstet
Bravo-Farbsystem: Bravo 084 / 090 / 138 / 160
Wandlasurpigment: Umbra rötlich, Terra di Siena gebrannt, Umbra
    gebrannt, Deutscher brauner Ocker

Für die Wahrnehmungsinformationen der Themen und Qualitäten von sinnlichem Genuß und Geschmack sowie nährender Wärme kann ich Ihnen folgende Töne der Farbe Braun nennen:

NCS-Farbsystem: NCS S 3050-Y50R / NCS S 3040-Y50R / NCS S 3030-
    Y50R
NCS S 2050-Y40R / NCS S 2050-Y50R / NCS S 2050-Y60R
Lesando-Farbsystem: Furioso Marone 6 / 7 / 8 / 10 / 11 / 12 - Furioso
    Chili 9 / 10 - Furioso Caramello 3 / 4 jeweils ein- oder zweilagig gebürstet
Bravo-Farbsystem: Bravo 065 / 080 / 081 / 082 / 089
Wandlasurpigment: Umbra rötlich leichte Pigmentierung, Terracotta,
    Umbra Rehbraun

Falls Sie über Ihre Wahrnehmung Themenqualitäten von tragender und mütterlicher Geborgenheit, Reife und Unterstützung sowie Verantwortung bekommen haben, können Ihnen vielleicht folgende Farbtöne hilfreich sein:

NCS-Farbsystem: NCS S 1030-Y20R / NCS S 1030-Y30R / NCS S 1040-Y20R

NCS S 1040-Y30R / NCS S 1050-Y20R / NCS S 2030-Y30R

NCS S 2030-Y40R / NCS S 2040-Y30R / NCS S 2050-Y40R

Lesando-Farbsystem: Furioso Mandarino 16 / 17 / 18

Furioso Zucca 2 / 3 / 4 / 5 / 8

Caramello 5 / 8 – Cannella 4 / 5 / 9 / 10

Bravo-Farbsystem: Bravo 028 / 058 / 062 / 075 / 173

Wandlasurpigment: Umbra Rehbraun, Terra di Sienna gebrannt, Terracotta, jeweils leichte Pigmentierung

An dieser Stelle möchte ich Ihnen verschiedene Farbtöne vorstellen, die die Qualitäten und Kräfte der verschiedenen bunten Farbtöne in einem sehr angenehm lichten und stimmigen Charakter wiedergeben und Ihre Räume wohltuend bereichern und bekleiden können. Diese Farbgebungen sind für all jene gedacht, die sich vielleicht trotz ihrer Wahrnehmungsinformationen mit den bisher genannten Farbtönen nicht so recht identifizieren können, den »Mut« zur Farbe im Raum erst entwickeln oder im Raum nur eine sehr dezente Farbtönung einbringen wollen.

NCS-Farbsystem:

Für Nuance Gelb: NCS S 0010-Y20R / NCS S 0020-Y

Für Nuance Beige: NCS S 0020-Y30R / NCS S 0010-Y40R

Für Nuance Aprikot: NCS S 0020-Y60R / NCS S 0010-Y70R

Für Nuance Rose: NCS S 0020-R / NCS S 0010-R

Für Nuance Grün: NCS S 0020-G10Y / NCS S 0020-G30Y

Für Nuance Blau: NCS S 0005-B20G / NCS S 0010-B / NCS S 0020-B

Für Nuance Braun: NCS S 0010-Y30R / NCS S 0005-Y50R / NCS S 0505-Y30R

Lesando-Farbsystem:

Für Nuance Gelb: Furioso Parmigiano 5 / Furioso Pasta 15 / 18 / 19

Für Nuance Beige: Furioso Zucca 7 - Furioso Albicocca 5 / 9

Furioso Cipolla 5 / 13

Für Nuance Aprikot: Furioso Lychee 4 / 11 - Furioso Albicocca 8
Für Nuance Rose: Furioso Lampone 7 / 8
Für Nuance Grün: Furioso Spinaci 8 - Menta 3
Für Nuance Blau: Furioso Di Mare 13
Für Nuance Braun: Furioso Albicocca 12 / 13 – Furioso Al Gusto 5 / 14

Bravo-Farbsystem:
Für Nuance Gelb: Bravo 019 / 031
Für Nuance Beige: Bravo 008 / 009
Für Nuance Aprikot: Bravo 010
Für Nuance Rose: Bravo 168
Für Nuance Grün: Bravo 015 / 016 / 029
Für Nuance Blau: Bravo 045 (ohne Gelbpigment mischen lassen)
Für Nuance Braun: Bravo 023 / 024 / 027
Wandlasurpigment: Hier erreichen Sie den gewünschten Farbton individuell über eine leichte Pigmentierung des jeweiligen Farbtons mit dem Wandlasurbindemittel.

Grau
Der Fels in der Brandung
und die zurückhaltend neutrale Beständigkeit

Bei dieser Farbe handelt es sich um eine Erscheinung, die sich nicht in den Vordergrund rücken will und nicht alles andere überstrahlt. Vielmehr ist dies eine Farbenkraft, die von ihrem Charakter her im Verborgenen und eher nachhaltig wirkt. Sie war, sie ist und sie wird immer sein, so könnte man auch die Farbe Grau in ihrer Wesenheit beschreiben.

Um im Leben die Stufe Grau zu erreichen, muß man schon einiges erfahren und erlebt haben. Darum vermittelt uns die Farbe Grau auch Erfahrung, Erkenntnis und die Fähigkeit, die wichtigen Dinge des Lebens von den nicht so wichtigen zu unterscheiden. Diese Farbe mag vielleicht konservativ und altertümlich erscheinen, jedoch sollte man die tragende und neutrale Kraft sowie ihre »Teamfähigkeit« mit anderen Farben nicht unterschätzen. Sie wirkt unaufdringlich und zurückhaltend, bescheiden und ohne Anspruch auf Aufmerksamkeit. Diese Eigenschaften bereichern unsere Welt und unser Leben auf eine stille Art und Weise und bringen uns so manches Mal behutsam auf den Boden der Tatsachen, zu Einsicht und Vernunft zurück.

Vielleicht ist das der Grund, warum mir viele Häuser in der Farbgestaltung der Außenfassade die Farbe Grau als farbliches Kleid für ihren Sockel vermitteln. Denn als Sockelfarbe ist sie der »Fels«, der das Haus trägt und ihm Halt gibt; zugleich aber auch dem gesamten Lebensraum, seinen Aufgaben und den Menschen, die darin wohnen. Dieser Sockel wirkt auf stille und zurückhaltende Art, aber auch als sehr erfahrene und tragende Kraft. Haben Sie schon einmal einen grauen Sockel wirklich bewußt wahrgenommen? Wahrscheinlich nicht. Allerdings wird Ihnen ein in Rot oder Rotbraun gestalteter Sockel sicherlich sofort auffallen.

In der Innenraumgestaltung wurde mir die Farbe Grau sehr selten vermittelt. Allerdings war ich überrascht, als sie mir in einem Jugendzimmer als farbliches Kleid einer Wandseite gezeigt wurde. Hier offenbarten sich mir die Themen Ausdauer und Beharrlichkeit, gepaart mit Ruhe und Gelassenheit. In der Wahrnehmung zeigte sich mir eine Gesteinswand aus Granit in einem mittleren Grauton. Diese genannten Eigenschaften übertrug der Raum dann in sehr positivem Sinne auf den jugendlichen Bewohner, wie mir seine Eltern später berichteten.

Zur Orientierung nenne ich Ihnen einige Farbbezeichnungen der Farbe Grau und ihrer Farbvariationen: Neutralität, sich nicht zeigen wollen, Asche, Graue Maus, Alter, Festigkeit, Stabilität, Vergangenheit, Konservativ, Alt-und-Grau-Mentalität, Bescheidenheit, Beständigkeit, gefestigte Weisheit der Erde.

Nachfolgend gebe ich Ihnen einige Farbnummern für die Farbe Grau an die Hand, die Ihnen bei den verschiedenen Themen, die Sie vielleicht über Ihre Wahrnehmung vermittelt bekommen, eine Hilfe sein können.

Wenn Sie über Ihre Sinne eine intensive tragende Kraft für eine Sockelfarbe vermittelt bekommen, dann können Sie sich an folgenden grauen Farbtönen orientieren:

NCS S 2500-N bis S 4500-N für eine weiße Fassade
NCS S 2502-Y bis S 4502-Y für eine gelbe Fassade
NCS S 2502-R bis S 4502-R für eine rote Fassade
NCS S 2502-B bis S 4502-B für eine blaue Fassade
NCS S 2502-G bis S 4502-G für eine grüne Fassade

Im Lesando- und Bravo-Farbsystem sind keine Fassadenfarben enthalten.

Die Farbe Grau für den inneren Raum
Für die Wahrnehmungsinformationen der Themen und Qualitäten von Ausdauer und Beständigkeit für die Farbe Grau kann ich Ihnen folgende Töne für die Innenraumgestaltung nennen:

NCS-Farbsystem: NCS S 1002-R / NCS S 1502-R / NCS S 2005-Y80R
NCS S 5502-R / NCS S 1502-Y
Lesando-Farbsystem: Furioso Pepe Nero 9 / 10 / 11 / 12 jeweils ein- oder
    zweilagig gebürstet
Bravo-Farbsystem: Bravo 043 / 112 / 116
Wandlasurpigment: Eisenoxid schwarz leicht bis mittel pigmentiert,
    Umbra Natur

Schwarz
Die machtvolle elegante Präsenz
und die Tiefe der Unendlichkeit

Begonnen habe ich mit der Farbe Weiß und möchte nun mit der Beschreibung der Farbe Schwarz dieses Kapitel beschließen.

In der Wahrnehmung des Raumes wurde mir Schwarz als farbliches Kleid bisher noch nie vermittelt. Vielleicht liegt es daran, daß diese Farbgebung insgesamt doch zu tief wirkt und im Raum einen eher schwermütigen Charakter erzeugt. Ganz anders ist das bei der Bekleidung unseres Körpers. Hier kann, abhängig von Design und Schnitt, eine sehr elegante, einflußreiche oder gar machtvolle Erscheinung bewirkt werden.

Denken Sie nur an das »kleine Schwarze«, ein langes schwarzes Abend-kleid, einen schwarzer Frack mit schwarzem Umhang und Zylinder. Schwarze Dessous z. B. verleihen dem Körper einen geheimnisvollen und erotischen Charakter und stimulieren dabei nicht nur den Partner, sondern auch die Person, die es trägt. Bei einem Automobil vermittelt Schwarz eine noble Präsenz und verleiht einen machtvollen Charakter.

In der farblichen Raumgestaltung wird Schwarz im allgemeinen zum Abdunkeln der bunten Farben verwendet. Dadurch verleiht man diesen Farben mehr Tiefe und eine geheimnis- und machtvollere Ausstrah-lung. Hier kann man Räumen einen tieferen Farbeindruck verleihen, sofern dieses Thema in der Wahrnehmung des Raumes aufgezeigt wurde.

Ein Raum ganz in Schwarz gestaltet, bewirkt eine ewige Nachtstim-mung und eine tiefe Zurückgezogenheit vom Leben. Man begibt sich sozusagen in ein schwarzes Loch und sieht im wahrsten Sinne des Wor-tes Schwarz.

Sollte Ihnen dennoch über Ihre Sinne diese Farbgebung vermittelt werden, überprüfen Sie genau, wo und in welcher Art und Weise Schwarz im Raum verwirklicht werden soll. Vielleicht sind es bestimmte Möbel-stücke oder nur eine Umrandung der farbigen Flächen, mit denen das Thema der Tiefe, der Eleganz oder einer machtvollen Präsenz im Raum integriert werden soll.

Zur Orientierung nenne ich Ihnen einige Farbbezeichnungen der Farbe Schwarz und ihrer Farbvariationen: Schieferschwarz, Blau-schwarz, Rabenschwarz, Mitternachtsschwarz, Olivenschwarz, Graphit-schwarz, Lakritzschwarz, Teerschwarz, Kaviarschwarz, Tintenschwarz, Pechschwarz.

15. Der Bezug des neuen Wesens und die Feier der Einweihung

Nachdem alle Räume Ihres Hauses gestaltet und die Böden verlegt sind, naht der Tag des Einzugs in die neuen Lebensräume. Es ist ein wichtiger Übergang von einem bisher gewohnten räumlichen Umfeld in eine neue räumliche Umgebung, die Ihnen und Ihrer Familie neuen Raum zum Leben schenkt. Sie lassen von etwas Altem und Gewohntem, beziehen einen neuen Lebensraum und beginnen einen neuen Lebensabschnitt. Es ist ein für Sie und Ihre Familie wichtiger und zukunftsweisender Schritt; eine Veränderung der Wohn- und Lebensbedingungen, die eine Veränderung der persönlichen Entwicklung und des Wachstums mit sich bringen wird.

Aus diesem Grund ist es sinnvoll, sowohl den alten als auch den neuen Raum und somit auch sich selbst auf diese Wandlung vorzubereiten und einzustimmen.

Die Vorbereitung der neuen Räume und das Lösen vom alten Raum

Sieben Tage vor Bezug der neuen Räume ist es ratsam, Ihren zukünftigen Lebensraum feinstofflich zu reinigen, um einen energetischen Freiraum zu schaffen für Sie selbst und alle Dinge, die darin ihren Platz finden sollen und diesen Lebensraum bekleiden.

Hier können Sie, wie bereits im Kapitel 2 beschrieben wurde, vorgehen. Allerdings mit dem Unterschied, daß Sie hier dem Raum nicht die letzte Ehre erweisen, sondern die gespeicherten Energien der gesamten Bau- und Gestaltungsphase loslösen und so einen wahrhaften Freiraum schaffen, den Sie mit Leben erfüllen können.

Wenn Sie alle Schalen verteilt und das zweite Mal mit Räucherwerk belegt haben, die Räume mit Rauch erfüllt sind und die Bewegung des Rauches nicht mehr wahrzunehmen ist, gehen Sie für sich in die Stille und begegnen Sie auf geistig-seelischer Ebene diesem neuen Wesen. Begeben Sie sich hierfür in die Mitte Ihres Lebensraumes und nehmen Sie eine Haltung ein, in der Sie sich wohlfühlen, ob stehend oder sitzend. Bleiben Sie ganz bewußt in der geistigen und seelischen Verbindung mit dem Raum und danken Sie für die Kraft Ihres Wirkens. Gedenken Sie der Energien des Raumes, welche sich gelöst haben, und bedanken Sie sich für die Zeit ihres Wirkens und ihrer unterstützenden und begleitenden Kräfte während der gesamten Bau- und Gestaltungsphase. Nehmen Sie ganz bewußt Abschied von den gelösten Energien und bereiten Sie sie gedanklich oder in Worten auf ihre Reise aus den Räumen vor.

Bleiben Sie einige Zeit in dieser geistig seelischen Begegnung und öffnen Sie, wann immer es für Sie stimmt, Ihre Augen und lösen sich aus Ihrer Haltung.

Sammeln Sie nun alle Räucherschalen ein und stellen Sie diese auf den Platz zurück, von dem aus Sie begonnen haben. Lassen Sie die Kerze solange weiterbrennen, bis die Verabschiedung der Energien durch das Lüften vollzogen ist. Öffnen Sie alle Fenster und Türen ganz bewußt mit dem Gedanken, daß der Weg für die Energien, die sich vom Raum gelöst haben, jetzt frei ist und sie den Raum verlassen dürfen. Gehen Sie anschließend zur Haus- oder Wohnungstür, öffnen Sie diese und laden die neue Energie des Lebens ein, Ihre Räume zu durchdringen.

Bevor Sie Ihre Möbel und alle anderen Dinge Ihres bisherigen Lebensraumes zum Transport vorbereiten, sollten Sie Ihren gesamten Wohnraum, so wie er ist, auf den Tag des Umzugs auf der feinstofflichen, sprich geistigen und seelischen Ebene einstimmen. Der Vorteil daran ist, daß Sie nicht nur Ihren bisherigen Wohn- und Lebensraum, sondern auch sich selbst auf diesen wichtigen Übergang vorbereiten.

Tun Sie dies am besten ein bis drei Tage vor dem Umzug und nehmen Sie sich dafür einige Stunden Zeit. Begeben Sie sich in das Wohnzimmer, an den Herzplatz Ihres Lebensraumes und entzünden Sie eine

Kerze und ein wohl duftendes Räucherwerk Ihrer Wahl. Gehen Sie dann in die Stille und besinnen Sie sich auf die vergangene Zeit und alles in Ihren Räumen Erlebte. Lassen Sie die Bilder vor Ihrem inneren Auge entstehen und nehmen Sie diese rückblickend mit all Ihren Sinnen wahr. Seien Sie dankbar für die Zeit, die Sie in diesen Räumen wohnen und leben durften, und für den Schutz und die Geborgenheit, die Ihnen diese Räume schenkten.

Wann immer es für Sie stimmt, legen Sie noch etwas Räucherwerk nach und nehmen dann Ihre Schale, um jedem einzelnen Raum zu begegnen und ihn auf die Zeit des Umzugs vorzubereiten. Schreiten Sie jeden Raum ganz bewußt ab und stimmen Sie ihn gedanklich oder mit Worten auf die Zeit des Loslassens ein und bitten Sie ihn dabei um Unterstützung für den bevorstehenden Umzug. Sie bereiten damit sich selbst und den gesamten Lebensraum wohlwollend auf geistig-seelischer Ebene auf den nahenden Abschied vor.

Nachdem Sie diese Begegnung abgeschlossen haben, begeben Sie sich wieder ins Wohnzimmer. Bilden Sie mit allen Anwesenden einen Kreis und stellen die Räucherschale in die Mitte Ihres Kreises. Nehmen Sie sich bei den Händen und bleiben Sie durch diese gemeinschaftliche Verbindung in geistiger Kommunikation mit Ihrem Lebensraum. Danken Sie dem Raum für diese Begegnung und für die Kraft, die er Ihnen für die kommenden Tage schenken wird. Gerne dürfen Sie in dieser verbindenden Haltung noch einige Zeit verweilen, denn diese Gemeinschaft werden Sie in diesem Raum nie wieder erleben. Es ist die letzte Möglichkeit, Ihren Raum, so wie er jetzt ist, auf dieser Ebene zu erfahren, zu erleben und mit allen Sinnen wahrzunehmen. Eine letzte tiefe und wahrhaftige Begegnung, die sich so nicht mehr wiederholen wird.

Lösen Sie anschließend den Kreis und stellen Sie die Räucherschale neben die Kerze und lassen Sie diese noch brennen. Ob Sie anschließend Ihre Räume lüften oder die Energie im Raum halten wollen, liegt ganz bei Ihnen. Überprüfen Sie über Ihre Wahrnehmung, wie es für Sie und Ihren Raum stimmt.

Jetzt können Sie auch der körperlichen und irdisch-sinnlichen Ebene des Raumes und aller Anwesenden begegnen und den Akt dieser Handlung krönend beschließen. Begeben Sie sich dazu in die Küche und bereiten Sie in der Gemeinschaft ein letztes Festmahl, das Sie anschließend, gemeinsam zu Tische sitzend, genußvoll einnehmen. Stellen Sie die brennende Kerze in die Mitte des Tisches, an dem Sie diese Speisen einnehmen. Dadurch verbinden Sie die geistig-seelische Ebene der vorausgegangen Handlung mit der körperlich-sinnlichen zu einer kraftvollen Symphonie eines gemeinschaftlichen Rituals.

Seien Sie sich ganz bewußt, daß dies das letzte gemeinschaftliche Mahl ist, das Sie so im Kreise Ihrer Familie in dem Sie umgebenden Raum einnehmen und erleben dürfen. Genießen Sie diese Zeit und lassen Sie sie würdevoll ausklingen.

Um sich auf das Loslösen vom bisherigen Lebensraum auch auf sinnlich faßbarer Ebene vorzubreiten, wäre es stimmig, wenn Sie am nächsten Tag ein Möbelstück, das Sie vorher mit Ihrer Familie bestimmt haben und das Ihren derzeitigen Lebensraum bekleidet, an seinen neuen Platz stellen. Dies sollte ein Möbelstück sein, das Sie jeden Tag brauchen und das Ihnen wirklich fehlt. Sowohl für Sie selbst als auch für den noch bewohnten Raum ist es eine sichtbare Vorbereitung auf den nahenden Umzug und zugleich eine Einstimmung für den Bezug des neuen Raumes. Mit dieser kleinen Handlung vollziehen Sie den ersten Schritt und eröffnen auf sanfte Weise die körperliche Phase der endgültigen Loslösung und Räumung des alten Lebensraumes. Zugleich bereiten Sie den neuen Raum auf seine Bestimmung und auf sichtbarer Ebene Ihr Kommen vor.

Einen Tag vor dem Bezug Ihres neuen Lebensraumes sollten Sie diesen auf der feinstofflichen Ebene auf den Einzug vorbereiten. Gehen Sie dabei vor, wie es bereits bei der Loslösung des bisherigen Lebensraumes beschrieben wurde. Nur mit dem Unterschied, daß Sie in diesem Fall in der feinstofflichen Begegnung Ihren Lebensraum auf den Umzugstag, Ihre Ankunft, das lebendige Bewohnen und die zukünftige Gemeinschaft von Mensch und Raum vorbereiten. Verwenden Sie dafür ein wohlduftendes Räucherwerk, das Ihre zukünftigen Räume angenehm und aromatisch erfüllt. Nehmen Sie sich wirklich Zeit für diese Begegnung und bereiten Sie Ihren Raum auf seelischer Ebene auf diesen Tag vor. Bitten Sie dabei auch um eine ruhige und unterstützende Energie, die die Atmosphäre des Raumes erfüllt und den Menschen, die beim Umzug helfen, zur Verfügung steht.

Denn an einem solchen Tag herrscht meist aufgeregte Betriebsamkeit oder sogar Hektik. Viele Menschen gehen ein und aus, bringen Möbel, Elektrogeräte und viele Kartons mit Kleidung, Büchern und anderen Dingen, die Sie Ihr eigen nennen. Das meiste davon wird oft nur irgendwo auf- bzw. abgestellt. Wichtige Gerätschaften werden angeschlossen, und oft fehlt dann noch eine Kleinigkeit zum Funktionieren. Häufig kommt Hektik auf. Nervliche Anspannung breitet sich im Raum aus und berührt andere. Aus diesem Grund ist es ratsam, dem Raum für diesen Tag des Einzugs mit einer beruhigenden Kraft zu begegnen und um seine Unterstützung zu bitten.

Nachdem der Umzug vollzogen ist und die wichtigsten Dinge an ihrem Platz stehen, ist man erst einmal froh, diesen Übergang geschafft zu haben. Jetzt folgt die Phase des »sich Einlebens«. Die ist vergleichbar mit der Beziehung von zwei Menschen. Man lernt sich kennen, begegnet sich immer wieder, und irgendwann zieht man zusammen und lebt Tag für Tag gemeinsam in einem Lebensraum. Im übertragenen Sinne verhält es sich hier genauso. Erst lernen Sie Ihr Haus über die Planung kennen, dann erleben Sie die Bauphase und wie sich Ihr Haus entwickelt. Sie lernen es immer mehr und mehr kennen und bereiten alles auf den Tag des miteinander Wohnens und Lebens vor. Nach dem Bezug des neuen Raumes folgt die Zeit des Zusammenlebens und des wirklichen Erkennens in der Beziehung von Mensch und Raum.

Die Tage der Einweihung – der heilige Übergang

Die Einweihung ist die krönende Feierlichkeit, die das Bündnis von Mensch und Raum festlich besiegelt. Dieses Ereignis sollten Sie gut vorbereiten und sich selbst und Ihren Raum darauf einstimmen. So wäre es gut, wenn Sie für diese Zeit der Einweihung drei Tage einplanen. Auch wenn der Außenbereich des Hauses noch nicht fertig und das Grundstück noch nicht gestaltet ist, sollten Sie diese Feier stattfinden lassen. Denn wenn diese nicht bald nach dem Einzug stattfindet, erfolgt sie erfahrungsgemäß nie, einfach, weil man dann schon so lange im Haus wohnt und das ganze in Vergessenheit gerät. Dann bleibt jedoch immer ein Sehnen nach etwas, das man zwar geplant, aber nie realisiert hat. Aus meiner Sicht sollte man diese Hochzeit von Mensch und Raum zum Wohle aller wirklich begehen und rechtzeitig einplanen.

Zur Vorbereitung auf diese Zeit empfiehlt es sich, den gesamten Lebensraum zu reinigen, sowohl auf sichtbarer als auch auf feinstofflicher Ebene. Anschließend dürfen Sie Ihren Lebensraum mit Blumen, Gestecken, Girlanden, bunten Bändern und anderen selbstgebastelten Dingen schmücken, sowohl im Innen als auch im Außen. Vor allem schmücken Sie den Eingang des Hauses, denn er ist die empfangende Pforte, die alle geladenen Gäste wohlwollend begrüßt und den Übergang von der äußeren Welt in die innere Welt darstellt.

Am ersten Tag eröffnen Sie die Zeit der Einweihung. Dies ist der eindeutige Beginn der Einweihung und die Einstimmung auf die Hochzeit, die am dritten Tag erfolgt. Laden Sie für diese Feier Ihren engsten Familienkreis ein und beginnen Sie das Fest am Abend des ersten Tages der Einweihung. Speis und Trank, eine kleine Ansprache und Musik dürfen diesen Abend sinnlich bereichern. Durch diese erste »kleine« Feier stimmen Sie sich selbst, die Familie und Ihren Raum auf den kommenden Höhepunkt ein und bereiten die Energie des Raumes auf diesen Tag vor. Lassen Sie den Abend ausklingen, unabhängig davon, wann die letzten Gäste gehen. Denn diese Tage und diese feierliche Zeit werden Sie so nur einmal erleben. Dieser Einmaligkeit sollten Sie Raum und Zeit schenken.

Am zweiten Tag können Sie alle Handwerker, die am Bau beteiligt waren, vom Aushub bis zum Gestalten der Räume, sowie den Architekten und die Lieferanten der verwendeten Materialien einladen. Diese Feier sollte offiziell am frühen Nachmittag beginnen und zeitlich offen gestaltet werden, so daß jeder der Geladenen die Möglichkeit hat, sein Kommen individuell und frei zu planen. Zeigen Sie Ihren Gästen die Räumlichkeiten und führen Sie sie durch Ihren Lebensraum. Gerne dürfen Sie hier die Gäste des Vorabends aus dem engsten Familienkreis auch an diesem Tag mit einladen. Sie knüpfen damit an die erste Feier an und erhöhen so die Energie der Feierlichkeit des zweiten Tages. Das ist eine sehr stimmige und kraftvolle Vorbereitung, die die Energie des Raumes und der Einweihung erhöht und bereichert. Auch diesen Tag sollten Sie zeitlich offen ausklingen lassen und bis in den späten Abend oder die Nacht mit allen Sinnen genießen.

Der dritte Tag bildet den Höhepunkt der Einweihungszeit und sollte aus diesem Grunde entsprechend beginnen und das Ereignis krönen. Je nach Glaubensrichtung und religiöser Überzeugung können Sie Ihre Räume durch einen Geistlichen oder eine Person Ihrer Wahl, segnen und einweihen lassen. Diese spirituelle Handlung sollte bewußt durchgeführt werden, denn sie bildet den feierlichen und krönenden Höhepunkt dieser drei Tage. Nehmen Sie sich wirklich Zeit, um diesen Ritus gebührend zu begehen und um der Kraft, die daraus entsteht, würdevoll zu begegnen. Wählen Sie für diesen heiligen Akt einen Menschen, der zum Inhalt der Handlung, Ihrem Lebensraum und Ihrer Familie einen wirklich bewußten Bezug hat, Ihr vollstes Vertrauen besitzt, sich der Kraft eines solchen Rituals bewußt ist und dies auch durchführen kann und will.

Zu dieser Feierlichkeit sollten Sie neben den Menschen, die bereits an den beiden Tagen zuvor anwesend waren, auch Ihre Nachbarn, Freunde und Bekannten einladen. Einfach all jene Menschen, die Sie an diesem Tag freudig begleiten und die Feierlichkeit stimmig bereichern.

Nach der feierlichen Segnung und Einweihung sollte die Zeremonie mit festlichen Speisen und Getränken, Musik, Gesang und vielleicht sogar Tanz würdig gefeiert werden. Erleben und genießen Sie diese Zeit und diesen Tag mit all Ihren Sinnen, umgeben von Menschen, die eine große Gemeinschaft bilden und sowohl Sie und Ihre Familie als auch Ihren Lebensraum in eine neue Zeit wohlwollend begleiten.

Diese drei Tage bilden den heiligen Übergang und begründen ein tiefes Bündnis zwischen Mensch und Raum, welches einen segensreichen und kraftvollen Neubeginn im Leben schenkt.

Seid euch bewußt der Schöpferkraft,
für jeden Menschen gleich bestimmt,
in Liebe, Anmut und auch Macht,
die Kraft des Lebens ganz gewinnt.

Nun begegnet dieser Wirklichkeit,
der kommend Jahre, allen Tagen,
es ist die unersetzlich Lebenszeit,
die uns sagt, auch Neues ganz zu wagen.

Vertraut auf Gott, der euch begleitet,
durch Raum und Zeit auf allen Wegen,
für alles, was Ihr neu beschreitet,
wahrhaftig sein und wirklich leben.

16. Schlußwort

Hier möchte ich die Gelegenheit nutzen, mich bei allen Personen zu bedanken, die im Stillen mitgewirkt und mich beim Erschaffen dieses Werkes sehr förderlich begleitet haben.

In diesem Sinne gilt mein Dank Herrn Jürgen Schmidt-Foss von der NCS Colour Centre GmbH in Berlin, Herrn Robert Schuh von der Firma Lesando GmbH in Dettelbach, Frau Tanja Meier und Nicole Forster von der Firma Strabello in Amberg, Malermeister Siegfried Hierl aus Amberg und meinem Bruder Metallblasinstrumentenmachermeister Michael Kordick aus Spiegelau.

Dank ihrer Mitwirkung und konstruktiven Kritik konnte ich entscheidende Inhalte verständlich und fachlich korrekt beschreiben.

Über den Autor

Stephan Andreas Kordick

Geboren 1966 in Regensburg, gelernter Landwirt, staatlich geprüfter Techniker für Landbau (TS Triesdorf).

Seit 1999 hauptberuflich als geomantischer Berater und Gestalter, und seit 2002 auch als Dozent im Bereich der geomantischen Lebensraumgestaltung tätig.

2004 Gründung von asimo – Büro für geomantische Lebensraumgestaltung.

Seit 2005 als Autor u. a. für *Hagia Chora – Zeitschrift für Geomantie* mit Veröffentlichungen zum Thema Farben, Farbwahrnehmung und Raumgestaltung tätig.

Publikationen:

2007   *Lehrbuch der Beratungspraxis für Geomanten* (Studiengemeinschaft Darmstadt)

2009   *Die Seele des Raumes berühren* (Neue Erde, Saarbrücken)

2010   *Die Geburt des Raumes* (Neue Erde, Saarbrücken)

Stephan Kordick ist Dozent und Ausbilder für verschiedene Institutionen zum Thema geomantische Lebensraumgestaltung. Sein Hauptaufgabenbereich ist neben der Raumanalyse, der harmonikalen Raumplanung und Beratung, die Realisierung der Gestaltungskonzepte, sowie die feinstoffliche Reinigung von Lebensräumen und leitende Begleitung traditioneller Bauriten.

Sein Lebensthema ist es, sowohl in sich stimmige und Kraft gebende Lebensräume zu erschaffen, als auch die Beziehung von Erde, Mensch und Raum, beratend, gestaltend und mitwirkend zu begleiten.

Literaturverzeichnis

Gehringer, Petra: *Geomantie – Wege zur Ganzheit von Mensch und Erde*, Neue Erde 2002

Heller, Eva: *Wie Farben wirken*, Rowohlt 1999

Itten, Johannes: *Kunst der Farbe*, Urania 2003

Kordick, Stephan Andreas: *Die Seele des Raumes berühren*, Neue Erde 2009

Pennick, Nigel: *Handbuch der angewandten Geomantie*, Neue Erde 1985

Richard, Lucae: »Die Macht des Raumes«, *Zeitschrift für Bauwesen*, TU Cottbus

Steiner, Rudolf: *Das Wesen der Farbe*, Rudolf Steiner Verlag 1991

Stößel, Rudolf: *Harmonikale Faszination*, Verlag Synergia/Syntropia 1986

Bildnachweis

Abb. 108, 109 und 110: NCS Colour Center GmbH Berlin

Seite 310: Lydia Graggo

Alle anderen Abbildungen stammen vom Autor.

Adressen

Informationen über Beratung, geomantische Lebensraumgestaltung, Seminare und Vorträge mit Stephan Andreas Kordick erhalten Sie bei:

asimo
Forstgasse 6
D-92289 Ursensollen
Tel. +49 (0)9628 - 923 650
www.atemlust.de
kordick@atemlust.de

Informationen über das Farbsystem NCS erhalten Sie bei:

NCS Colour Centre GmbH
Bayreuther Str. 8
10787 Berlin
Herrn Jürgen Schmidt-Foss
Tel. +49 (0)30 - 210 901 24
Fax +49 (0)30 - 21 47 36 71
info@ncscolour.de
www.ncscolour.de

Informationen über die Naturfarbsyteme Furioso und Bravo erhalten Sie bei:

Lesando GmbH
Innovation in Lehm
Lange Länge 8
D-97337 Dettelbach
Tel. +49 (0)9324 - 98 13 0
Fax +49 (0)9324 - 98 13 27
info@lesando.de
www.lesando.de

strabello – wohnraum gestalten
Fuggerstr. 36
D-92224 Amberg
Tel. +49 (0)9621 - 42 05 55
Fax +49 (0)9621 - 42 05 56
info@strabello.de
www.strabello.de

Handwerklicher Metallblasinstrumentenbau:

Instrumentenmachermeister

Michael Kordick
Bergackerstraße 12
D-94518 Spiegelau
Tel. +49 (0)8553 - 920 656
Fax +49 (0)8553 - 920 658
info@kordick.com
www.kordick.com

Kreative und individuelle Wohnraumgestaltung:

Malermeister

Siegfried Hierl
Heziloweg 4
D-92224 Amberg
Tel. +49 (0)9621 - 24171
Fax +49 (0)9621 - 913742
malermeister_hierlsiegfried@web.de

Häufiger, als uns bewußt ist, sind Disharmonien und Krankheiten durch unser Wohnumfeld bedingt. »Zeige mir deine Wohnung, und ich sage dir, wer du bist!« Durch Veränderung dieses Umfeldes können wir uns selbst ändern. Das gelingt aber nur, wenn nicht alte, fremde Anhaftungen im Wege stehen. Mit der richtigen Reinigung können wir uns befreien und gesunden, das zeigt dieser anregende praktische Ratgeber.

Stephan Andreas Kordick
Die Seele des Raumes berühren
Den eigenen Lebensraum neu erfahren und gestalten, reinigen und energetisieren
Paperback, 160 Seiten
ISBN 978-3-89060-530-2

Die Wohnung und das Haus sind eng mit unseren Wünschen, unseren Bedürfnissen, aber auch unseren Schatten verbunden. Sie sind ein Spiegel unserer Seele. Was für Astrologen das Horoskop ist, das ist für Geomanten der Wohnungsgrundriß. Geomanten sind Menschen, die die Wirkung des Ortes auf den Menschen ebenso zu deuten wissen, wie sie aus der Raumgestaltung auf den Menschen schließen können.
Der ausgewiesene Fachmann und Geomantie-Ausbilder Stefan Brönnle stellt in diesem Buch in einfachen und leicht nachvollziehbaren Schritten vor, wie wir

Harmonie in unserem Haus schaffen – die zurückspiegelt in unsere Seele.

Stefan Brönnle
Das Haus als Spiegel der Seele
Wie wir durch Änderungen in unserem Wohnumfeld unsere Seele heilen
Paperback, 144 Seiten, zahlreiche Abbildungen
ISBN 978-3-89060-254-7

Infrarot, Ultraschall, Röntgenstrahlen, das mikroskopisch Kleine... Daß es vieles gibt, was wir nicht wahrnehmen können, was aber trotzdem wirklich ist, weiß jedes Kind. Und es gibt Dinge, die uns auch technische Hilfsmittel nicht zeigen, die aber mit einer darauf ausgerichteten Wahrnehmung zu erkennen sind. Dieses Buch möchte Grenzen unserer Vorstellung sprengen, die uns daran hindern, unsere »übersinnlichen« Sinne zu nutzen. Mit vielen praktischen Übungen beweist uns Stefan Brönnle: Jede/r kann hellsehen.

Stefan Brönnle
Grenzenlose Sinne
Intuition – Empathie – Hellsehen
Das Grundlagen- und Arbeitsbuch zur Fernwahrnehmung
Paperback, 144 Seiten
ISBN 978-3-89060-269-1

Ob beispielsweise Handystrahlung krank macht, an dieser Frage scheiden sich die Geister, und viele wollen es auch gar nicht wissen. Anhand vieler nüchterner Informationen und aus ihrer langjährigen Erfahrung tragen die Autoren in diesem Buch viele Belege für die Schädlichkeit des Elektrosmogs zusammen Aber sie wollen nicht verteufeln, sondern aufklären und uns sensibilisieren im täglichen Umgang mit elektronischen Geräten.

Ulrich Kurt Dierssen, Stefan Brönnle
Der Mensch im Kraftfeld der Technik
Unsere körperliche, seelische und geistige Resonanz zum Elektrosmog
Paperback, 176 Seiten, mit Tabellen und Glossar
ISBN 978-3-89060-527-2

Jeder kann es spüren: Orte sind verschieden. An manchen Plätzen fühlen wir uns wohl, belebt und gelöst, an anderen angespannt, müde oder gestreßt. Die Erde ist durchzogen von Gesteinsschichten und Wasseradern, aber auch von energetischen Strukturen. Die Geomantie spürt diese Unterschiede auf, und aus dem Wissen um die spezifische Kraft eines Ortes können wir eine wohltuende Beziehung zu ihm aufbauen.

Eine vollständig überarbeitete und erweiterte Neuauflage des erstmalig 1998 erschienenen Buches, ein Grundwerk der geomantischen Literatur. Das Buch wurde als Einstieg in das weite Feld der Geomantie konzipiert. Es schneidet daher die verschiedensten geomantischen Arbeitsebenen (wie Radiästhesie, Landschaftsinterpretation, Erdheilung, Traumarbeit u.v.m.) an.

Stefan Brönnle
Die Kraft des Ortes
Die Energien der Erde erspüren, erkennen und nutzen
Paperback, 160 Seiten
ISBN 978-3-89060-540-1

Kultplätze, Tempel, Kirchen – heilige Räume und sakrale Bauten begleiten die Menschheit seit ihrem Beginn. Was die Heiligkeit der Räume ausmacht, wie die unterschiedlichen Kulturen ihr Ausdruck verliehen und welcher Techniken sie sich bedienten wird in diesem Buch umfassend und kompetent dargelegt; und es wird beschrieben, wie jeder von uns heute sich ebenfalls einen »heiligen Raum« erschaffen kann.

Stefan Brönnle
Heiliger Raum
Sakrale Architektur und die Schaffung »Heiliger Räume« heute
Paperback, 208 Seiten
ISBN 978-89060-544-9

Menschwerdung ist der Moment, da uns das große Staunen überkommt, das ehrfürchtige Erschauern angesichts eines gewaltigen Sternenkosmos oder des Sich-Öffnens einer Blüte. Der Baum ist das Bindeglied zwischen dem Weltall, dem Leben auf der Erde und dem Kosmos in uns Menschen. Etwas von diesem Numinosen anhand vieler alter und neuer heiliger Haine und Wälder wieder sichtbar – und erfahrbar – zu machen, ist Anliegen dieses kulturgeschichtlichen Reiseführers.

Wolfgang Bauer, Sergius Golowin, herman de vries, Clemens Zerling
Heilige Haine, heilige Wälder
Hardcover mit Schutzumschlag, 272 Seiten, mit vielen Fotos und 32 Farbtafeln
ISBN 978-3-89060-064-2

Heilige Quellen, Gesundbrunnen, Jungbrunnen, das Wasser des Lebens – seit Menschengedenken spielen sie eine zentrale Rolle für die Menschen, spiegeln sich in ihren Mythen und Bräuchen. In diesem Buch werden anhand von vielen exemplarischen Beispielen die vielfältigen Kulte und Überlieferungen rund um Dorf- und Marktbrunnen, um Wunschbrunnen und Heilquellen aufgefächert. Eine wunderbare Reise!

Wolfgang Bauer, Sergius Golowin, Clemens Zerling
Heilige Quellen, Heilende Brunnen
Paperback, 160 Seiten, mit vielen teils farbigen Abbildungen
ISBN 978-3-89060-275-2

Abseits vom Wege eröffnet sich uns eine faszinierende Welt mit all ihrem Reichtum, der zu großen Teilen seinen ursprünglichen Wert und seine Bedeutung verloren zu haben scheint. Zu eben dieser Welt möchte dieses Buch hin- bzw. zurückführen. Der Bezug des Menschen zur Natur hat gerade in den letzten Jahrzehnten tiefe Risse bekommen, was letztlich beiden erheblichen Schaden zugefügt hat: der Natur und dem Menschen selbst.

Ulrike Beschow, Eckhard Gabler-Beschow
Abseits vom Wege
Meditative Gänge durch die Natur
Paperback, 112 Seiten, durchgehend farbige Fotos
ISBN 978-3-89060-553-1

Wer still werden kann, auch innerlich, wenn er sich im Wald bewegt; wer vielleicht auch mal auf allen Vieren durch den Unterwuchs kriecht; oder wer sich gar ein paar Tage (und Nächte!) ganz allein im Wald aufhält, der kann sie sehen, die »andere« Seite des Waldes, wo die Baumwesen und Pflanzengeister, die Feen und Zwerge wohnen. Dieses Buch mit inspirierenden Fotos und kurzen Textbeiträgen möchte Lust darauf machen, sich selbst in den Wald zu begeben und dessen andere Seite zu erleben.

Tim von Lindenau
Die andere Seite des Waldes
Hardcover, 108 Seiten, 80 farbige Fotos
ISBN 978-3-89060-270-7

Südlich des Pfälzer Waldes liegt ein vergessenes Kleinod voller verborgener Zeugnisse aus keltischer Zeit. Roland Kroell hat diese Gegend erwandert und zeigt uns die Wege zu magischen und mythischen Orten, die darauf warten, von respektvollen und offen lauschenden Menschen wieder entdeckt zu werden.

Nicht weit von den Ballungszentren Rhein/Main und Rhein/Neckar liegt südlich des Pfälzerwaldes ruhig und verträumt der Naturpark Nordvogesen. In dieser wildromantischen Landschaft, mit hohen Sandsteinfelsen, lieblichen Bachläufen und viel, viel Wald kommen Naturliebhaber voll auf ihre Kosten.

Roland Kroell
Magische Nordvogesen
Wanderungen durch altes Keltenland
Paperback, 176 Seiten
ISBN 978-3-89060-228-8

Orbs sind eigenartige Lichtkugeln, die um uns herum zu existieren scheinen und sich auf Fotos oder dem bloßen Auge zeigen, wenn sie mit den Menschen im Kontakt treten wollen. In diesem Buch wird das Phänomen der Orbs und anderer Lichtphänomene hinterfragt und von verschiedenen Seiten beleuchtet. – Sind Orbs freundliche Botschafter anderer Dimensionen und weise Vorboten der großen Transformation im magischen Jahr 2012?

Ed Vos
ORBS
und andere Lichtphänomene
Paperback, 128 Seiten, mit vielen farbigen Fotos
ISBN 978-3-89060-551-7

Bücher von NEUE ERDE im Buchhandel

Im deutschen Buchhandel gibt es mancherorts Lieferschwierigkeiten bei den Büchern von NEUE ERDE. Dann wird Ihnen gesagt, dieses oder jenes Buch sei vergriffen. Oft ist das gar nicht der Fall, sondern in der Buchhandlung wird nur im Katalog des Großhändlers nachgeschaut. Der führt aber allenfalls 50% aller lieferbaren Bücher. Deshalb: Lassen Sie immer im VLB (Verzeichnis lieferbarer Bücher) nachsehen, im Internet unter **www.buchhandel.de**

Alle lieferbaren Titel des Verlags sind für den Buchhandel verfügbar.

Sie finden unsere Bücher in Ihrer Buchhandlung oder im Internet unter **www.neue-erde.de**

Bücher suchen unter: **www.buchhandel.de**. (Hier finden Sie alle lieferbaren Bücher und eine Bestellmöglichkeit über eine Buchhandlung Ihrer Wahl.)

Bitte fordern Sie unser Gesamtverzeichnis an unter

NEUE ERDE GmbH
Cecilienstr. 29 · D-66111 Saarbrücken
Fax: 0681 390 41 02 · info@neue-erde.de